技工教育和职业培训"十四五"规划教材
高等职业教育"互联网+"新形态教材·国际经济与贸易专业

新编国际贸易实务
（第5版）

倪　军　许樱蓝　主　编

李素雯　邓莎莎　肖敬超　副主编

高湘瑜　参　编

电子工业出版社
Publishing House of Electronics Industry
北京·BEIJING

内 容 简 介

国际贸易实务是本科、职业院校国际贸易、国际商务、商务英语、电子商务、现代物流、报关报检等专业的核心课程，本书是为了满足本科、职业院校教学改革的需要而精心编写的。

本书在编写过程中根据外贸出口模式的最新动向，注重教学与实际业务操作的高度接轨，注重教学的真实性，绝大部分案例直接来自企业出口实战，具有典型性与实用性。主要内容包括：国际贸易销售合同磋商环节；国际贸易销售合同品名、品质、数量、包装、贸易术语、装运、保险、价格、支付、检验检疫、索赔、不可抗力和仲裁条款；《公约》《2020通则》等国际贸易法律法规和国际贸易惯例；国际贸易销售合同履行。

本书既可以作为本科、职业院校国际贸易、国际商务、商务英语、电子商务、现代物流、报关报检等专业的教材，也可以作为企业外贸业务员、跨境电商操作员、跟单员、单证员、货代销售员、货代文件操作员、报关员、报检员等岗位的培训教材。

未经许可，不得以任何方式复制或抄袭本书之部分或全部内容。
版权所有，侵权必究。

图书在版编目（CIP）数据

新编国际贸易实务 / 倪军，许樱蓝主编. -- 5 版. --
北京 : 电子工业出版社, 2024. 8. -- ISBN 978-7-121
-48564-0
Ⅰ. F740.4
中国国家版本馆 CIP 数据核字第 2024ES3655 号

责任编辑：贾瑞敏
印　　刷：天津嘉恒印务有限公司
装　　订：天津嘉恒印务有限公司
出版发行：电子工业出版社
　　　　　北京市海淀区万寿路 173 信箱　　邮编 100036
开　　本：787×1 092　1/16　印张：16　字数：441 千字
版　　次：2010 年 1 月第 1 版
　　　　　2024 年 8 月第 5 版
印　　次：2025 年 1 月第 2 次印刷
定　　价：52.00 元

凡所购买电子工业出版社图书有缺损问题，请向购买书店调换。若书店售缺，请与本社发行部联系，联系及邮购电话：(010)88254888，88258888。
质量投诉请发邮件至 zlts@phei.com.cn，盗版侵权举报请发邮件至 dbqq@phei.com.cn。
本书咨询联系方式：邮箱 fservice@zip.163.com；QQ 群 427695338；微信 DZFW18310186571。

前言

随着我国改革开放的不断深入,自 2001 年 12 月 11 日正式加入 WTO,我国外贸进出口规模迅速扩大,2007 年我国外贸出口额首次突破 10 000 亿美元,2009 年我国外贸出口总额达到 12 016 亿美元(中华人民共和国海关统计),首次超过德国出口总额 11 213 亿美元(德国联邦统计局 2010 年 2 月 9 日数据),位居世界第一。根据海关统计,2023 年我国货物进出口总值 41.76 万亿元,与 2022 年同比增长 0.2%。其中,出口 23.77 万亿元,进口 17.99 万亿元。我国货物贸易进出口好于预期,实现促稳提质。除规模创新高外,2023 年我国外贸事业呈现出贸易伙伴多元共进、高水平开放稳步推进、新平台新业态发展势头良好、结构持续优化等特点。例如,2023 年,我国对"一带一路"共建国家进出口 19.47 万亿元,增长 2.8%,占进出口总值的 46.6%,提升 1.2 个百分点。对拉美、非洲分别进出口 3.44 万亿元和 1.98 万亿元,分别增长 6.8%和 7.1%。2023 年我国自由贸易试验区数量已扩大至 22 个,合计进出口 7.67 万亿元,增长 2.7%,占进出口总值的 18.4%。2023 年我国跨境电商进出口 2.38 万亿元,增长 15.6%。高质量、高技术、高附加值产品出口稳步增长,机电产品中,电动载人汽车、锂离子蓄电池和太阳能蓄电池"新三样"产品合计出口 1.06 万亿元,首次突破万亿元大关,增长了 29.9%。

2020 年我国对外贸易的主体、出口模式、市场格局发生巨大变化。第一,民营制造型企业逐渐成为对外贸易的生力军。第二,自 21 世纪以来,跨境电商出口平台悄然出现,尤其是最近几年,得到迅速发展。其中较为知名的是以阿里巴巴国际站出口通为代表的 B2B 平台。大量中小微企业为了获得企业生存与盈利空间,急需迈入国际市场,参与国际经营,更加依赖跨境电商出口平台。第三,我国积极推进"一带一路"建设,以及 RCEP 自贸区落地,使我国与"一带一路"合作伙伴,以及东盟贸易激增,其中东盟已经成为我国第一大贸易伙伴。2008 年以来,美国金融危机、欧债、人民币升值、国内各项经营成本增加、供应侧结构性改革等因素对我国外贸行业产生重大影响。自 2018 年 9 月 24 日起,美国对 2 000 亿美元的中国输美产品加征 10%的关税,自 2019 年 1 月 1 日起,关税提升至 25%。美国这一政策给我国外贸形势带来了巨大的挑战。

综上所述,在新质生产力理论的指导下,在我国由外贸大国向外贸强国转变的过程中,广大制造型、服务型企业在"走出去"战略的指引下,对从事国际贸易相关岗位的员工提出了更高的职业能力要求。为了适应我国对外贸易发展的形势,吸收新的成果以满足教学需要,编者特组织编写了本教材。

本书在编写过程中力求体现以下 4 个特点:第一,以德育为魂,围绕课程育人,"润物细无声",加强课程思政教育,开发"中国智造""中国价值观""共商、共享、共建"等具有国贸专业特色的思政元素,实现思政元素与教学内容的有机融合,贯穿教材编写的全过程；第二，以能力为本，注重学生未来从事国际贸易相关工作岗位核心技能的培养与训练，从外贸实战的角度出发，力求简洁、易懂，将隐形的技能与知识显性化，强调实用性，加强学生动手操作能力；第三，以基础为先，加强学生对《联合国国际货物销售合同公约》《2020年国际贸易术语解释通则》《跟单信用证统一惯例》等国贸基础知识的学习与运用；第四，以创新为上，以企业培训为切入点，引入行业领军企业与企业外贸专业人士，不断吸收行业新模式、新知识与新元素，挖掘创业资源，激发知识创新与技术创新的活力，培养学生勇于探索的创新精神和善于解决问题的实践能力，实现专创融合。

本书由广交会特约培训师、广东机电职业技术学院倪军，汕头市澄海职业技术学校许樱蓝担任主编；东莞市经济贸易学校李素雯、广东开放大学（广东理工职业学院）邓莎莎、佛山市中牌机械有限公司肖敬超担任副主编；汕头市澄海职业技术学校高湘瑜担任参编。具体编写分工为：导论，第三、四、七章由倪军编写；第六、八章由许樱蓝编写；第二、五章由李素雯编写；第九章由邓莎莎编写；第十章由肖敬超编写；第一章由高湘瑜编写。全书由倪军负责统稿、定稿。

由于编者水平有限，书中不足之处在所难免，恳请广大读者批评指正。

编　者

目 录

导论 ①

一、国际贸易实务的概念与国际贸易的特点 /1

二、国际贸易实务课程的学习内容 /2

三、国际贸易实务课程在国际贸易专业课中的地位与作用 /3

四、国际贸易实务课程的教与学 /3

第一章 进出口交易磋商与合同签订 ⑥

第一节 进出口交易磋商 /6

一、进出口交易磋商的含义 /6

二、进出口交易磋商的形式 /7

三、进出口交易磋商的内容 /7

第二节 进出口交易磋商的程序 /7

一、询盘 /7

二、发盘 /9

三、还盘 /13

四、接受 /14

第三节 国际贸易销售合同的签订 /17

一、合同有效成立的条件 /17

二、签订书面合同的意义 /18

三、书面合同的基本内容 /19

四、合同的形式 /19

五、签订合同时应注意的问题 /20

实训练习 /22

第二章 国际贸易销售合同品名、品质条款 28

第一节 品名条款 /28

一、约定品名的意义 /29

二、品名条款的基本内容 /29

三、规定品名条款的注意事项 /29

四、我国主要出口商品中英文对照 /30

第二节 品质条款 /32

一、品质的表示方法 /32

二、合同中的品质条款 /35

三、订立商品品质条款应注意的事项 /36

实训练习 /37

第三章 国际贸易销售合同数量、包装条款 42

第一节 数量条款 /42

一、国际贸易销售合同数量条款的概念及作用 /42

二、计量单位和计量方法 /43

三、数量条款 /46

第二节 包装条款 /48

一、商品包装的作用 /48

二、我国对出口商品包装的要求 /48

三、商品包装的种类 /49

四、合同中的包装条款 /57

实训练习 /58

第四章 国际贸易术语 64

第一节 贸易术语概述 /64
    一、贸易术语的含义与作用 /65
    二、有关贸易术语的国际惯例 /65
第二节 《2020 通则》分类、义务、注意事项 /68
    一、《2020 通则》的分类 /68
    二、《2020 通则》买卖双方义务 /68
    三、《2020 通则》使用注意事项 /69
第三节 《2020 通则》适用于任何单一或多种运输方式贸易术语的运用 /72
    一、EXW 贸易术语 /72
    二、FCA 贸易术语 /72
    三、CPT 贸易术语 /73
    四、CIP 贸易术语 /74
    五、DAP 贸易术语 /75
    六、DPU 贸易术语 /76
    七、DDP 贸易术语 /76
第四节 《2020 通则》适用于海运和内河水运的贸易术语的运用 /77
    一、FAS 贸易术语 /77
    二、FOB 贸易术语 /78
    三、CFR 贸易术语 /79
    四、CIF 贸易术语 /80
第五节 贸易术语变形 /82
第六节 贸易术语的选用 /83
    一、增加外汇收入，发展服务贸易 /84
    二、运输方式 /84
    三、贸易对方国的相关政策与规定 /84
    四、运价动态 /84
    五、货物特性及运输数量 /85
    六、海上风险 /85
实训练习 /85

第五章 国际贸易销售合同装运条款 91

第一节 国际货物运输方式 /91
    一、海洋运输 /92
    二、铁路运输 /94
    三、航空运输 /96
    四、公路、内河、管道和邮包运输 /98
    五、联合运输 /99
第二节 集装箱运输 /100
    一、集装箱运输货物的交接 /101
    二、集装箱运输的费用 /101
第三节 国际航线与主要港口 /102
    一、航线的概念和分类 /102
    二、世界主要大洋航线 /104
    三、我国对外贸易主要海运航线 /104
    四、世界主要港口 /105
第四节 运输单据 /105
    一、海运提单 /105
    二、铁路运单 /109
    三、航空运单 /110
    四、邮包收据 /110
    五、多式联运单据 /110
第五节 装运条款 /111
    一、装运时间 /111
    二、装运地点和目的地 /112
    三、分批装运和转船 /113
    四、装运通知 /114
    五、滞期费、速遣费条款 /115
    六、OCP 条款 /115
实训练习 /116

第六章 国际贸易销售合同保险条款 122

第一节 海运货物保险保障范围 /122
    一、风险 /122

二、损失 /123
　　三、费用 /125
第二节　海运货物保险条款 /126
　　一、海洋运输货物保险的责任
　　　　范围 /126
　　二、海洋运输货物保险的责任
　　　　起讫 /129
　　三、海运货物基本险的除外
　　　　责任 /129
　　四、英国伦敦保险协会海运货物保
　　　　险条款 /130
第三节　其他运输方式的货物保险 /134
　　一、陆上运输货物保险 /134
　　二、航空运输货物保险 /135
　　三、邮包保险 /136
第四节　保险单据 /137
　　一、保险单 /137
　　二、保险凭证 /137
　　三、联合凭证 /139
　　四、预约保险单 /139
　　五、批单 /139
第五节　国际贸易海运货物投保 /139
　　一、进出口货物投保的方式 /139
　　二、选择适当的保险险别 /141
　　三、确定保险金额 /141
　　四、支付保险费 /141
　　五、进出口合同中的保险条款 /142
实训练习 /143

第七章　国际贸易销售合同价格条款　148

第一节　合同价格条款构成 /148
　　一、价格条款的基本内容 /148
　　二、作价原则 /150
　　三、作价方法 /151
　　四、规定价格条款的注意事项 /153
第二节　价格的构成与换算 /153
　　一、商品价格的构成 /153
　　二、FOB、CFR、CIF 三种贸易术
　　　　语的价格构成 /155
　　三、FOB、CFR、CIF 贸易术语的
　　　　价格换算 /155
　　四、FCA、CPT、CIP 贸易术语的价
　　　　格换算 /156
　　五、含佣金、利润率的价格换算公
　　　　式 /157
第三节　成本核算 /158
　　一、出口换汇成本 /158
　　二、出口盈亏率 /159
第四节　佣金与折扣 /160
　　一、佣金 /160
　　二、折扣 /161
实训练习 /162

第八章　国际贸易销售合同支付条款　169

第一节　结算票据 /170
　　一、汇票 /170
　　二、本票 /175
　　三、支票 /177
第二节　汇付 /179
　　一、汇付的定义 /179
　　二、汇付的当事人及其业务
　　　　流程 /179
　　三、汇付的方式 /180
第三节　托收 /182
　　一、托收的定义 /182
　　二、托收方式的当事人 /182
　　三、托收的种类 /183
　　四、跟单托收的一般业务程序 /184
　　五、使用托收方式应注意的
　　　　问题 /186
第四节　信用证 /186
　　一、信用证的概念 /187
　　二、信用证的当事人 /187
　　三、信用证的主要内容 /188
　　四、信用证业务的一般程序 /188
　　五、信用证的特点 /189

六、信用证的作用 /190

七、信用证的种类 /190

八、SWIFT 信用证 /194

九、信用证实例 /198

第五节 支付方式的选择与综合使用 /202

一、3 种支付方式的比较 /202

二、选择支付方式应考虑的因素 /202

三、不同支付方式的结合使用 /203

实训练习 /204

第九章 国际贸易销售合同检验检疫、索赔、不可抗力和仲裁条款

第一节 检验检疫条款 /210

一、进出口商品检验检疫的基本概念 /211

二、检验检疫证书 /213

三、商品检验检疫的一般程序 /214

四、检验检疫的时间和地点 /214

五、合同中的检验检疫条款 /215

第二节 索赔条款 /216

一、违约的含义与分类 /216

二、国际惯例和各国法律对违约救济的规定 /217

三、索赔与理赔 /217

四、合同中的索赔条款 /218

第三节 不可抗力条款 /219

一、不可抗力的概念 /219

二、不可抗力的范围与认定 /220

三、不可抗力的处理 /220

四、合同中的不可抗力条款 /221

第四节 仲裁条款 /221

一、国际贸易解决争议的方法 /222

二、仲裁 /222

实训练习 /225

第十章 国际贸易销售合同履行

第一节 出口合同的履行 /231

一、催证、审证、改证 /232

二、备货与报验 /233

三、货运、报关和投保 /234

四、制单结汇 /236

五、出口退税 /236

第二节 进口合同的履行 /237

一、开立与修改信用证 /237

二、安排运输与投保 /238

三、审核单据与付汇 /238

四、进口付汇核销 /239

五、报关、验收和拨交 /239

六、进口索赔 /240

实训练习 /241

参考文献 246

导论

- 掌握国际贸易实务的概念与国际贸易的特点。
- 掌握国际贸易实务课程的学习内容。
- 明确国际贸易实务课程内容在国际贸易中的地位与作用。
- 探讨国际贸易实务课程的教与学。
- 增强学生对我国外贸事业的信心、责任感与使命感。
- 养成诚信经营、精益求精的优良品质。

导论

一、国际贸易实务的概念与国际贸易的特点

（一）国际贸易实务的概念

国际贸易实务又称为进出口贸易实务,是一门既研究国际商品买卖理论又研究实际业务操作的课程。

国际贸易的定义分为狭义和广义两种：狭义的国际贸易仅指货物的进出口；广义的国际贸易包括货物进出口、技术进出口和服务进出口。由于国际分工,世界上各个国家和地区之间必然发生货物、技术、服务的流动,从而产生国际贸易。随着科学技术的不断发展,技术贸易、服务贸易在国际贸易中的比重不断增加。但是目前国际上包括我国在内,货物贸易（有形贸易）仍然占据国际贸易总额的大部分。在国际贸易活动中最早出现的货物贸易活动为国际贸易制定了基本的业务框架,随后产生的技术贸易、服务贸易结合各自贸易对象,呈现各自的贸易特点,但是万变不离其宗,货物贸易、技术贸易、服务贸易三者的主要原理和业务流程基本是相同的。

（二）国际贸易的特点

国际贸易货物买卖是一个国家（地区）同世界其他国家（地区）进行的货物交易活动。它具有以下特点。

1. 国际性

由于国际货物买卖在两个国家（地区）之间进行,涉及两个国家的法律体系、贸易政策和措施。

2. 风险性

国际贸易货物买卖交易金额与数量，相对国内贸易而言，都比较庞大。从签订合同到完成合同，往往会持续较长时间，经历较多环节，交易双方要承担诸多风险，包括商业风险、信用风险、商品风险、运输风险和汇率风险等。

3. 复杂性

国际贸易货物买卖对外贸从业人员提出了较高要求，需要他们具备商品知识、营销知识、报关报检知识、国际货运知识、保险知识、金融知识、国际商务礼仪知识、外语知识及计算机知识，以便熟练应对国际贸易的各个环节。

通过以上分析，可以看出外贸从业人员不仅要掌握国际贸易的基本原理、基本政策，而且要掌握实际进出口业务中的基本技能，善于应对不断变化的国际市场，养成良好的心理素质，在实践中接受各种挑战。

二、国际贸易实务课程的学习内容

（一）学习实际进出口业务流程

国际贸易实务是一门操作性、实践性、实用性较强的课程。本书结合实际进出口业务，主要以出口业务为例，按照实际出口业务的流程，编制学习内容。

1. 学习进出口交易磋商与合同签订环节

整体了解国际贸易的成交过程，对进出口业务有一个全面的认识。一般来说，一笔进出口业务会经过询盘、发盘、还盘和接受 4 个环节，其中发盘与接受是必不可少的环节。

2. 学习国际贸易销售合同各项条款

按照进出口业务洽谈的一般顺序，分别学习品名、品质、数量、包装、贸易术语、运输、包装、价格、支付、检验检疫、索赔、不可抗力、仲裁等条款。

3. 学习进出口合同的履行

按照实际进出口业务流程，学习与客户签订国际贸易销售合同之后，具体实施国际贸易销售合同的业务步骤。

（二）学习国际贸易销售合同所涉及的法规与惯例

国际贸易不同于国内贸易，需要买卖双方遵守相关国际法规与惯例，学习与国际贸易货物买卖有关的主要法律法规、国际条约和国际贸易惯例。

1. 法律法规

这主要指的是贸易双方的国内法。国内法是指由国家制定或认可并在本国主权管辖范围内生效的法律。国际贸易销售合同的双方当事人必须遵守本国相关法律，但是由于不同国家法律对同一问题会有不同的司法解释，因此一旦发生争议引起仲裁或诉讼，就会产生究竟应采用哪个国家的法律解决争议的问题。为了解决这种"法律冲突"，便于国际贸易的正常开展，通常在国内法中规定冲突规范。我国法律对涉外经济合同的冲突规范也采用上述国际上的通用规则。《中华人民共和国对外贸易法》是管辖我国对外贸易的主要法律之一，其第二条规定："本法适用于对外贸易以及与对外贸易有关的知识产权保护。本法所称对外贸易，是指货物进出口、技术进出口和国际服务贸易。"

2. 国际条约

国际条约是两个或两个以上主权国家为确定彼此的政治、经济、贸易、文化、军事等方面的权利和义务而缔结的诸如公约、协定、协议书等各种协议的总称。国际条约可以调解缔约成员国在国际贸易、海运、陆运、空运、商标、工业产权、知识产权、仲裁等方面的争议。

对国际贸易影响较大的国际条约是1988年1月1日起生效的《联合国国际货物销售合同公约》（United Nations Convention on Contracts for the International Sales of Goods，以下简称《公约》），该《公约》共101条，分4个部分，分别为：适用范围和总则、合同的订立、货物销售和最后条款。我国是较早加入该《公约》的缔约国之一。我国出口企业与《公约》缔约国相关企业洽谈与签订的国际贸易合同，应该在《公约》的指导下完成，如果产生贸易纠纷，则首先考虑援引《公约》解决。

《中华人民共和国对外贸易法》第六条规定："中华人民共和国在对外贸易方面根据所缔结或者参加的国际条约、协定，给予其他缔约方、参加方最惠国待遇、国民待遇等待遇，或者根据互惠、对等原则给予对方最惠国待遇、国民待遇等待遇。"所以在法律适用问题上，除国家在缔结或参加声明保留的条款以外，国家缔结或参加的有关国际公约优先于国内法。

3．国际贸易惯例

国际贸易惯例是指在国际贸易长期实践中逐渐形成的一些有较为明确和固定内容的贸易习惯和一般做法。国际贸易惯例不是法律，它对合同当事人没有普遍的约束力。只有当合同当事人在合同中明确规定加以采用时，才会对当事人产生约束力。如果合同中的规定与相关国际贸易惯例相抵触，则在合同履行与争议处理时，以国际贸易销售合同相关条款为执行依据。

在国际贸易中，与业务密切相关并有较大影响的国际惯例有以下几种。

《2020年国际贸易术语解释通则》（INCOTERMS 2020，以下简称《2020通则》）主要对有关国际贸易的11种贸易术语做出解释，规定了买卖双方的风险、责任与费用划分界限。

《跟单信用证统一惯例》（UCP 600）主要阐述了信用证支付方式的基本原理，有关各方当事人的权利和义务，以及对信用证要求的各种结汇单据做出明确规定和解释。

《托收统一规则》（URC 522）主要对国际贸易中的托收程序、技术、法律、条例等具体问题做出规定与解释。

随着国际贸易的不断发展，贸易方式、流程等不断创新与变革，针对出现的新问题、新情况，相关组织也在不断更新国际惯例中的相关条款，以适应国际贸易的发展。

三、国际贸易实务课程在国际贸易专业课中的地位与作用

国际贸易实务课程在国际贸易专业课中处于基础与中心地位，主要学习进出口交易磋商与合同签订、国际贸易销售合同相关条款、国际贸易销售合同的履行，同时学习国际贸易销售合同所涉及的法规与惯例。课程内容是外贸业务员、跨境电商操作员、单证员、跟单员、报关员、报检员、货代业务员、货代操作员等涉外工作人员必须掌握的核心知识与基本操作技能，也是上述涉外工作人员后续学习相关岗位专业知识与技能的前提。

四、国际贸易实务课程的教与学

（一）教与学存在的问题

随着跨境电商出口模式的普及，以中国进出口商品交易会（以下简称广交会）为代表的展会平台在国际贸易中的比重开始下降。本课程属于实务类操作课程，部分专业教师缺乏对展会与跨境电商的认识，缺少相关工作经验，同时在教与学的过程中缺少平台、客户、产品及价格等真实的进出口贸易素材，无形中增加了教与学的难度，影响了学习效果。

(二)对策与措施

1. 加强课程思政

培育学生在国际贸易和经济全球化视野下的中国价值观和贸易观：开放、合作、包容，激发学生对社会主义核心价值观的认同感；培育学生国际贸易经济学逻辑，激发学生对国际竞争中的中国优势和中国智慧的自豪感；培养学生的团队意识，激发学生对团队协作合作共赢产销模式的责任感；培养学生的工匠精神，激发学生对一丝不苟工作态度的神圣感；培养学生的契约精神，激发学生对重合同守信用国际经营的使命感。课程思政需要润物细无声地持续开展，让学生的心灵得到洗礼，帮助学生树立正确的人生观与世界观，符合党和国家对高技能人才的要求。

2. 更新教学理念

"以能力为本位，以服务为宗旨，以就业为导向"的职教理念构成了职教教师与学生的核心价值，围绕专业核心技能积极开展教与学是本课程的教学目标。营造"以学生为主体、以教师为主导"的良好教学模式，激发学生的学习兴趣，逐步引导学生构建国际贸易相关知识，最终帮助学生掌握国际贸易操作核心技能。

3. 勤于学习

受世界经济环境、我国国情与政策、企业生产技术和地区产业特点等因素的影响，尤其是在"互联网＋"概念的影响下，我国的国际贸易业态日新月异。这就要求教师认真研究进出口行业规律和职业教育特点，学习新质生产力对于新质劳动者、新质劳动对象和新质劳动工具的阐述，虚心向企业学习，掌握行业最新动态，积极运用最新职教研究成果，增强学生学习动力，营造良好的学习氛围，教师与学生共同构建学习型的团队，探讨与学习国际贸易实务课程的相关知识与内容。

4. 贵在创新

传统的国际贸易实务课程教学手段与方法所培养的外贸人才已经不适应外向型企业对外贸人才的要求，因此要求教师在教学理念、教学手段、教学素材等方面不断创新。国际贸易实务课程经历了从"粉笔加黑板"的第一代教学理念与方法，到"软件加实训室"的第二代教学理念与方法，乃至"真实业务加企业"的第三代教学理念与方法，第三代教学理念与方法发生了质的飞跃。创新可以探索出国际贸易实务课程教与学的新思路、新方法。但是创新需要扎实的专业基础，持之以恒的决心与毅力，以及具有打破行业传统陈旧观念、敢为天下先的革新思想。通过创新可以提高学生的核心能力，形成国际贸易专业学生的核心竞争力；通过创新可以提升国际贸易专业的核心竞争力。

5. 赢在实践

职业教育是一种注重职业岗位能力的教育，要为各行业、企业输送各类合格高技能人才。从实践中得到宝贵的经验，总结提升，进而充实、优化教学素材，以求突破制约职业院校国际贸易专业发展的瓶颈。实践表明，基于建构主义的项目教学是国际贸易实务课程教与学的重点发展方向之一。编者在实施这门课程的教学时，以企业培训为出发点，带领学生进行网上外贸、广交会、国际货运等实践，取得初步效果，让教师与学生共同感受到项目教学的魅力与活力。与传统的课堂教学相比，基于建构主义的项目教学有效地实现了3个转变，即由以教师为中心转变为以学生为中心，由以课本为中心转变为以项目为中心，由以课堂为中心转变为以企业为中心。项目教学既培养了学生，使学生掌握国际贸易相关岗位的核心技能；又锻炼了教师，在项目教学中老师是项目的策划者、组织者、实施者、评估者，以项目经理人的身份出现，动态多变、没有预案的实际业务，在某种程度上考验了教师的专业水准、智慧与应变能力。经过实践，专业教师对行业、企业有了新的认识，学生则通过"做中学"，达成实践的过程与学习的过程相统一，促进课堂教学与企业经营统一，形成"产、教、研"三者的良性互动。

突破国际贸易实务课程教与学的瓶颈，激发学生的学习兴趣，强化学生的国际贸易核心技能，增强学生未来在职场的核心竞争力，同时塑造职业院校国际贸易实务课程的新型教学模式，"学习、创新与实践"无疑是最好的方法与措施。

第一章
进出口交易磋商与合同签订

学习目标

- 掌握交易磋商的形式与内容。
- 掌握发盘的含义、构成要件、有效期、撤回和撤销、效力的终止。
- 掌握接受的含义、构成要件、生效时间、逾期接受、撤回。
- 掌握国际贸易销售合同成立的有效条件。
- 了解国际贸易销售合同的含义、形式和内容。
- 增强学生对我国外贸事业的信心、责任感与使命感。
- 养成诚信经营、精益求精的优良品质。

导入案例

广州某铝材出口公司于 2024 年 6 月 10 日通过阿里巴巴国际站向英国某采购商报价，限 6 月 15 日复到有效。6 月 11 日收到该英国采购商回复："所有条件均可以接受，但是价格必须减 3%"，我方没有给予答复。后来由于该商品价格上涨，6 月 13 日英国采购商发来邮件，表示无条件接受我方 6 月 10 日发盘，并要求我方缮制销售合同。请问：合同是否成立？我方应如何处理？

第一节　进出口交易磋商

一、进出口交易磋商的含义

进出口交易磋商（business negotiation），又称为贸易谈判，是指在国际贸易货物买卖中，买卖双方通过对交易的各项条件进行洽谈，并希望达成交易的行为。交易磋商的目的是买卖双方通过磋商能取得一致意见，达成交易。因此，交易磋商是签订国际贸易销售合同的基础，也是国际货物买卖过程中不可缺少的重要环节。在实际工作中，进出口交易磋商是外贸业务员的基本工作。

二、进出口交易磋商的形式

进出口交易磋商可以通过口头和书面两种形式进行。

（一）口头磋商

口头磋商是指在谈判桌上面对面的谈判，如企业邀请国外客户来访，企业参加各种商品交易会、博览会，企业派遣人员出国推销、代表团赴境外考察等。口头磋商便于了解对方的诚意和态度，以便有针对性地采取相应的措施，并可随时根据进展调整策略，争取达到预期的目的。这对贸易内容、条件复杂的交易尤其适合。另外，通过电话洽谈交易，也属于口头磋商的特殊形式。

（二）书面磋商

书面磋商是指双方通过电子邮件（E-mail）、信件、电报、电传（telex）或传真（fax）等方式进行交易洽谈。随着现代通信技术的发展，书面洽谈也越来越简便易行，而且表达准确，费用低，有利于提高经济效益，因而逐渐成为进出口交易最主要的磋商形式。

这两种磋商形式也可交叉进行。尽管它们在做法上各不相同，但法律效力相等。除此之外，进出口交易磋商形式还有拍卖等。

三、进出口交易磋商的内容

进出口交易磋商的内容，就是双方拟签订的国际贸易销售合同的各项条款，包括货物的品名、品质、数量、包装、价格、交货、保险、支付、商检、索赔、仲裁和不可抗力等方面，其中品名、品质、数量、包装、价格、交货、支付为合同的主要交易条件，是磋商的主要内容。

为了简化交易磋商内容，加速磋商的进程，并节省磋商的时间和费用，在实际业务中，商检、索赔、仲裁、不可抗力等条款作为一般交易条件大都印在出口商（或进口商）自行设计和印刷的销售（或购货）合同格式的正面下部或背面，只要对方没有异议，就不必逐条重新协商、列出。

进出口交易磋商的程序

第二节　进出口交易磋商的程序

在国际贸易销售合同洽谈过程中，一般包括询盘（inquiry）、发盘（offer）、还盘（counter offer）和接受（acceptance）4个环节。其中，从法律角度讲，发盘和接受是达成交易、合同成立必不可少的两个基本环节和法律步骤。

一、询盘

（一）询盘的含义

询盘也称为询价或要约邀请，是指准备购买或出售商品的人向供货人或买主探询买卖该商品的可能性，并围绕各项交易条件展开洽谈的行为。询盘既可由卖方也可由买方发出，询盘对当事人不具有法律上的约束力。

询盘可以涉及某种商品的品质、规格、数量、包装、价格和装运等成交条件，也可以索取商品的目录、价目单和样品等。在国际贸易业务中,发出询盘的目的,除探询价格或有关交易条件外,有时还表达与对方进行交易的愿望,希望对方接到询盘后及时做出发盘,以便考虑接受与否。这种询盘实际上属于邀请发盘,邀请发盘是当事人订立合同的准备行为,其目的在于使对方发盘,但询盘本身并不构成发盘。

询盘不是每笔交易必经的程序,如买卖双方已经开展销售业务,不需要向对方探询成交条件或交易的可能性,则不必使用询盘,可直接向对方做出发盘。

同步案例1-1

1. Could you please send us a catalog of your packing machine together with price and terms of payment?
你能否给我们寄来一份关于包装机的目录,并告知我们价格与付款方式?
2. Could you supply solar cells, please suggest me the best size and price ASAP.
你方能否供应太阳能蓄电池?请尽快给我最合适的规格与最好的价格。

除上述示例的说法外,询盘还可提出内容不肯定或附有保留条件的建议。例如,价格使用参考价(reference price)或价格倾向(price indication);再如使用"以我方最后确认为准"(subject to our final confirmation)或"有权先售"(subject to prior sale)等说法。因此,询盘不能构成有效的发盘,只是起到邀请对方发盘的作用。

国贸常识

在国际贸易业务中,询盘通常采用下列词语来表示。

请报价……	please quote…
请发盘……	please offer…
请告知……	please advise…
对……感兴趣,请……	be interested in…please…

(二)询盘的法律效力

询盘对于双方而言均没有法律约束力,是一种内容不明确、不肯定、不全面或附有保留条件的建议。这种建议只具有邀约性质。虽然询盘不是每笔交易必须有的,有时未经询盘可直接向对方发盘,但它往往是交易的起点,因而不能忽视。受盘方应抓住每一个有利的贸易机会积极回复对方的询盘。在国际贸易实践中,应重视询盘,但也应注意鉴别,因为询盘往往被用作调查研究、了解市场行情、刺探企业商业秘密的一种手段。

(三)询盘时应注意的事项

外贸业务员在询盘时应注意以下几点。

① 一般而言,询盘是合同的起点,所以外贸业务员必须高度重视询盘。

② 在实际业务中,不是每一个询盘都能达成合同,这就要求外贸业务员重视询盘的数量,在一定数量询盘的基础上,才有可能达成合同。

③ 在实际业务中,每个询盘的真实性差异较大,这就要求外贸业务员重视询盘的质量。

④ 在实际业务中,外贸业务员在接到询盘时,必须第一时间应对,按照国际惯例一般回复时间不能超过24小时。

同步案例 1-2

上海某室外用品公司外贸业务员分别接到美国 A 公司与澳大利亚 B 公司的询盘。美国 A 公司的询盘表示:"对你方产品感兴趣,请报价。"澳大利亚 B 公司的询盘表示:"对你方 WS-011 款旅行单人帐篷感兴趣,计划购买 500 件,请报价。"试问:上述两家公司的询盘质量是否一致?我方外贸业务员应如何应对?

二、发盘

(一)发盘的含义

在国际贸易实务中,发盘又称为报盘、发价、报价,法律上称为要约,指发盘人向受盘人提出购买或出售某种商品的各项交易条件,并表示愿意按这些条件与对方达成交易、签订合同的行为。《公约》规定:"凡向一个或一个以上特定的人提出订立合同的建议,如果其内容十分确定并且表明发盘人有在其发盘一旦得到接受就受其约束的意思,即构成发盘。"

发盘既可以由卖方提出,也可以由买方提出,前者称为售货发盘(selling offer),后者称为购货发盘(buying offer),也称递盘(bid)。发盘对发盘人具有法律上的约束力,即在发盘有效期内,发盘人不得任意撤销或修改其内容,一旦受盘人在有效期内表示接受,发盘人将承担按发盘条件与之订立合同的法律责任。一项发盘在其内容上,要求做到明确、完整和终局。

同步案例 1-3

1. Order 4,000 pcs mobile phone cover, USD2.38 per pc.CIF Pusan, export standard packing, May shipment, irrevocable sight L/C, reply here the 29th our time.

订购 4 000 个手机套,每件 2.38 美元,CIF 釜山港,标准出口包装,装运期为 5 月,以不可撤销即期信用证付款,限本月 29 日我方时间复到有效。

2. Offer Chinese rice 3,000 M/T price USD800.00 per M/T CFR New York, packed new single gunny bags about 100kg each shipment August irrevocable sight L/C reply here fifth.

报盘中国大米 3 000 公吨,每公吨 800 美元,CFR 纽约,单层新麻袋包装,每包大约 100 千克,8 月装运,不可撤销即期信用证,5 日复到有效。

发盘可以是应对方询盘的要求发出,也可以是在没有询盘的情况下,直接向对方发出。发盘既可以采用书面形式,也可以采用口头方式。一经受盘人无条件接受,合同即告成立,发盘人不得任意撤销或修改其内容,且必须承担按发盘条件履行合同义务的法律责任。

同步案例 1-4

买方发盘要求卖方凭发盘人提供的规格、性能生产供应某机械设备,发盘人除列明品质、数量、价格、付款、交货期等必要条件外,规定有效期 1 个月,以便卖方能有足够时间研究决定是否能按所提条件生产供应。卖方收到发盘后,立即组织人员进行设计,探询必要生产设备添置的可能性和成本核算。2 周后,突然接到买方通知,由于资金原因,决定不再订购该机械设备,并撤销发盘。此时,卖方已因设计、询购生产设备、核算成本等付出了大量费用。接到买方撤盘通知后,卖方被迫停止尚未完成的设计与成本核算等工作。试问:你认为卖方能否提出异议?应该如何处理?并说明理由。

国贸常识

在国际贸易业务中，发盘通常采用下列词语来表示。

发盘	offer
发实盘	offer firm, firm offer
订货	order
供应	supply
报价	quote
订购	book
递盘	bid
递实盘	bid firm, firm bid

（二）发盘的构成要件

根据《公约》的规定，构成一项法律上有效的发盘，必须具备以下4个条件。

1. 向一个或一个以上特定的人发出

这里所谓"特定的人"，是指受盘人是明确的企业或个人。受盘人可以是一个，也可以是多个。《公约》第14条第2款明确规定："非向一个或一个以上特定的人提出的建议，仅应视为发盘邀请，除非提出建议的人明确表示相反的意向。"此规定的目的是将发盘与普通商业广告、向国外客商寄发商品价目单或宣传资料等行为区别开来。因此，不指定受盘人的发盘，只能构成发盘邀请（invitation to offer）。

国贸常识

电视上播放的商业广告、大街上发放的宣传单，即使内容明确完整，由于没有特定的受盘人，所以不能构成有效的发盘，只能看作发盘邀请。

2. 发盘的内容必须十分确定

根据《公约》第14条第1款的规定，发盘的内容必须十分确定。所谓十分确定（sufficiently definite），是指在提出的订约建议中，至少应包括3个基本要素：①标明货物的名称；②明示或暗示地规定货物的数量或规定数量的方法；③明示或暗示地规定货物的价格或规定确定价格的方法。凡包含上述3项基本因素的订约建议，即可构成一项发盘。如果该发盘被对方接受，合同即告成立。也就是说，一般情况下，在发盘中明确含有货物的名称、数量和价格三大因素，就可以认为内容具体肯定。由于构成一项发盘应包括的内容，各国法律的规定不尽相同，《公约》的上述规定也只是对发盘内容的起码要求，为防止误解和发生争议，在实际业务中，我方对外发盘应明示或暗示地至少规定货物的品名、品质、数量、包装、价格、交货时间与地点、支付条件，并不得附有任何保留的条件，以便受盘人一旦接受即可签订对买卖双方均有约束力的合同。在实际业务中，如果发盘的交易条件太少或过于简单，会给合同的履行带来困难，甚至引起争议。因此，在对外发盘时，为慎重起见，最好将主要交易条件一一列明。

3. 表明发盘人受其约束

一项发盘必须表明发盘人对其发盘一旦被受盘人接受即受约束的意思，如果受盘人表示接受，双方即按发盘的内容订立合同，发盘人不得更改和拒绝。而如果发盘人在其订约建议中加注"仅供参考""须以发盘人最后确认为准"或其他保留条件，这样的订约建议就不是发盘，只能称其为发盘邀请。表明订约意旨可以是明示的，或是暗示的；明示是指发盘人在发盘中采用

"发盘""发实盘""供应""报价"等文字或明确规定发盘的有效期;暗示则应根据双方当事人的习惯做法、实际行为做出具体判断。

4．发盘必须送达受盘人

《公约》第15条规定:"发盘于送达受盘人时才能生效。" 一项发盘要生效,必须直接送达受盘人。这里强调直接送达通知,别人传达不是发盘人授权,即使到达也无效。明确发盘生效的时间,具有重要的法律和实践意义,因为它关系到受盘人能否接受和发盘人能否撤回发盘修改其内容。例如,发盘人以邮件、电报或信函向受盘人发盘,而发盘在传递途中遗失,导致受盘人未能收到,则该发盘无效;又如,发盘人通过电话向受盘人发盘,如果电话故障、声音模糊,则必须等电话修复,让受盘人听清全部内容后,该发盘才有效。

📖 同步案例1-5

佛山某出口公司与沙特某采购商洽谈服装出口生意,经过双方多次邮件磋商,已就合同的品名、品质、价格、数量与支付等基本条款达成协议,但在沙特采购商最后所表示接受的电子邮件中列有"以签署确认书为准"的文字。我方外贸业务员拟订合同,等待对方确认签署。但是2015年沙特发生战争,该采购商一直未给予答复,我方外贸业务员连续多次通过电子邮件催对方开信用证,对方拒绝开证。试分析这一拒绝是否合理。

(三)发盘的有效期

在通常情况下,发盘应该规定一个有效期,作为对方表示接受的时间限制,超过发盘规定的时限,发盘人即不受约束。当发盘未具体列明有效期时,受盘人应在合理时间内接受才有效。例如:

Offer subject reply September 15th.(发盘限9月15日复到。)

Offer subject reply here June 7th our time.(发盘限6月7日复到我方时间为准。)

明确规定有效期时,有效期的长短是一个需要考虑的重要问题。有效期太短,留给对方考虑的时间太少;有效期太长,发盘人承受的风险就随之加大。适度把握有效期长短对交易双方都很重要。另外当发盘规定有效期时,还应考虑交易双方营业地点不同而产生的时差问题。有效期规定要明确、具体,否则会引起争执。规定有效期并非构成发盘的必要条件,发盘如不明确规定有效期,根据《公约》第18条第2款的规定,理解为在合理的时间内有效。但"合理时间"的长短并无确切的衡量标准,具有很大的伸缩性。《公约》第18条第2款还规定:"对口头发盘必须立即接受。"

🧑‍💼 国贸常识

"本发盘有效期7天",这7天从何时算起就没有交代清楚,因而无法确定它的截止日期。一般来说,在实际业务中,发盘有效期为5～7天,明确起止日期和到期地点为宜。发盘人在规定有效期时要注意根据商品的特点和采用的通信方式来合理确定,对于粮食、油脂、棉花、有色金属等初级产品,有效期的规定最好简短,因为它们的价格受交易所价格的影响,行情变化很快;这类商品多属大宗交易,成交金额大,一旦行情发生对发盘人不利的变动,就会使发盘人蒙受很大损失。双方通信联系的方式不同,在规定有效期时也应有所考虑。如果是以电子邮件、传真等方式联系,有效期可以规定得短一些;如果是采用航空信件方式洽商,有效期则应稍长一些,至少应该包括航空邮程的时间。

（四）发盘的撤回和撤销

发盘的撤回与撤销是两个截然不同的概念，前者是指在发盘送达受盘人之前，发盘人采取行动阻止它的生效；后者指发盘已送达受盘人，即发盘生效之后，将发盘取消，使其失去效力。

1. 发盘的撤回（withdrawal）

它是指发盘人在发盘送达受盘人之前，将发盘予以取消的行为。《公约》第15条第2款规定："一项发盘，即使是不可撤销的，如果撤回的通知在发盘到达受盘人之前或同时送达受盘人，此发盘可以撤回。"因此，发盘人必须用比发盘更迅速的通信方法发出撤回通知，使之能在受盘人收到该发盘之前或同时送达受盘人。

国贸常识

掌握发盘撤回的实际操作，对从事进出口业务的工作人员具有实际意义。假如想撤回或修改已经发出的发盘，就必须有准确的时间概念。例如，发盘是何时发出的，预计何时可送达对方，然后再考虑采用最快的通信方法是否可以撤回或修改发盘。在实际业务中，只有在使用信件或电报发盘时才能撤回发盘，电传、传真、电子邮件等随发随到方式做出的发盘立即生效，不存在撤回的可能性。

2. 发盘的撤销（revocation）

它是指发盘生效后，发盘人将已生效的发盘予以取消的行为。按《公约》第16条的规定，在发盘已经送达受盘人，即发盘已生效，但受盘人尚未表示接受之前的这一段时间内，只要发盘人及时将撤销通知送达受盘人，仍可将其发盘撤销。一旦受盘人发出接受通知，发盘人就无权撤销该发盘。

此外，《公约》还规定并不是所有的发盘都可撤销，下列两种情况下的发盘，一旦生效，不得撤销。

① 在发盘中规定了有效期，或以其他方式表示该发盘是不可撤销的。

② 受盘人有理由相信该发盘是不可撤销的，而且受盘人已采取行动，如支付货款、寻找用户、组织货源等。因为在这种情况下，发盘人撤销发盘会给受盘人造成实际损失。在实际业务中最好在发盘时规定有效期，避免发生争议。

同步案例 1-6

深圳某家具公司于2024年5月10日向法国A进口商邮件发盘，报价某款三人沙发，FOB深圳 USD420.00/PC，80PCS，发盘有效期到5月20日。5月12日，该深圳家具公司获悉原材料牛皮价格大幅上涨，于13日向法国A进口商再次发送邮件要求撤销该发盘。试问：根据《公约》，该深圳家具公司是否已成功地撤销了5月10日的发盘？为什么？

同步案例 1-7

北京一家公司向英国一家公司发盘，其中规定有效期到6月12日。该发盘是6月1日以特快专递寄出的，6月2日该北京公司发现发盘不妥，当天即用电传通知英国公司宣告撤回该项发盘。试问：这样做是否可以？发盘是否可以撤回？根据是什么？

（五）发盘的终止

发盘的终止是指发盘法律效力的消失，它包含两个方面的含义：一是发盘人不再受发盘的约束；二是受盘人失去了接受该项发盘的权利。《公约》规定："一项发盘，即使是不可撤销的，于拒绝通知送达发盘人时终止。"发盘终止的原因一般有以下几个方面。

1. 发盘因期满而失效

如果受盘人不在有效期内接受，则该发盘终止。如果发盘中未规定有效期，则受盘人未能在一段合理时间内把接受通知送达受盘人，该发盘即告终止。对于口头发盘，受盘人当场未予接受，发盘即终止。

2. 发盘因撤回或撤销而失效

如果发盘人对一项发盘宣布撤回或撤销，受盘人再对该项发盘表示接受，合同也是不成立的。

3. 发盘因拒绝或还盘而失效

如果发盘一经受盘人拒绝或还盘，即使原定有效期限尚未届满，发盘也立即终止。

4. 发盘还可因出现了某些特定情况，按有关法律的规定而终止

① 发盘人在发盘被接受前丧失了行为能力或正式宣告破产并将有关破产的书面通知送达受盘人。

② 特定的标的物被毁灭，如一件独一无二的艺术品被火焚毁。

③ 发盘中的商品被出口国或进口国政府宣布禁止出口或进口等。

三、还盘

还盘又称为还价，在法律上称为反要约。还盘是指受盘人不同意或不完全同意发盘提出的各项条件，并提出了修改意见，对发盘条件进行添加、限制或其他更改的答复。在实际业务中，还盘主要针对价格，也可能针对其他条件。在外贸出口竞争越来越激烈的今天，双方往往要经过多次还盘才能订立合同。

同步案例 1-8

We accept 45 days after sight L/C payment May/June equal shipment. Reply 10 days.
我们接受45天远期信用证支付，5至6月平均分装。10日内复到有效。
We make a counter offer to you of USD10.05 per dozen CIF London.
我们还价为每打 CIF 伦敦 10.05 美元。

还盘可以是口头或书面形式。还盘一经做出，原发盘即失去效力，发盘人不再受其约束。一项还盘实际就是受盘人的一项新发盘。还盘做出后，洽谈双方位置互换，受盘人有权对还盘的内容进行考虑，决定接受、拒绝或再还盘。根据《公约》的规定，受盘人对货物的价格、付款、品质、数量、交货时间与地点、一方当事人对另一方当事人的赔偿责任范围或解决争端的办法等条件提出添加或更改，均作为实质性变更发盘条件。从法律上讲，还盘并非交易磋商的必要环节，还盘过程可以多次也可以没有，即一次发盘就接受。

此外，对发盘表示有条件的接受，也是还盘的一种形式。例如，受盘人在答复发盘人时，附加有"以我方最后确认为准""未售有效"等规定或类似的附加条件，这种答复只能作为还盘或发盘邀请。

在还盘时，一般仅将不同条件的内容通知对方，对双方已经同意的条件一般无须重复列出。

📖 **同步案例 1-9**

我方甲公司与美国乙公司就进口业务进行洽谈。5月1日乙公司发盘"5月31日前答复,报价为CIF纽约价,每箱2美元,共200箱罐装沙丁鱼,7月份纽约港装运。"甲公司则发出以下还盘:"对你5月1日报价还盘为CIF纽约价,每箱1.8美元,共200箱罐装沙丁鱼,7月份纽约港装运。5月20日前答复。"到5月20日甲公司尚未收到回电。鉴于该货价格看涨,甲公司于5月22日去电:"你5月1日电……我们接受。"试问:乙公司原报价是否继续约束乙公司至5月31日?乙公司能否因货价看涨而不理会甲公司?

四、接受

(一)接受的含义

接受在法律上称为承诺,是指买方或卖方同意对方在发盘或还盘中提出的各项交易条件,并愿按这些条件与对方订立合同的一种肯定的表示。接受的实质是对发盘表示同意,接受与发盘一样,受盘人对发盘(或还盘)一旦表示接受,合同即告成立,发盘(或还盘)中的交易条件对发盘人(或还盘人)、受盘人都构成法律约束力。根据《公约》的规定,受盘人对发盘表示接受,既可以通过口头或书面向发盘人发表声明的方式接受,也可以通过其他实际行动来表示接受。沉默或不行动本身,并不等于接受,如果受盘人收到发盘后,不采取任何行动对发盘做出反应,而只是保持沉默,则不能认为是对发盘表示接受。接受如同发盘一样,既属于商业行为,也属于法律行为。接受产生的重要法律后果是交易达成、合同成立。

🕵 **国贸常识**

在通常情况下,只需简单列明"你方×日电子邮件我接受(或确认)"即可,而不必重复列出有关的交易条件。但是有些交易由于磋商进程较长,来往电子邮件较多,为避免误解和差错,可将最后商定的交易条件重复一遍。

(二)接受的构成要件

构成一项有效的接受必须具备下列几项条件。

1. 接受必须由特定的受盘人做出

发盘必须是向特定的人做出,因此,做出接受的人就必须是发盘中指明的特定的受盘人,而不能是其他人。由其他第三者做出的接受,不能视为有效的接受,只能作为一项新的发盘。

2. 接受的内容必须与发盘相符

根据传统的法律规则,受盘人必须无条件地全部同意发盘所提出的交易条件。《公约》也规定,有效接受的内容应与发盘所提出的各项交易条件完全一致,只有这样的接受才能导致合同的成立。如果对发盘表示接受但附有添加、限制或其他更改的答复,即为拒绝该项发盘,并构成还盘。

3. 接受必须在发盘的有效期内做出并送达发盘人

当发盘规定了接受的时限时,受盘人必须在发盘规定的时限内做出接受,才有法律效力。如果发盘没有规定接受的时限,则受盘人应在合理时间内表示接受。对何谓"合理时间",往往有不同的理解,为了避免争议,最好在发盘中明确规定接受的具体时限。

第一章 进出口交易磋商与合同签订

4. 接受必须表示出来

《公约》规定，被发盘人可以用声明或其他行为表示同意一项发盘，沉默或不行动本身不等于接受。声明包括口头和书面两种方式。一般来说，发盘人如果以口头发盘，受盘人即以口头表示接受；发盘人如果以书面形式发盘，受盘人也应该以书面形式表示接受。除以声明的方式表示接受外，还可以以行为表示接受。《公约》规定："如果根据该项发盘或者依照当事人之间确立的习惯做法或惯例，受盘人可以做出某种行为，如卖方发运货物（或开始生产所买卖的货物或为发盘人采购有关货物等）或买方支付货款（包括汇付货款和开立信用证）等行为来表示同意。"这说明只要发盘中有规定，或者交易双方有习惯做法或惯例，受盘人即可以不以声明而以行为来表示接受。上述做法主要是为了争时间、抢速度，它改变了国际贸易中传统的先经过磋商达成协议，订立合同，然后再履行合同的做法。值得注意的是，我国在批准参加《公约》时，对《公约》承认合同可以书面以外形式订立的规定声明保留。因此在实际业务中，我国的外贸企业应以书面通知的形式表示对发盘的接受。

同步案例 1-10

甲商人在饭店与朋友吃饭，他对朋友谈道：他有一批中国一级绿茶，现货共计 500 千克，拟按每千克 500 美元出售。乙商人在附近喝茶，听到甲商人的话。乙商人在第二天同意按上述条件接受甲商人 500 千克绿茶，却被甲商人拒绝。试问：甲、乙之间的合同能否有效成立？为什么？

同步案例 1-11

一位德国商人于某日上午走访我国某外贸企业洽购某商品，我方口头发盘后对方未置可否。第三日下午德商再次来访，表示无条件接受我方前日上午的发盘。那时，我方已获悉该项商品的国际市场价格有上涨的迹象。试问：我方应如何处理？为什么？

（三）有条件的接受

从原则上说，若要达成交易使合同成立，受盘人必须无条件地全部同意发盘的交易条件，那么是不是说受盘人在表示接受时，不能对发盘的内容做丝毫的变更呢？《公约》第 19 条第 1、2 款规定："①对发盘表示接受但载有添加、限制或其他更改的答复，即为拒绝该项发盘，并构成还盘。②但是，对发盘表示接受但载有添加或更改不同条件的答复，如所载的添加或更改不同条件的内容在实质上并不改变该项发盘的条件，例如，要求增加装箱单、原产地证等单据，要求增加某些单据的份数，或者对包装条件进行更改等，除发盘人在不过分迟延的期间内以口头或书面通知反对其中的差异外，仍构成接受。如果发盘人不做出这种反对，合同的条件就以该项发盘的条件及接受通知内所载的更改为准。"该条款明确规定，对于一项有条件的接受不能构成法律上的有效接受，但是有条件的接受视所附条件是否在实质上改变了发盘的内容。

实质性变更都包括哪些呢？对于接受所附条件是否构成实质性的变更发盘内容，《公约》第 19 条第 3 款规定："有关货物价格、付款、货物质量和数量、交货地点和时间，一方当事人对另一方当事人的赔偿责任范围或解决争端等的添加或更改不同条件，均视为实质上变更发盘的条件。"另外，受盘人有时会在接受中提出某种希望和建议，如"接受你方某月某日的发盘，希望尽早装运"，此类接受应看作一项有效的接受。

📖 **同步案例 1-12**

2024年4月8日，我方向韩国A公司发盘："可供一级芝麻10公吨，每公吨1 500美元，CIF纽约，适合海运包装。订约后即装船，不可撤销即期信用证付款，请速复电。"A公司立即电复："你8日电我方接受，用双层新麻袋包装，内加一层塑料袋。"我方收到复电后着手备货，数日后，芝麻的市场价格猛跌。A公司来电称："我方对包装条件做了变更，你方未确认，合同并未成立。"而我方坚持合同已成立。试按照《公约》的规定对此案例进行分析。

（四）逾期接受

《公约》第18条第2款明确规定，接受送达发盘人时生效。如果接受通知未在发盘规定的时限内送达发盘人，或者发盘没有规定时限，且在合理时间内未送达发盘人，则该项接受称为逾期接受（late acceptance）。各国法律一般认为逾期接受无效，它只能视作一个新的发盘，但《公约》对这个问题做了灵活的处理。

《公约》第21条第1款规定，只要发盘人毫不迟延地用口头或书面通知受盘人，认为该项逾期的接受可以有效，愿意承受逾期接受的约束，合同仍可于接受通知送达发盘人时订立。如果发盘人对逾期的接受表示拒绝或不立即向发盘人发出上述通知，则该项逾期的接受无效，合同不能成立。

《公约》第21条第2款规定，如果载有逾期接受的信件或其他书面文件显示，依照当时寄发情况，只要传递正常，它本来是能够及时送达发盘人的，则此项逾期的接受应当有效，合同于接受通知送达发盘人时订立。除非发盘人毫不迟延地用口头或书面通知受盘人，认为其发盘因逾期接受而失效。

该条款将逾期接受，按造成逾期的原因不同做如下划分。

① 由于受盘人原因造成的逾期，即因受盘人做出接受的时间太迟，导致该接受到达发盘人时，已超过发盘的有效期。此种逾期接受只能构成一项新的发盘，除非发盘人及时予以确认，否则该接受无效，合同不成立。

② 因传递途中的故障造成的逾期接受，即按照正常的传递，本应能在发盘有效期内送达发盘人的接受，由于传递途中的不正常情况造成了延误，而使接受在有效期过后才到达发盘人。此种逾期接受仍具有接受的效力，除非发盘人及时拒绝。

以上表明，逾期接受是否有效，关键要看发盘人如何表态。

🧑 **国贸常识**

对于逾期接受问题，应注意到：如果因接受期限最后一天是发盘人所在地的正式假日或非营业日（non-business），而使受盘人的接受通知未能在最后期限前到达发盘人，只要接受通知在下一个营业日到达发盘人，该接受依然有效，合同成立。

📖 **同步案例 1-13**

我方出口公司根据某法商询盘，发盘销售某货物，限对方5日复到有效。法商于4日发电报表示接受。由于电报局投递延误，该电报通知于6日上午始送达我公司。此时，我方鉴于市价上升，当即回电拒绝。但法商认为接受通知迟到不是他们的责任，坚持合同有效成立，而我方则不同意达成交易，于是向仲裁机构申请仲裁。试问：你认为仲裁员应如何判决？又如我方在接电后未予拒绝，仲裁员应如何判决？说明理由。

（五）接受的生效和撤回

接受的生效问题，不同的国际法律体系有着不同的解释。英美法系（普通法）采用投邮生效原则（despatch theory），即接受的函电一经投邮或发出立即生效，只要发出的时间在有效期内。大陆法系采用到达生效原则（receipt theory），即表示接受的函电须在规定时间内送达发盘人才算生效。对于书面形式的发盘，《公约》采纳的是到达生效的原则，在《公约》第18条中明确规定："接受发盘于表示同意的通知送达发盘人时生效。"如果双方以口头方式进行磋商，受盘人如果同意对方的口头发盘，应马上表示同意，接受也随即生效。但如果发盘人有相反的规定，或双方另有约定则不在此限。此外，对于以行为表示接受，《公约》规定，接受于该项行为做出时生效，但该项行为必须在规定的期限内做出。也有的国家坚持书面声明生效，有的甚至坚持书面合同签字时生效。

关于书面接受的撤回问题，《公约》采取了大陆法系到达生效的原则。《公约》第22条规定："如果撤回通知于接受原发盘应生效之前或同时送达发盘人，接受得以撤回。"由于接受在送达发盘人时才产生法律效力，故撤回接受的通知，只要先于原接受通知或与原发盘接受通知同时送达发盘人，则接受可以撤回或修改。如接受已送达发盘人，即接受一旦生效，合同即告成立，就不得撤回接受或修改其内容，因为这样做无异于撤销或修改合同。如果按照英美法系的投邮生效原则，接受一经投邮立即生效，合同就此成立，也就不存在接受的撤回问题。

需要指出的是，在当前通信设施非常发达的条件下，当发现接受中存在问题而想撤回或修改时，往往已来不及了。为了防止出现差错和避免发生不必要的损失，在实际业务中，应当审慎行事。

第三节　国际贸易销售合同的签订

买卖双方经过交易磋商，一方发盘或还盘被另一方有效地接受后，交易即告成立，买卖双方就构建了合同关系。但根据国际贸易习惯，买卖双方还要用书面形式将双方的权利、义务明文规定下来，便于执行，这就是所谓的签订合同。

一、合同有效成立的条件

买卖双方就各项交易条件达成协议后，并不意味着此项合同一定有效。合同是否具有法律效力，能否受到法律的保护，还要取决于合同是否具备一定的条件。不具有法律效力的合同是不受法律保护的。根据各国法律的有关规定，一份合法有效的合同必须具备下列条件。

（一）合同当事人的意思表示必须真实

各国法律都认为，合同当事人的意思表示必须是真实的才能成为一项有约束力的合同，否则这种合同无效。

采用欺诈或胁迫手段而订立的合同在法律上是无效的，或者是可以撤销的。欺诈是指一方当事人故意陈述虚假事实或隐瞒重要事实，使对方当事人做出了违背其真实意愿的意思表示；胁迫是指一方当事人采取危及对方当事人或其亲属的生命、健康、荣誉、名誉等手段，使对方当事人产生恐惧，因而做出了违背其真实意愿的意思表示。受欺诈方或受胁迫方可以申请撤销合同或宣告合同无效。

（二）合同当事人应具有相应的行为能力

签订合同的当事人主要为自然人或法人。按各国法律的一般规定，自然人签订合同的行为能力，是指精神正常的成年人才能订立合同，未成年人、精神病人订立合同必须受到限制；关于法人签订合同的行为能力，各国法律一般认为，作为法人，应当是已经依法注册成立的合法组织，有关业务应当属于其法定经营范围之内，负责交易磋商与签约者应当是法人的法定代表人或其授权人。

（三）合同的标的和内容都必须合法

许多国家往往从广义上解释"合同内容必须合法"，其中包括不得违反法律、不得违反公共秩序或公共政策，以及不得违反善良风俗或道德3个方面。

《民法典》第五百九十七条规定："因出卖人未取得处分权致使标的物所有权不能转移的，买受人可以解除合同并请求出卖人承担违约责任。法律、行政法规禁止或者限制转让的标的物，依照其规定。"

（四）合同必须有对价和约因

英美法认为，对价（consideration）是指当事人为了取得合同利益所付出的代价。法国法认为，约因（cause）是指当事人签订合同所追求的直接目的。按照英美法和法国法的规定，合同只有在有对价或约因时，才是法律上有效的合同，无对价或无约因的合同，是得不到法律保障的，即合同中一方所享有的权利应该以对方的义务为基础，双方应都有权利和义务，如卖方交货，买方付款，互为有偿。

（五）合同的形式必须符合法律规定的要求

《公约》对国际贸易销售合同的形式，原则上不加以限制，声明"可以用包括证言在内的任何方法证明"。我国《民法典》第四百六十九条规定："当事人订立合同，可以采用书面形式、口头形式或者其他形式。书面形式是合同书、信件、电报、电传、传真等可以有形地表现所载内容的形式。以电子数据交换、电子邮件等方式能够有形地表现所载内容，并可以随时调取查用的数据电文，视为书面形式。"由于进出口合同内容繁多，目前，在实际业务中，我国的涉外经济合同仍然以书面合同形式订立。

二、签订书面合同的意义

买卖双方经过磋商，一方的发盘被另一方有效接受，交易达成，合同即告成立。但在实际业务中，按照一般的习惯做法，买卖双方达成协议后，还要签署书面合同将双方的权利和义务加以明确。虽然订立书面合同并非交易磋商过程中必不可少的环节，但为了保证交易的顺利进行，降低交易风险，订立书面合同还是具有重要的意义。

（一）签订书面合同是合同成立的证据

合同是否成立，必须要有证明。尤其是在通过口头谈判达成交易的情况下，签订一定格式的书面合同就成为不可缺少的程序。按照法律的要求，凡是合同必须提供其成立的证据，以说明合同关系的存在。且双方当事人一旦发生争议，提交仲裁或诉讼，如果是口头协议，"空口无凭"，不能提供充足证据，则很难得到法律的保护，而书面合同则可成为仲裁庭和法庭审理案件的证据。因此国际贸易中一般要求签订书面合同，尽管有些国家的合同法并不否认口头合同的效力。

第一章　进出口交易磋商与合同签订

（二）签订书面合同是合同履行的依据

国际贸易销售合同的履行涉及面广，环节复杂，若仅有口头协议，将会使履行合同变得十分困难。因此，交易双方通过口头谈判或邮件磋商达成交易后，双方一般都要求将各自的权利与义务用文字规定下来，作为履行合同的依据。

（三）签订书面合同是合同生效的条件

一般情况下，接受生效，合同就成立，但在通过电子邮件、信件、电报、电传达成协议的特定环境下，一方当事人要求签订确认书，则签订确认书方为合同成立。此外，如果所签合同必须是经一方或双方政府审核批准的合同，那么这一合同的生效就必须是具有一定格式的书面合同。

三、书面合同的基本内容

书面合同的基本内容通常由以下 3 个部分组成。

（一）约首

约首是指合同的序言部分，其中包括合同的名称、编号、订约日期、订约地点、订约双方当事人的名称和地址（要求写明全称）等。在规定这部分内容时应注意两点：第一，要把当事人双方的全称和法定详细地址列明，有些国家规定这些是合同正式成立的条件；第二，要认真规定好订约地点，因为合同中如对合同适用的法律未做出规定时，根据有些国家的法律规定和贸易习惯的解释，可适用合同订约地国家的法律。此外在合同序言部分常常写明双方订立合同的意愿和执行合同的保证。

（二）本文

本文是合同的主体部分，具体规定了品名、品质、规格、数量或重量、包装、价格、交货条件、运输、保险、支付、检验检疫、索赔、不可抗力和仲裁等项内容。洽谈合同，主要是就这些基本条款如何规定进行磋商，达成一致意见。

（三）约尾

约尾部分一般列明合同的份数、使用的文字及其效力、订约的时间和地点，以及生效的时间。合同的订约地点往往涉及合同准据法的问题，因此要谨慎对待。我国出口合同的订约地点一般都注明在我国。

为了提高履约率，在规定合同内容时应考虑周全，力求使合同中的条款明确、具体、严密和相互衔接，且与磋商的内容一致，以利于合同的履行。

四、合同的形式

合同的形式是合同当事人内在意思的外在表现形式。在国际贸易中，交易双方订立合同通常有以下几种形式。

（一）书面合同

书面合同包括合同书、信件及数据电文（如电报、电传、传真、电子数据交换和电子邮件）等有形地表现所载内容的方式。在国际贸易中，对书面合同的形式也没有具体的限制，买卖双方既可采用正式的合同、确认书、协议，也可以采用备忘录等多种形式。采用书面形式订立的合同，既可以作为合同成立的证据，也可以作为履行合同的依据，还有利于加强合同当事人的责任心，使其依约行事，即使在履约中发生纠纷，也便于举证和分清责任。鉴于采用书面形式订立合同有许多好处，有些国家的法律或行政法规甚至明文规定必须采用书面合同。

（二）口头合同

采用口头形式订立的合同，又称口头合同或对话合同，即指当事人之间通过当面谈判或通过电话方式达成协议而订立的合同。采用口头形式订立合同，有利于节省时间、简便行事，对加速成交起着重要作用。但是因无文字依据，空口无凭，一旦发生争议，往往造成举证困难，不易分清责任。这是导致有些国家的法律、行政法规强调必须采用书面合同的最主要原因。

（三）其他形式

这是指上述两种形式之外的订立合同的形式，即以行为方式表示接受而订立的合同。例如，根据当事人之间长期交往中形成的习惯做法，或发盘人在发盘中已经表明受盘人无须发出接受通知，可直接以行为做出接受而订立的合同，均属此种形式。

上述订立合同的 3 种形式，从总体上来看，都是合同的法定形式，因而均具有相同的法律效力。当事人可根据需要，酌情做出选择。

五、签订合同时应注意的问题

交易磋商是达成一笔进出口交易所不可缺少的重要环节。在实际业务中，由于买卖双方立场不同，追求的目标不一，所以在磋商过程中充满矛盾和利益冲突。如何使这些矛盾得到统一和解决，并取得预期的结果，不仅要按照法律和国际贸易惯例正确和灵活地处理磋商的各个具体环节，而且要注意谈判的策略和技巧，使双方的分歧经过磋商，最后达成一个双方都能接受的折中协议。以下是做好交易磋商应注意的几个问题。

① 必须贯彻我国国际贸易的各项方针和政策，特别是要体现平等互利的原则。既要反对一方把片面维护自己利益的条款订入合同，也绝不把对方不愿意接受的某些条款强加于人。

② 必须符合合同有效的必要条件。

③ 合同内容应与洽谈磋商达成的协议内容一致，同时在条款的规定上必须严密，要明确交易双方的责任、权利、义务等。切记避免订立容易产生多种解释和不确定性的条文，特别是一些需要在执行合同时才能最后明确的内容，尤应慎重。在订立书面合同时，要进一步协商达成协议才可订立。

④ 合同各条款之间必须协调一致，不能互相矛盾。例如，在订立数量条款规定溢短装时，支付方式为信用证，其信用证金额就应规定有增减幅度；又如，贸易术语为 FOB 或 CFR 时，在保险条款中就应注明"保险由买方自负"。关于签约后发生的额外费用的负担，如运费上涨、港口封冻的绕航费等，也可在合同中明确规定由何方负担。

国际贸易销售合同样本如下所示。

SHANGHAI GOLDEN EAGLE TRADING CO., LTD.

No.20 Pudong Road, Shanghai, China

Zip: 200120   Tel: 021-58818844 58818766   Fax: 021-58818840

销 售 合 同
SALES CONTRACT

1. 卖方：上海金雕贸易有限公司	合同编号：HY24CS004
The Sellers: Shanghai Golden Eagle Trading Co., Ltd.	S/C No.: HY24CS004
2. 地址：中国上海浦东路 20 号	合同日期：March 29 2024
Address: 20 Pudong Road, Shanghai, China	Date: March 29 2024

Tel: 0086-21-58818844；58818766　Fax: 0086-21-58818840

E-mail: golden_eagle@163.com

3．买方：

The Buyers: TAI HING Co.

4．地址：

Address: 7/F, Sailing Building, No.50 Aidy Street, New York

Tel: 001-3-74236211　Fax: 001-3-74236212

E-mail: chila@163.com

买卖双方同意按下列条件购进、售出下列商品：

The Sellers agree to sell and the Buyers agree to buy the undermentioned goods according to the terms and conditions as stipulated below:

商品名称及规格 Name of Commodity & Specification	数量 Quantity	单价 Unit Price	总值 Total Value
Food Packing Machine			
HS520	2 sets	USD6,000.00	USD12,000.00
HS620	3 sets	USD8,000.00	USD24,000.00
HS680	1 sets	USD10,000.00	USD10,000.00
CIFC5 New York			USD46,000.00

Say us dollars forty-six thousand only.

5．包装：

Packing: Packed in export standard wooden case.

6．唛头：

Shipping Marks: Will be indicated in the Letter of Credit.

7．装船港口：

Port of Shipment: Shanghai, China

8．目的港口：

Port of Destination: New York, USA

9．装船期限：

Time of Shipment: Not later than May 31st, 2024.

10．付款条件：

买方应通过买卖双方都接受的银行向卖方开出以卖方为受益人的不可撤销、可转让的即期付款信用证并允许分装、转船。信用证必须在装船前 30 天送达卖方。

Terms of Payment: The Buyers shall open with a bank to be accepted by both the Buyers and Sellers an irrevocable transferable Letter of Credit, allowing partial shipment, transhipment in favor of the Seller and addressed to Sellers payable at sight against first presentation of the shipping document to opening Bank. The covering letter of credit must reach the Sellers 30 days before shipment.

11．保险：由买方/卖方按发票金额加成 10%投保一切险及战争险。如果买方要求加投上述保险或保险金额超出上述金额，必须提前征得卖方的同意；超出保险费由买方承担。

Insurance: To be covered by the Buyers/Sellers for the full invoice value plus 10% against all risks and war risks. If the Buyers desire to cover for any other extra risks besides aforementioned of amount exceeding the aforementioned limited, the Sellers' approval must be obtained beforehand and all the additional premiums thus incurred shall be for the Buyers' account.

12．检验：由中国商检局出具的品质/重量证明书将作为装运品质数量证明。

Inspection: The Inspection Certificate of Quality/Weight issued by CCIB shall be taken as basis for the shipping Quality/Weight.

13．不可抗力：因人力不可抗拒事故，使卖方不能在合同规定期限内交货或不能交货，卖方不负责任，但是卖方必须立即以电报通知买方。如果买方提出要求，卖方应以挂号函向买方提供由中国国际贸易促进会或有关机构出具的证明，证明事故的存在。

Force Majeure: The Sellers shall not be held responsible if they, owing to Force Majeure causes. Fail to make delivery within the time stipulated in the contract or can't deliver the goods. However, in such a case the sellers shall inform the Buyers immediately by cable. The Sellers shall send to the Buyers by registered letter at the quest of the Buyers a certificate attesting the existence of such a cause or causes issued by China Council for the Promotion of International Trade or by a competent authority.

14．异议索赔：品质异议须于货到目的口岸之日起 30 天内提出，数量异议须于货到目的口岸之日起 15 天内提出，买方须同时提供双方同意的公证行的检验证明。卖方将根据具体情况解决异议。由自然原因或船方、保险商责任造成的损失，将不予考虑任何索赔，信用证未在合同指定日期内到达卖方，或 FOB 条款下，买方未按时派船到指定港口，或信用证与合同条款不符，买方未在接到卖方通知所规定的期限内电改有关条款时，卖方有权撤销合同或延迟交货，并有权提出索赔。

Discrepancy and Claim: In case discrepancy on quality of the goods is found by the Buyers after arrival of the goods at port of destination, claim may be lodged within 30 days after arrival of the goods at port of destination, while for quantity discrepancy, claim may be lodged within 15 days after arrival of the goods at port of destination, being supported by Inspection Certificate issued by a reputable public surveyor agreed upon by both party. The Seller shall, then consider the claim in the light of actual circumstance. For the losses due to natural cause or causes falling within the responsibilities of the Ship-owners or the Underwriters, the Sellers shall not consider any claim for compensation. In case the Letter of Credit not reach the Sellers within the time stipulated in the contract, or under FOB price terms Buyers do not send vessel to appointed ports or the Letter of Credit opened by the Buyers does not correspond to the contract terms and the Buyers fail to amend therefore its terms by telegraph within the time limit after receipt of notification by the Sellers, the Sellers shall have right to cancel the contract or to delay the delivery of the goods and shall have also the right to lodge claims for compensation of losses.

15. 仲裁：凡因执行本合同所发生的或与合同有关的一切争议，双方应友好协商解决。如果协商不能解决应提交中国国际经济贸易仲裁委员会。根据该委员会的有关仲裁程序暂行规则在中国进行仲裁的，仲裁裁决是终局的，对双方都有约束力。仲裁费用除另有裁决外由败诉一方承担。

Arbitration: All disputes in connection with the contract or the execution thereof, shall be settled amicable by negotiation. In case no settlement can be reached, the case under dispute may then be submitted to the China International Economic and Trade Arbitration Commission for arbitration. The arbitration shall take place in China and shall be executed in accordance with the provisional rules of Procedure of the said Commission and the decision made by the commission shall be accepted as final binding upon both parties for setting the dispute. The fees, for arbitration shall be borne by the losing party unless otherwise awarded.

卖方：	买方：
The Sellers:	The Buyers:
Shanghai Golden Eagle Trading Co., Ltd.	Tai Hing Co.
Shanghai China	New York USA
李伟	*Jack Green*
（签名）	（签名）

实训练习

实训目的

1. 通过实训，正确掌握进出口交易磋商所要经过的4个环节的含义，以及发盘、接受的构成要件。

2. 通过实训，正确掌握《公约》中有关国际贸易销售合同订立的规定，熟悉合同的基本内容和形式。

3. 通过实训，了解合同成立的条件。

实训内容

一、名词解释

交易磋商　　询盘　　发盘　　还盘　　接受　　逾期接受

二、填空题

1. 在国际贸易销售合同商定的过程中，一般包括：_____、_____、_____、_____4个环节，其中_____和_____是达成交易、合同成立不可或缺的两个基本环节。

2. 交易磋商可以分为_____和_____两种。

3. 根据《公约》的规定，_____实际上就是合同成立的时间。

4. 根据《公约》的解释，交易磋商中，受盘人可以用_____或_____方式表示接受，也可用_____表示接受。

5. 还盘的法律后果主要有两个方面，即_____和_____。

6. 书面合同的内容通常包括_____、_____和_____3个部分。

7. 发盘又称为_____，在法律上称为_____，由买方发盘又称为_____。

三、单项选择题

1. 法国某买方向我方某文具出口公司来电"拟购长城牌2B铅笔，1 000罗，请电告最低价格，最快交货期"。此来电属于交易磋商的（　　）环节。
   A. 发盘　　　　B. 询盘　　　　C. 还盘　　　　D. 接受

2. 某项发盘于某月12日以电报形式送达受盘人，但在此前的11日，发盘人以传真告知受盘人，发盘无效。此行为属于（　　）。
   A. 发盘的撤回　　B. 发盘的修改　　C. 一项新发盘　　D. 发盘的撤销

3. 英美法的法律认为，以书信或电报表示的承诺（接受）一经发出之后，做出承诺的人（　　）。
   A. 可以在任何情况下撤回
   B. 在任何情况下不得撤回
   C. 只要撤回通知早于或等于承诺到达时间就可以撤回
   D. 只要发出撤回通知就可以撤回

4. 国外某买主向我方某出口公司来电"接受你方12日发盘，请降价3%"。此来电属于交易磋商的（　　）环节。
   A. 发盘　　　　B. 询盘　　　　C. 还盘　　　　D. 接受

5. 我公司对某外商A就某产品发盘，下列（　　）情况下，双方可达成交易。
   A. A商在发盘有效期内，表示完全接受我方发盘
   B. 由A商认可的B商在发盘有效期内向我方表示完全接受发盘内容
   C. A商根据以往经验，在未收到我方发盘的情况下，向我方表示接受
   D. A商在有效期内表示接受，但提议将装运日期提前

6. 根据《公约》的规定，合同成立的时间是（　　）。
   A. 接受生效的时间　　　　　　B. 交易双方签订书面合同的时间
   C. 在合同获得国家批准时　　　D. 当发盘送达受盘人时

7. 某出口公司对外报盘某产品，根据《公约》的规定，下列（　　）的情况下，一经受盘人有效接受，双方即可达成交易。
   A. 发盘中只规定了商品的名称、数量及价格，同时向A、B两个公司发出
   B. 发盘中规定了各项交易条件，同时注明"以我方最后确认为准"
   C. 发盘中规定了各项交易条件，但并未规定成交数量
   D. 发盘以平邮方式发出，但在当天，发盘人又以传真方式要求撤回发盘

8. 关于逾期接受，《公约》规定（　　）。
   A. 逾期接受无效
   B. 逾期接受是一个新的发盘
   C. 逾期接受完全有效
   D. 逾期接受是否有效，关键看发盘人如何表态

9. 我方某出口公司于某月5日以电报对德商发盘，限8日复到有效。对方于7日以电报发出接受通知，由于电信部门的延误，我方出口公司于9日才收到德商的接受通知，事后该出口公司亦未表态。那么（　　）。

A. 除非发盘人及时提出异议，该逾期接受仍具有接受效力，合同成立
B. 该逾期接受丧失接受效力，合同未成立
C. 只有在发盘人毫不延迟地表示确认，该通知才具有接受效力。否则，合同未成立
D. 只要受盘人发出接受通知，该合同即告成立

10. 一项发盘，经过还盘后，则该项发盘（　　）
    A. 失效　　　　　　　　　B. 仍然有效
    C. 对原发盘人有约束力　　D. 对还盘人有约束力

11. 根据《公约》，合同成立的必要程序是（　　）。
    A. 询盘、发盘、还盘和接受　　B. 询盘、发盘、还盘、接受和签约
    C. 发盘、接受和签约　　　　　D. 发盘和接受

12. 在发盘生效后，发盘人以一定方式解除发盘对其的效力，这在法律上属于发盘的（　　）。
    A. 撤回　　B. 撤销　　C. 改发　　D. 取消

13. 在接受迟到的情况下，决定接受是否有效的主动权在（　　）。
    A. 受盘人　　B. 邀请发盘人　　C. 发盘人　　D. 询盘人

14. 《公约》对发盘内容"十分确定"的解释是（　　）。
    A. 明确规定合同的有效期　　　　　B. 规定交货地点和时间
    C. 规定责任范围和解决争端的办法　D. 明确货物、规定数量和价格

15. 根据《公约》的规定，一项发盘在未送达发盘人之前发盘人可以（　　）。
    A. 还盘　　B. 接受　　C. 撤销　　D. 撤回

16. 关于接受的生效，英美法系实行的原则是（　　）。
    A. 投邮生效　　B. 签署日生效　　C. 到达生效　　D. 双方协商

17. 某发盘人在其订约建议中加有"仅供参考"字样，则这一订约建议为（　　）。
    A. 发盘　　B. 递盘　　C. 邀请发盘　　D. 还盘

18. 根据《公约》的规定，发盘和接受的生效采取（　　）。
    A. 投邮生效原则　　　　B. 签订书面合约原则
    C. 口头协商原则　　　　D. 到达生效原则

19. 我方某公司于2024年春交会与澳大利亚采购商 B 商人进行业务洽谈，我方用口头发盘，若双方没有特别约定，则 B 商人（　　）。
    A. 任何时间表示接受都可使合同成立
    B. 立即接受方可使合同成立
    C. 不超过24小时接受合同即成立
    D. 不超过48小时接受合同即成立

20. 对于签订国际贸易销售合同行为表述正确的是（　　）。
    A. 《公约》规定，国际贸易销售合同必须采用书面形式签订
    B. 只有书面形式签订的国际贸易销售合同才有法律效力
    C. 国际贸易销售合同可以对发盘与接受的内容进行修改
    D. 一般而言，国际贸易销售合同包括约首、本文和约尾3个部分

第一章 进出口交易磋商与合同签订

四、多项选择题

1. 一般来说，交易磋商有4个环节，其中达成交易不可缺少的两个基本环节和必经的步骤是（　　）。
   A. 询盘　　　　B. 发盘　　　　C. 还盘　　　　D. 接受

2. 根据《公约》的规定，不属于构成有效发盘条件的是（　　）。
   A. 必须规定有效期　　　　　　B. 必须向一个特定的人做出
   C. 必须包括各项交易条件　　　D. 有订立合同的意旨

3. 根据《公约》的规定，发盘内容必须十分确定。所谓十分确定，是指在发盘中，应包括的要素有（　　）。
   A. 货物的名称　　　　　　　　B. 货物数量或规定数量的方法
   C. 货物的价格或规定确定价格的方法　D. 交货时间与地点

4. 根据《公约》的规定，受盘人对（　　）等内容提出添加或更改，均作为实质性变更发盘条件。
   A. 价格　　　　B. 付款　　　　C. 品质　　　　D. 数量

5. 根据《公约》的规定，接受生效的时间为（　　）。
   A. 接受送达发盘人时
   B. 受盘人采取某种行为时
   C. 接受通告一经投邮或交给电报局发出时
   D. 受盘人做出接受答复时

6. 根据《公约》的规定，在（　　）情况下发盘失效。
   A. 受盘人做出还盘
   B. 发盘人在发盘规定的有效期内表示撤销原发盘
   C. 发盘有效期届满
   D. 发盘被接受前，原发盘人破产

7. 根据我国的法律，（　　）不是一项具有法律约束力的合同。
   A. 通过欺骗对方签订的合同
   B. 采取胁迫手段订立的合同
   C. 我某公司与外商以口头形式订立的合同
   D. 走私物品的合同

8. 根据我国《民法典》的规定，除非另有约定，当事人订立合同的形式可以采用（　　）。
   A. 口头形式　　B. 书面形式　　C. 其他形式　　D. 沉默形式

9. 根据《公约》的规定，受盘人对发盘表示接受，可以有几种方式，（　　）属于此列。
   A. 通过口头向发盘人声明　　　B. 通过书面向发盘人声明
   C. 通过沉默或不行动表示接受　D. 通过实际行动表示接受

10. 在（　　）情况下发盘失效。
    A. 发盘有效期届满　　　　　　B. 还盘
    C. 政府禁令　　　　　　　　　D. 受盘人拒绝

11. 合同成立的要件包括（　　）。
    A. 当事人有行为能力　　　　　B. 当事人真实表示意思
    C. 合同有对价或约因　　　　　D. 内容合法

12. 接受的要件包括（　　　）。
    A. 受盘人做出　　　　　　　B. 同意发盘所有条件
    C. 有效期间做出　　　　　　D. 必须采用书面形式
13. 发盘撤销的条件是（　　　）。
    A. 发盘已经生效
    B. 发盘到达受盘人，但受盘人还没有做出接受
    C. 发盘中没有规定发盘的有效期
    D. 发盘已经生效，受盘人接受通知的时间与撤销发盘通知的时间相同
14. 发盘可以撤回的条件是（　　　）。
    A. 发盘还没有生效
    B. 发盘已经生效但对方还没有做出接受
    C. 发盘还没有到达受盘人
    D. 发盘到达受盘人的时间，与撤回通知的时间相同
15. 在实际进出口业务中，接受的形式用（　　　）表示。
    A. 行动　　　　　　　　　　B. 沉默
    C. 广告　　　　　　　　　　D. 口头、书面的形式

五、判断题

1. 在国际贸易销售合同商定的过程中，必须包括询盘、发盘、还盘、接受4个环节。（　）
2. 接受和发盘一样都可以依法撤回、修改、撤销。（　）
3. 邀请发盘也是有效发盘的一种。（　）
4. 口头发盘要求立即做出接受。（　）
5. 在国际贸易中，达成交易的两个必不可少的环节是发盘和接受。（　）
6. 一项有效的发盘，一旦被受盘人无条件地全部接受，合同即告成立。（　）
7. 在交易磋商过程中，发盘是卖方做出的行为，接受是由买方做出的行为。（　）
8. 《公约》规定，一项发盘发出后，发盘人可以对其撤销。（　）
9. 还盘是对发盘的拒绝，还盘一经做出，原发盘即失去效力，发盘人不再受其约束。（　）
10. 一项接受，可以由受盘人做出，也可以由发盘人做出。（　）
11. 国际货物买卖交易磋商中的接受，应该以声明或行动表示出来。（　）
12. 一项逾期的接受，只要发盘人确认，该项逾期的接受即为有效的接受。（　）
13. 还盘在形式上不同于拒绝，但还盘和拒绝都可导致原发盘的失效。（　）
14. 交易磋商的过程可归纳为询盘、发盘、还盘和接受4个环节，但一项交易只需有效的发盘和接受就可达成，而不需经过询盘和还盘。（　）
15. 询盘又称邀请发盘，在国际贸易中均由买方提出。（　）
16. 根据《公约》的规定，一项发盘如规定了有效期，则在有效期内，发盘人不得撤销该发盘。（　）
17. 根据《公约》的规定，一项发盘必须包括交易的各项条件，才是有效发盘。（　）
18. 根据《公约》的规定，所有的发盘，只要发盘人的撤销通知先于受盘人发出接受通知到达受盘人，均可撤销。（　）

19. 根据《公约》的规定，只有在发盘有效期届满后，发盘人才不再受原盘的约束。
（　　）
20. 根据《公约》的规定，接受和发盘一样也是可以撤销的。　　　　（　　）

六、技能操作题

1. 请分别将以下贸易磋商的程序由英文翻译成中文。
inquire：_____　　offer：_____　　counter offer：_____
acceptance：_____　　late acceptance：_____

2. 甲公司收到国外客户乙公司针对该公司5月10日的函电回复如下："Your cable 10th counter offer till 26th our time USD 165.00 per M/T CIF New York."上述内容是交易磋商的_____环节。

3. 下述内容是贸易磋商的_____环节："Offer Chinese rosin WW grade iron drum 100 M/T USD200.00 per M/T CFR London May shipment irrevocable sight L/C reply here 20th."

七、案例分析

1. 深圳某包装机械厂向印度K进口商发盘MP-200型包装机，每台12 000.00美元CIF孟买，包装规格为长200 mm、宽90 mm、高18 mm，不可撤销信用证支付，限3天内答复。第二天收到K公司回电称："Accept your price, but the packing size must be length 240 mm, width 90 mm, height 20 mm."（接受你方发盘，但是包装规格必须为长240 mm、宽90 mm、高20 mm）。请分析客户的答复是否为有效接受？为什么？

2. 我方公司向美国某贸易商出口工艺品一批，我方于周一上午10时，以自动电传向美商发盘。公司原定价为每单位500美元CIF纽约，但我方工作人员由于疏忽而误报为每单位500元人民币CIF纽约。请问在下述3种情况下应如何处理较为妥当：①如果是在当天下午发现问题，应如何处理？②如果是在第二天上午9点发现，客户尚未接受，应如何处理？③如果是在第二天上午9点发现，客户已经接受，应如何处理？

第二章
国际贸易销售合同品名、品质条款

 学习目标

- 认识商品的品名、品质。
- 掌握进出口交易中商品的品名、品质的表示方法。
- 掌握《公约》对品名、品质条款的规定。
- 学会跨境电商平台品名、品质的表示。
- 学会订立合同的品名、品质条款。
- 增强学生对我国外贸事业的信心、责任感与使命感。
- 养成诚信经营、精益求精的优良品质。

 导入案例

深圳某手机套出口企业外贸业务员小 A 负责阿里国际站出口平台操作,对于产品名称栏,他输入 Mobile phone bags,当产品发布之后,一直无人问津。经理发现小 A 对手机套的翻译有错误。当小 A 将产品名称改为 Mobile phone cover 之后,很快就获得了采购商的询盘。

在国际贸易中,要求我方外贸业务员精准地掌握出口产品的中英文名称,否则在与买方进行业务洽谈时,就会出现牛头不对马嘴的现象,错失商机。

国际贸易销售合同的"标的"(subject of matter)就是进入国际市场的有形商品,即货物。商品的品名、品质是交易磋商时首先要谈妥的问题,而对商品品名、品质的检验,也是与合同的标的密切相关的问题。

第一节 品名条款

品名,或称商品品名(name of commodity),是指能使某种商品区别于其他商品的一种称呼

或概念。品名在一定程度上体现了商品的自然属性、用途及主要的性能特征。

品名的命名方法有多种。例如，以其主要用途命名，如消毒液、电风扇等；以其所使用的主要原材料命名，如羊毛衫等；以其主要成分命名，如人参珍珠霜等；以其外观造型命名，如喇叭裤等；以其制作工艺命名，如酿造酱油、精制油等；以人物命名，如王致和豆腐乳，等等。

一、约定品名的意义

国际货物买卖，无论是展会平台、网络平台、电话洽谈、网络洽谈还是面对面洽谈，从产品陈列、发布，到洽谈和签订销售合同往往需要较长的时间，而且有时买卖双方在洽谈时不一定需要实体商品，一般只是凭借对拟买卖的商品做必要的描述来确定交易的标的。可见在国际贸易销售合同中，列明品名就成为必不可少的条件。

按照有关的法律和惯例，对交易标的物的描述，是构成商品说明（description）的一个主要组成部分，是买卖双方交接货物的一项基本依据，关系到买卖双方的权利和义务。如果卖方交付的货物不符合约定的品名或说明，则买方有权提出损害赔偿要求，乃至拒收货物或撤销合同。因此，列明合同标的物的具体名称具有重要的意义。

二、品名条款的基本内容

国际贸易销售合同中的品名条款并无统一的格式，通常是在"商品名称"或"商品品名"的标题下，列明交易双方成交商品的名称，故又称之为品名条款。

品名条款的规定，取决于成交商品的品种和特点，通常只要列明商品的名称即可。但有的商品具有不同的品种、等级和型号，为了明确起见，要对具体品种、等级和型号进行概括性的描述，有的甚至把商品的品质、规格也包括进去，实际上就是把品名条款和品质条款合并一起使用了。

三、规定品名条款的注意事项

国际贸易销售合同中的品名条款，是合同中的主要条件。因此，在规定此项条款时，应注意下列事项。

① 必须做到内容明确、具体，以确切地反映商品的用途、性能和特点，切忌空泛、笼统，而且注意对应英文一定要翻译精准。例如，新郎西服——服装。

② 尽可能使用国际上通行的名称，以避免误解。如果使用地方性的名称，则交易双方应事先就其含义取得共识；对于某些新商品的译名，应力求准确、易懂，并符合国际上的习惯称呼。例如，病毒唑——利巴韦林。

③ 选择有利于降低关税或方便进口的名称，作为合同的品名。例如，一家公司出口苹果酒，品名写为 Cider，结果遭到拒付，原因是这个词除了苹果酒的意思之外，还有苹果汁的意思，海关无法征税，正确的写法应为 Apple wine。

④ 在交易中，切实反映商品的实际情况。做不到或不必要的描述性的词句，都不应列入品名条款，如优质绿茶。另外，在利用网络平台发布产品时，尽量避免使用 good、fine、superior 等词语，同时应该尽量客观地展示数据，以表示产品质量、规格等。

同步案例 2-1

广东酱油（soy sauce）以纯天然原料，独特的加工工艺名扬海外，分为生抽王（superior soy）、老抽王(soy superior)及草菇老抽(mushroom soy)3个系列。某海外客户发来电子邮件询价"欲订购 1×20 FCL 广东 soy sauce 750克×24瓶 CFR New York"。试问：该客户对广东酱油是否了解？我方业务员应如何应对？

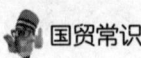国贸常识

  国际上在对商品进行统计征税时有共同的分类标准。早在1950年，由联合国经济理事会发布了《国际贸易标准分类》(SITC)。其后，世界各主要贸易国又在比利时布鲁塞尔签订了《海关合作理事会商品分类目录》(CCCN)，又称《布鲁塞尔海关商品分类目录》(BTN)。CCCN与SITC对商品分类有所不同，为了避免采用不同目录分类在关税和贸易、运输中产生分歧，在上述两个规则的基础上，海关合作理事会主持制定了《协调商品名称及编码制度》(The Harmonized Commodity Description and Coding System，简称 H.S.编码制度)。该制度于1988年1月1日起正式实施，我国于1992年1月1日起采用该制度，目前各国的海关统计、普惠制待遇等都按 H.S.编码制度进行。因此，我国在采用商品名称时，应与 H.S.编码制度规定的品名相适应。

四、我国主要出口商品中英文对照

  我国每年出口金额超过 10 000 亿美元，出口商品品种数以万计。随着科学技术的发展，新商品不断出现。正确掌握进出口商品的中英文品名，是外贸业务员的一项基本技能。由于出口商品繁多，所以不能一一罗列。下面以广交会的具体分类为例，列出出口商品大类的中英文分类。

  (1) 电子及家电类　　　　　　　Electronics & Household Electrical Appliances
   ① 家用电器　　　　　　　　Household Electrical Appliances
   ② 电子消费品　　　　　　　Consumer Electronics
   ③ 电子电气产品　　　　　　Electronic & Electrical Products
   ④ 计算机及通信产品　　　　Computer & Communication Products
  (2) 照明类　　　　　　　　　　Lighting Equipment
  (3) 车辆及配件类　　　　　　　Vehicles & Spare Parts
   ① 自行车　　　　　　　　　Bicycles
   ② 摩托车　　　　　　　　　Motorcycles
   ③ 汽车配件　　　　　　　　Vehicles Spare Parts
   ④ 车辆　　　　　　　　　　Vehicles
  (4) 机械类　　　　　　　　　　Machinery
   ① 大型机械及设备　　　　　Large Machinery & Equipment
   ② 小型机械　　　　　　　　Small Machinery
   ③ 工程机械　　　　　　　　Construction Machinery
  (5) 五金工具类　　　　　　　　Hardware & Tools
   ① 五金　　　　　　　　　　Hardware
   ② 工具　　　　　　　　　　Tools
  (6) 建材类　　　　　　　　　　Building Materials
   ① 建筑及装饰材料　　　　　Building & Decorative Materials
   ② 卫浴设备　　　　　　　　Sanitary & Bathroom Equipment

（7）化工产品类	Chemical Products
① 化工产品	Chemical Products
② 矿产冶金及有色金属	Minerals Metallurgy & Non-ferrous metal Minerals
（8）日用消费品类	Consumer Goods
① 餐厨用具	Kitchenware & Tableware
② 日用陶瓷	General Ceramics
③ 家居用品	Household Items
④ 个人护理用具	Personal Care Products
⑤ 浴室用品	Toiletries
（9）礼品类	Gifts
① 钟表眼镜	Clocks, Watches & Optical Instruments
② 玩具	Toys
③ 礼品及赠品	Gifts & Premiums
④ 节日用品	Festival Products
（10）家居装饰品类	Home Decorations
① 工艺陶瓷	Art Ceramics
② 编织及藤铁工艺品	Weaving, Rattan & Iron Arts
③ 玻璃工艺品	Glass Artware
④ 家居装饰品	Home Decorations
⑤ 园林用品	Gardening Products
⑥ 铁石制品	Stone & Iron Products
⑦ 家具	Furniture
（11）办公、箱包及休闲用品类	Office Supplies, Cases & Bags, & Recreation Products
① 办公文具	Office Supplies
② 箱包	Cases & Bags
③ 体育及旅游休闲用品	Sports, Travel & Recreation Products
（12）医药及医疗保健类	Medicines, Medical Devices & Health Products
① 医药及保健品	Medicines & Health Products
② 医疗器械、耗材、敷料	Medical Devices, Disposables & Dressings
（13）鞋类	Shoes
① 鞋类	Shoes
（14）纺织服装类	Textiles & Garments
① 男女装	Men & Women's Clothes
② 童装	Kids' Wear
③ 内衣	Underwear
④ 运动服及休闲服	Sports & Casual Wear
⑤ 裘革皮羽绒及制品	Fur, Leather, Downs & Related Products
⑥ 服装饰物与配件	Fashion Accessories & Fittings
⑦ 家用纺织品	Home Textiles
⑧ 纺织原料面料	Textiles, Raw Materials & Fabrics

⑨ 地毯及挂毯　　　　　　　Carpets & Tapestries
⑩ 抽纱　　　　　　　　　　Artex
（15）食品及土特产品类　　　Food & Native Produce
① 食品　　　　　　　　　　Food
② 土特产品　　　　　　　　Native Produce

第二节　品质条款

品质，或者称商品品质（quality of goods），是指商品的内在质量和外观形态的综合反映。前者包括商品的物理性能、机械性能、生物特征、化学成分等自然属性；后者包括商品的外形、色泽、款式、味觉和嗅觉等。

《公约》规定，卖方交付的货物必须符合合同约定的质量，如卖方交货不符合约定的品质条件，买方有权要求损害赔偿，或者可以要求修理或交付替代货物，甚至拒收货物和撤销合同。

交货品质低于合同要求显然是违约行为，但是交货品质高于合同要求也有可能构成违约。原因是多方面的，如品质过高，买方办理进口手续时可能会多交税；另外品质过高，可能会使货物不符合买方的要求，买方必须重新加工后才能使用，从而会增加买方的费用。

一、品质的表示方法

在国际贸易中，由于交易的商品种类繁多、特点各异，所以表示品质的方法也不相同。概括起来，主要有实物样品表示法和文字说明表示法两大类。

品质的表示方法

（一）实物样品表示法

以实物表示品质通常包括凭成交商品的实际品质和凭样品两种表示方法。前者为看货买卖；后者为凭样品买卖。

1. 看货买卖

看货买卖（sales by looking at goods）是指买卖双方根据成交商品的实际品质进行交易。通常是先由买方或其代理人在卖方所在地验看货物，达成交易后，卖方应按验看过的商品交付货物。只要卖方交付的是验看过的商品，买方就不得对品质提出异议。这种做法，多用于寄售、拍卖和展卖业务中。

2. 凭样品买卖

样品（sample）通常是指从一批商品中抽取出来的或由生产、使用部门加工、设计出来的，足以反映和代表整批货物品质的少量实物。凡是以样品表示品质并以之作为交货依据的称为凭样品买卖（sale by sample）。

在国际贸易中，样品种类很多，根据提供方的不同可分为以下几种买卖方式。

（1）凭卖方样品买卖（sale by seller's sample）

凡凭卖方提供的样品作为品质依据进行买卖的，称为凭卖方样品买卖。以卖方提供样品作为双方交货的依据，卖方所交货物必须与样品一致。因此，卖方提供的样品必须具有足够的代表性，能够代表整批货物的平均品质。

第二章　国际贸易销售合同品名、品质条款

（2）凭买方样品买卖（sale by buyer's sample）

以买方提供样品的品质作为交货的品质依据进行的买卖，称为凭买方样品买卖。为减少贸易纠纷，一般应在合同中明确规定，发生由买方来样引起的工业产权第三者权益问题时，与卖方无关，由买方负责。

（3）凭对等样品买卖（sale by counter sample）

卖方根据买方提供的样品，加工复制出一个类似的样品供买方确认，这个样品称为对等样品（counter sample），有时也称回样、确认样。

凭样品买卖一般适用于一些在造型上有特殊要求或具有色、香、味方面特征的商品。目前，我国出口的某些工艺品、服装、轻工业品等常采用这种方式表示其品质。

同步案例2-2

广东省某进出口公司与匈牙利客户签订了价值8万美元的衬衫出口合同，该客户提供衬衫图样，我方业务员要求工厂生产样品，并迅速向客户寄样。但是该业务员自己未留下工厂样品，等客户收到样品确认，开立信用证，时间已经过去了5个月。在备货时，业务员既找不到衬衫图样，又未留下工厂样品，只能凭记忆要求工厂生产，结果货物到达目的港后，遭到客户拒收并索赔。因为按照我国习惯，衬衫上衣口袋在左上角，但是该国习惯衬衫上衣口袋在右上角。试问：该客户拒收并索赔是否合理？为什么？

国贸常识

在凭买方样品买卖时，收到客户样品后，一定要组织工厂生产出对等样品，或者确认样品（confirmation sample）。由于工厂的生产设备、技术、原材料等因素制约了样品的品质不能与客户的样品完全相符，所以在实际业务中应该积极争取凭卖方样品买卖，以争取贸易中的主动权。在凭样品买卖时，为了减少双方在货物品质上的纠纷，一般按惯例都在合同中注明"交货品质与样品大体相符"（quality to be considered as being about equal to the sample）。但是，出口企业为了扩大外销，积极向客人推销产品，在这种情况下寄出的样品最好标明"仅供参考"（for reference only）。

（二）文字说明表示法

凡以文字、图表、照片等方式来说明品质的，均属凭说明（description）表示品质的范畴。具体包括以下几种。

1. 凭规格买卖（sales by specification）

商品规格（specification of goods）是指一些足以反映品质的主要指标，如化学成分、含量、纯度、性能、容量、长短、粗细等。这种方式在国际贸易中应用较广。例如，合金圆锯片，直径300 mm、中间孔30 mm、厚度3.2 mm、100个锯齿。

2. 凭等级买卖（sales by grade）

商品的等级（grade of goods）是指同一类商品，按其规格上的差异，分为品质优劣各不相同的若干等级。商品的等级通常是由制造商或出口商根据其长期生产和了解该类商品的经验，在掌握其品质规律的基础上制定出来的。

国贸常识

我国出口的钨矿，按其所含三氧化钨和锡、砷、硫等成分不同，分为以下几种。

等级	三氧化钨	锡	砷	硫
特级	≥70%	≤0.2%	≤0.2%	≤0.8%
一级	≥65%	≤0.2%	≤0.2%	≤0.8%
二级	≥65%	≤1.5%	≤0.2%	≤0.8%

3. 凭标准买卖（sales by standard）

商品的品质标准化是指将商品的规格和等级予以标准化，并由国家机关或有关部门规定、公布实施品质标准。标准分为生产商标准、团体标准、国家标准、区域标准及国际标准等。在援引标准买卖时，一定要明确标准的版本年份，以免引起争议。世界各国都有自己的标准，如英国的 BS 标准、美国的 ANSI 标准、法国的 NF 标准、德国的 DIN 标准、日本的 JIS 标准等。另外，还有一些知名国际标准，如国际标准化组织制定的 ISO 标准、国际电工委员会制定的 IEC 标准。我国的产品标准体系分为国家标准、行业标准、地方标准和企业标准 4 个级别。需要指出的是，企业标准可以严过国家标准。在实际业务中，买卖德国工业品时，常常可以参考《德国工业品标准》；买卖美国小麦时，往往使用美国农业部的小麦标准。

在国际贸易实际业务中，对于某些农副产品，有时还采用良好平均品质（Fair Average Quality，FAQ）标准。FAQ 一般是指中等货，但我们所说的 FAQ 一般是指大路货，是与精选货（selected）相对而言的，其交货品质一般以我国产区当年生产该项农副产品的平均品质为依据而确定。合同中除要注明 FAQ 字样和年份外，还需要订立具体规格。

上好可销品质（Good Merchantable Quality，GMQ）是指品质上好，可以销售。在国际上，有些商品没有公认的规格和等级，如冷冻鱼、冻虾等。有时卖方在交货时，只要保证所交的商品在品质上具有商销性即可。

4. 凭说明书和图样买卖（sales by illustrations）

在国际贸易中，有些机器、电器和仪表等技术密集型产品，因其结构复杂、数据较多，很难用几个简单的指标来表明其品质的全貌，而且有些产品，即使其名称相同，但由于所使用的材料、设计和制造技术的某些差别，也可能导致功能上的差异。因此，对这类商品的品质，通常以说明书并附以图样、照片、设计图、图纸、分析表及各种数据来说明其具体性能和结构特点。按此方式进行交易，称为凭说明书和图样买卖。采用这种买卖方式时，除列入说明书的具体内容外，往往还要订立卖方品质保证条款和技术服务条款。

5. 凭商标或品牌买卖（sales by trade mark or brand）

商标（trade mark）是指生产者或商号用来识别其所生产或出售的商品的标志，可由一个或几个具有特色的单词、字母、数字、图形或图片等组成。品牌（brand）是指工商企业给其制造或销售商品所冠的名称，以便与其他企业的同类产品区别开来。一个品牌既可用于一种产品，也可用于一个企业的所有产品。凭商标或品牌买卖，一般只适用于一些品质稳定的工业制成品或经过科学加工的初级产品，如虎头牌（Tiger Head）电池、钻石牌（Diamond）电扇等。

国贸常识

在国际贸易中有关商标或品牌运作有 OEM、ODM、OBM 这 3 种模式。OEM（Origin Entrusted Manufacturer，原厂委托制造商）俗称贴牌，即品牌所有者不直接生产产品，而是利用自己掌握的关键核心技术负责设计和开发新产品，控制销售渠道，通过合同订购的方式委托其他同类产品厂家生产，所订产品低价买断，并直接贴上自己的品牌商标。OEM 的特征是，技术、资本、市场与生产在不同的国家或地区。ODM（Original Design Manufacturer，原始设计商）是指一家厂商根据另一家厂商的要求设计和生产产品。OBM（Own Brand Manufacturer，自主品牌生产商）是指生产商自行创立产品品牌，生产、销售拥有自主品牌的产品。

6. 凭产地名称买卖（sales by origin）

在国际货物买卖中，有些产品受产区的自然条件、传统加工工艺等因素的影响，在品质方面具有其他产区的产品所不具有的独特风格和特色。对于这类产品，一般也可用产地名称来表示其品质，如四川涪陵榨菜（Sichuan Preserved Vegetable）、广东米酒（Guangdong Mijiu）等。

上述表示品质的 6 种方法，既可以单独运用，也可以根据商品的特点、市场或交易的习惯，将几种方式结合运用。但要注意，在规格与样品同时使用的国际贸易中，必须明确表明是以规格为准，还是以样品为准。因为根据国外一些法律的规定（如英国），凡是既凭样品又凭规格达成的交易，卖方所交货物必须既符合样品又与规格保持一致，否则买方有权拒收货物，并可以提出索赔要求。

同步案例 2-3

我方某食品进出口公司与 A 外商签订调味品出口合同，出口 580 箱金标生抽王（氨基酸≥1.0）。我方业务员在备货时发现只能提供 480 箱，船期紧张，在未与 A 外商商量的情况下，以 100 箱生抽王（氨基酸≥0.4）凑数出货。试问：客户是否有权利提出索赔？为什么？

二、合同中的品质条款

（一）品质条款的基本内容

品质条款是合同中的一项主要条款，是买卖双方对商品的规格、等级、标准、商标、品牌等的具体规定。品质条款的基本内容是商品的规格、等级、标准、商标、品牌等。在凭样品买卖时，应列明样品的编号和寄送日期，有时还加列交货品质与样品一致或相符的说明；在凭标准买卖时，一般应列明所采用的标准及标准版本的年份。

国际贸易销售合同中的品质条款是买卖双方交接货物时的质量依据。按照《公约》第 35 条的规定，卖方所交货物的品质，如果与合同规定不符，则卖方要承担违约责任，买方有权对由此而遭受的损失向卖方提出索赔或解除合同。

合同中的品质条款也是商检机构进行品质检验、仲裁机构进行仲裁和法院解决品质纠纷案件的依据。

（二）品质机动幅度和品质公差

在国际货物买卖中，卖方交货品质必须严格与合同规定的品质条款相符。但是某些产品由于生产过程中存在自然损耗，以及受生产工艺诸多方面的影响，很难保证所交货物的品质与合同所规定的内容完全一致。为了避免交货品质与合同稍有不符而造成违约，保证交易的顺利进行，可以在合同品质条款中做出某些灵活规定，只要卖方所交货物的品质在其规定的范围之内，即可以认为交货品质与合同相符，而买方则无权拒收。常见的规定办法有以下两种。

1. 品质机动幅度

品质机动幅度是指卖方所交商品品质指标可以在一定幅度内机动。规定方法有规定范围、规定极限、规定上下差异等，适用于初级产品。规定品质机动幅度主要有以下 3 种方法。

① 规定范围。例如，棉布幅宽35″/36″，只要布的幅宽在 35 英寸（1 英寸≈2.54 厘米）到 36 英寸的范围之内都算符合要求。

② 规定极限。对有些产品的规格，标明上下极限的字样，如 Maximum/Max.（最大、最多、最高）、Minimum/Min.（最小、最少、最低）。例如，中国大米，碎粒最高 20%、杂质最高 0.2%，水分最高 10%。

③ 规定上下差异。例如，C708 中国灰鸭绒，含绒量为 90%，允许±1%。

2．品质公差

品质公差（quality tolerance）是指由于科学技术水平、生产水平的限制而导致某些工业品在该行业品质上公认的误差。例如，机器加工的零件尺寸、钟表的走时，实际都存在一定误差。但只要卖方所交货物的品质差异在品质公差范围内，就被认为达到了合同中的品质要求。

在卖方交货品质的机动幅度允许的范围内，货物价格一般按合同计算，不再另做调整；卖方交货品质在品质公差范围内，一般不另行增减价格。超出合同规定的品质条款，就必须在合同中规定品质增减价条款，以体现"优质优价，同质同价，劣质劣价"。

📖 **同步案例 2-4**

我方某粮油食品出口公司与马来西亚 A 公司在广交会签订芝麻出口合同。由于该出口公司刚刚取得进出口经营权，缺乏外销经验，所以在客户的要求下，合同品质条款规定为"水分 8%，杂质 6%，含油量 50%"。试问：如此规定芝麻品质条款对我出口方是否有利？为什么？

三、订立商品品质条款应注意的事项

（一）根据商品的特性，正确使用表示品质的方法

在出口交易中，凡可用一种方法表示的，就不要采用两种或两种以上的方法表示，以免给自己造成不必要的交货或生产困难。

（二）要从生产实际出发，实事求是

品质条款要根据国际市场的需求并结合国内生产的实际来订立，既不能订得过高，以免造成生产和对外履约的困难，也不能订得过低，以免影响售价与销路。

（三）要有科学性和灵活性

品质条款的内容和文字应注意科学性、严密性、准确性。但对有些商品，特别是品质规格不易做到完全统一的商品，如某些农副产品、轻工业品及矿产品等，要有一定的灵活性，规定合理的品质机动幅度或品质公差。

（四）要客观、全面地表示品质

在使用网络出口平台发布产品时，应该客观、全面地表示品质，便于买家比较，尽可能获得买家的询盘。在跨境电商贸易中，买家往往希望在最短的时间内了解出口产品的全部品质信息，以便决定是否进一步与卖方进行业务洽谈。

📖 **同步案例 2-5**

河北某石材出口公司在广交会与新加坡 A 公司签订了天然大理石的出口合同。A 公司进口天然大理石用于装修豪华五星级酒店，对天然大理石的品质要求比较高。最后在合同中规定如下："纯天然大理石，黑色，颜色均匀，不得有石纹。"广交会结束后，A 公司如期开来信用证，但是我方业务员走遍河北的采石场，发现完全符合客人要求的大理石数量太少，而且每块大理石上多多少少有石纹，最后又联系山东采石场，勉强凑够合同规定的数量。货到新加坡后，

第二章 国际贸易销售合同品名、品质条款

客户以货物品质与合同约定不符为由,提出退货并要求索赔。试问:我方出口企业是否有责任?应从中吸取哪些教训?

实训练习

实训目的

1. 通过实训,理解品名和品质的含义,明确《公约》中关于品名和品质的规定。
2. 通过实训,在实际业务中准确使用品名,正确表示品质。

实训内容

一、核心概念

品名　品质　样品　对等样品　标准　FAQ　品质机动幅度　品质公差　规格　等级

二、填空题

1. 商品的名称又称_____,在国际贸易销售合同中称为_____。
2. 品质是商品的_____和_____的综合。
3. 表示品质条款的方法主要有_____和_____两种。
4. 以文字说明表示品质的方法有_____、_____、_____、_____、_____、_____。
5. 品质的好坏,不仅关系到商品的_____、_____,还影响商品的_____和_____。
6. 样品一般有两种形式:一是_____样品,二是_____样品。
7. 一种样品若没有表明是参考样品还是标准样品,应看作_____样品。
8. 品质机动幅度条款,允许_____可在一定范围内_____或合同规定。
9. 品质条款既是构成_____的组成部分,又是买卖双方_____的基本依据之一。
10. 凭样品买卖一般适用于在_____上有特殊要求和具有_____、_____、_____方面特征的商品,如_____、_____、_____等。

三、单项选择题

1. 珠宝、首饰等商品具有独特性质,在出口确定其品质时(　　)。
   A. 最好用样品磋商　　　　　　B. 最好用文字说明
   C. 最好看货洽谈成交　　　　　D. 最好凭图纸
2. FAQ一般是指(　　)。
   A. 精选货　　B. 一级品　　C. 大路货　　D. 次品
3. 在国际贸易中进行品名、品质洽谈时必须遵守的一项国际条约是(　　)。
   A.《公约》　　　　　　　　　B.《国际贸易术语解释通则》
   C.《跟单信用证统一通则》　　D.《托收统一规则》
4. 凭商标或品牌买卖,一般只适用于(　　)。
   A. 一些品质稳定的工业制成品　　B. 经过科学加工的初级产品

C. 机器、电器和仪表等技术密集产品　D. 造型上有特殊要求的商品

5. 凭样品买卖时，如果合同中无其他规定，那么卖方所交货物（　　）。
   A. 可以与样品大致相同　　　　　　B. 必须与样品完全一致
   C. 允许有合理公差　　　　　　　　D. 允许在包装规格上有一定幅度的差异

6. 卖方按照买方提供的样品，复制一个类似的产品交买方确认，确认后的样品被称为（　　）。
   A. 买方样品　　B. 卖方样品　　C. 对等样品　　D. 参考样品

7. 在凭卖方样品交易时，卖方为防止日后出现有关品质的异议，通常备份一些样品，以作为品质评定的依据。这些样品被称为（　　）。
   A. 对等样品　　B. 参考样品　　C. 留存复样　　D. 回样

8. 凭对等样品买卖实质上是（　　）。
   A. 买方样品买卖
   B. 将买方样品买卖转变为卖方样品买卖
   C. 卖方样品买卖
   D. 将卖方样品买卖转变为买方样品买卖

9. 机电设备在选择确定其品质的方式时，最好采用（　　）。
   A. 说明书和图样　　　　　　　　　B. 应该既用样品又用文字说明
   C. 样品磋商　　　　　　　　　　　D. 看样洽谈成交

10. 在以规格与样品同时使用的出口贸易中，国外买方验货的品质依据一般为（　　）。
    A. 规格　　　　　　　　　　　　　B. 样品
    C. 任意确定　　　　　　　　　　　D. 规格和样品

11. 对于一些质量不稳定的初级产品，在规定品质条款时，其灵活制定品质指标常用（　　）。
    A. 品质机动幅度　　　　　　　　　B. 品质公差
    C. 交货品质与样品大体相等　　　　D. 规定一个约量

12. 对工业制成品交易，一般在品质条款中灵活制定品质指标，通常使用（　　）。
    A. 品质公差　　　　　　　　　　　B. 品质机动幅度
    C. 交货品质与样品大体相等　　　　D. 规定一个约量

13. 在国际贸易中，质量稳定、容易掌握的产品适合于（　　）。
    A. 凭样品买卖　　B. 凭规格买卖　　C. 凭等级买卖　　D. 凭产地名称买卖

14. 若合同规定有质量公差条款，则在公差范围内，买方（　　）。
    A. 不得拒收货物　　　　　　　　　B. 可以拒收货物
    C. 可以要求调整价格　　　　　　　D. 可以拒收货物，也可以要求调整价格

15. 凡货样不能做到完全一致的商品，一般都不适宜凭（　　）买卖。
    A. 规格　　　　B. 号码　　　　C. 标准　　　　D. 样品

16. 凭说明书和图样买卖，一般适用于（　　）。
    A. 一些品质稳定的产品
    B. 经过科学加工的初级产品
    C. 机器、电器和仪表等技术密集产品
    D. 有独特加工工艺的传统农副产品

17. 我方某出口公司拟出口一批服装，在洽谈合同条款时，就服装的款式可要求买方提供（　　）。
    A. 样品　　　　B. 规格　　　　C. 商标　　　　D. 产地
18. 根据现有商品的实际品质进行买卖称为（　　）。
    A. 凭样品成交　　　　　　　　B. 看货买卖
    C. 凭规格买卖　　　　　　　　D. 凭产地买卖
19. 标的物条款就是合同的（　　）。
    A. 品质条款　　B. 数量条款　　C. 品名条款　　D. 说明条款
20. 可以凭品牌买卖的商品是（　　）。
    A. 轿车　　　　B. 小麦　　　　C. 四川涪陵榨菜　　D. 乌砂矿

四、多项选择题

1. 在国际货物买卖中要构成标的物，必须具备的条件是（　　）。
    A. 必须是跨国公司生产的　　　　B. 必须被卖方所占有的
    C. 必须是合法的　　　　　　　　D. 必须由国家出口的
    E. 必须是双方当事人一致同意的
2. 商品的内在质量包括（　　）。
    A. 物理性能　　B. 色泽　　　　C. 化学成分
    D. 透明度　　　E. 生物特征
3. 品质是哪两种因素的综合？（　　）
    A. 外形　　　　B. 色泽　　　　C. 化学成分
    D. 内在质量　　E. 外观形态
4. 按照《公约》的规定，若卖方交付的货物不符合约定的品质，买方拥有的权利是（　　）。
    A. 有权要求赔偿　　　　　　　　B. 可以要求修理或交付替代物
    C. 拒收货物　　　　　　　　　　D. 撤销合同
    E. 要求双倍偿还
5. 以实物表示品质的贸易是（　　）。
    A. 加工贸易　　B. 展卖　　　　C. 拍卖
    D. 凭卖方样品买卖　　　　　　　E. 寄售
6. 根据我国的实际情况，品质增减价条款主要的规定方法有（　　）。
    A. 对机动幅度内的品质差异，可根据交货时的实际品质，按规定予以增价和减价
    B. 只规定交货幅度的下限，对高于合同规定者，不予增价
    C. 对于在机动幅度范围内，按低劣的程度，采用不同的减价法
    D. 对于在机动幅度内的品质差异不予增价和减价
    E. 高于或低于机动幅度也不得拒收
7. 卖方根据买方来样复制样品，寄送买方并经其确认的样品，被称为（　　）。
    A. 复样　　　　B. 回样　　　　C. 原样
    D. 确认样　　　E. 对等样品
8. 若合同规定有品质公差条款，则在公差范围内，买方（　　）。

A. 不得拒收货物 B. 可以拒收货物
C. 可以要求调整价格 D. 可以拒收货物，也可以要求调整价格
9. 以实物表示品质的方法有（   ）。
A. 看货买卖 B. 凭样品买卖 C. 凭规格买卖 D. 凭等级买卖
10. 符合FAQ标准的商品，称为（   ）。
A. 上等品 B. 中等货 C. 大路货
D. 低等品 E. 良好平均品质
11. 除凭规格和等级外，表示品质的方法还有（   ）。
A. 标准 B. 说明书和图样
C. 商标 D. 产地名称
12. 表示品质方法的分类可归纳为（   ）。
A. 凭样品表示品质 B. 凭实物表示品质
C. 凭说明表示品质 D. 凭商标表示品质
13. 按照广交会的分类，（   ）属于建筑材料。
A. 建筑及装饰材料 B. 工程机械
C. 卫浴设备 D. 五金
14. 品质机动幅度的规定方法有（   ）。
A. 规定一定的范围 B. 规定一定的极限
C. 规定上下差异 D. 规定品质公差
15. （   ）属于凭产地买卖。
A. 云南白药 B. 四川榨菜 C. 金华火腿 D. 广东米酒

五、判断题

1. 国际贸易的货物必须从一国运往另一国。（   ）
2. 《公约》的缔约国必须履行该条约的全部责任。（   ）
3. 某外商来电要我方提供芝麻一批，按含油量45%、含水分12%、杂质3%的规格订立合同。对此，在一般情况下，我方可以接受。（   ）
4. 按照买方来样复制样品供买方确认，这种样品称为复样。（   ）
5. 为了适应国际市场的竞争需要，我方出口商品，应尽量采用按买方样品成交。（   ）
6. 在出口贸易中，为了明确责任，最好采用既凭样品买卖又凭规格买卖的方法成交。（   ）
7. 在合同中规定的品质机动幅度和品质公差范围内，货物的品质差异一般不另行增减价格。（   ）
8. 在国际贸易中，可以根据机动幅度内的商品品质差异，对价格进行调整。例如，大豆水分每±1%，价格可以减少1%。（   ）

六、技能操作题

1. 请将英文商品名翻译成中文。
(1) Counter Sample
(2) Confirmation Sample
(3) Household Electrical Appliances
(4) Computer & Communication Products

第二章　国际贸易销售合同品名、品质条款

(5) Vehicles Spare Parts
(6) Large Machinery & Equipment
(7) Building & Decorative Materials
(8) Weaving, Rattan & Iron Arts
(9) Furniture
(10) Men & Women's Clothes
(11) Fur, Leather, Downs & Related Products
(12) Textiles, Raw Materials & Fabrics
(13) Native Produce
(14) Quality Tolerance

2. 请为面粉、自行车、绒毛玩具这3项产品拟写合同中的品质条款。
3. 请将中文翻译成英文。
绒毛兔，白色，17厘米，货号JB602，交货品质与确认样品大致相同。

七、案例分析

1. 韩国KM公司向我BR土畜产公司订购大蒜650公吨，双方当事人几经磋商最终达成了交易。但在缮制合同时，由于山东胶东半岛地区是大蒜的主要产区，通常我国公司都以此为大蒜货源基地，所以BR土畜产公司就按惯例在合同品名条款中打上了"山东大蒜"。可是在临近履行合同时，大蒜产地由于自然灾害导致歉收，货源紧张。BR土畜产公司紧急从其他省份征购，最终按时交货。但KM公司来电称，所交货物与合同规定不符，要求BR土畜产公司做出选择，要么提供山东大蒜，要么降价，否则将撤销合同并提出贸易赔偿。请问：KM公司的要求是否合理；评述此案。

2. 出口合同规定的商品名称为手工制造书写纸（handmade writing paper），买方收到货物后，经检验发现部分制造工序为机械操作，而我方提供的所有单据为手工制造，对方要求我方赔偿，而我方拒赔。主要理由是：
（1）该商品的生产工序基本上是手工操作，而且关键工序完全采用手工。
（2）该交易是经买方当面看样品成交的，且实际货物品质与样品一致，因此应认为所交货物与商品的品质一致。
请问：上述案例责任在哪方？说明理由。

3. 某自行车厂向菲律宾出口自行车总计3 000辆。合同规定："黑色、墨绿色、湖蓝色各1 000辆，不得分批装运。"该厂在发货时发现湖蓝色的自行车库存仅有950辆，因短缺50辆湖蓝色自行车，便以黑色自行车50辆顶替湖蓝色自行车出口。请问：该厂这种做法会产生什么后果？

4. 我国某出口公司向英国出口一批大豆。合同规定："水分最高为14%，杂质不超过2.5%。"在成交前，该出口公司曾向买方寄过样品，订约后该出口公司又电告买方成交货物与样品一致。当货物运至英国后买方提出货物与样品不符，并出示了当地检验机构的检验证书，证明货物的水分为15.5%、杂质超过5%，但未提出品质不符合合同的规定。买方以此要求该出口公司赔偿其15 000英镑的损失。请问：该出口公司是否该赔偿？为什么？

5. 我方某出口公司向外商出口一批苹果。合同及对方开来的信用证上均写的是三级品，但该出口公司交货时才发现三级苹果库存告罄，于是改以二级品交货，并在发票上加注"二级苹果仍按三级计价不另收费"。请问：该出口公司的这种做法是否妥当？为什么？

第三章
国际贸易销售合同数量、包装条款

学习目标

- 熟悉《公约》对数量、包装条款的规定。
- 掌握商品数量表示方法，学会订立合同的数量条款。
- 掌握商品包装的作用、要求和种类，学会正确订立合同的包装条款。
- 增强学生对我国外贸事业的信心、责任感与使命感。
- 养成诚信经营、精益求精的优良品质。

导入案例

我方某公司与某外商签订了一份出口某商品的合同，合同中规定的商品出口数量为 1 000 公吨。在溢短装条款中规定，允许卖方交货的数量增减 5%，但未对多交部分应如何作价予以规定，之后卖方按照合同规定多交了 40 公吨。根据《公约》的规定，卖方这样做是否可以？如果可以，该 40 公吨货物应如何作价？

第一节 数量条款

一、国际贸易销售合同数量条款的概念及作用

商品数量条款（clause of quantity）是指买卖双方以一定的度量衡单位或个数表示商品的重量、数量、长度、面积、体积、容积，进行贸易磋商并达成共识。商品数量条款是构成合同的主要条款之一。

商品数量是国际贸易销售合同中不可缺少的主要交易条件之一。按照某些国家的法律规定，卖方交货数量必须与合同规定相符，否则买方有权提出索赔，甚至拒收货物。《公约》也规定，

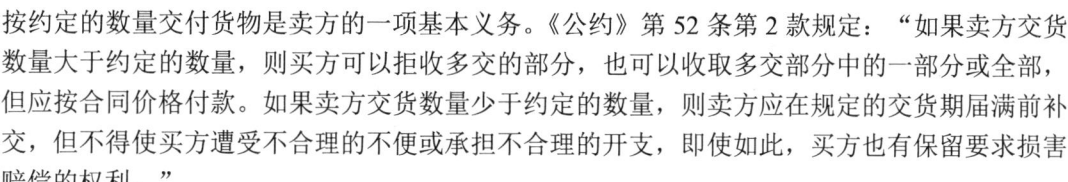

按约定的数量交付货物是卖方的一项基本义务。《公约》第52条第2款规定:"如果卖方交货数量大于约定的数量,则买方可以拒收多交的部分,也可以收取多交部分中的一部分或全部,但应按合同价格付款。如果卖方交货数量少于约定的数量,则卖方应在规定的交货期届满前补交,但不得使买方遭受不合理的不便或承担不合理的开支,即使如此,买方也有保留要求损害赔偿的权利。"

由于交易双方约定的数量是交接货物的依据,因此正确掌握成交数量和合理规定合同中的数量条款具有十分重要的意义。合同中成交数量的确定,不仅关系到进出口任务的完成,而且涉及对外政策和经营意图的贯彻。正确掌握成交数量,对促成交易的达成和争取有利的价格,也具有一定的作用。

二、计量单位和计量方法

商品数量(quantity)是指以国际通用或买卖双方约定的度量衡表示货物的重量、个数、长度、面积、容积等的量。在国际贸易中,由于货物的种类、特性和各国度量衡制度的不同,所以计量单位和计量方法也多种多样。因此,有必要了解各种度量衡制度,熟悉各种计量单位的特定含义和计量方法。

(一)业务中常用的度量衡制度

目前常用的度量衡制度有米制、英制、美制和国际单位制。

① 米制(Metric System),又称公制。它采用十进制,换算方便,使用较多,如米(meter)、升(litre)、公吨(metric ton)等。

② 英制(British System)。它不采用十进制,换算不方便,使用范围在逐渐减小,如英尺(foot)、英寸(inch)等。

③ 美制(U.S. System)。它是以英制为基础的,多数计量单位的名称与英制相同,但含义有差别,主要体现在重量和容量单位中,如短吨(short ton)等。

④ 国际单位制(International System of Units,SI)。它是在米制的基础上发展起来的,有利于计量单位的统一和计量制度的标准化。我国法定计量单位是国际单位制。《中华人民共和国计量法》第三条明确规定:"国家实行法定计量单位制度。国际单位制计量单位和国家选定的其他计量单位,为国家法定计量单位。"在实际业务中,除非另有规定,均应使用法定计量单位。

(二)计量单位

在国际贸易中,根据商品的不同特性,使用的计量单位通常有以下几种。

1. 重量单位

按重量计量是国际贸易中广为使用的一种计量方式,许多农产品、矿产品和工业制成品都是按重量计量的。重量计量单位有:千克(kilogram,KG.)、吨(ton,T.)、公吨(metric ton)、公担(quintal,Q.)、克(gram,GM.)、磅(pound,LB.)、盎司(ounce,OZ.)、长吨(long ton)、短吨(short ton)。表3.1是一些重量单位的换算。

表3.1 公制、英制、美制重量换算

度 量 衡	重 量 单 位	千 克	市 斤	磅
公制	公吨	1 000	2 000	2 204.6

(续表)

度量衡	重量单位	千克	市斤	磅
英制	长吨	1 016.047	2 032.094	2 240
美制	短吨	907.2	1 814.4	2 000

同步案例 3-1

我方某出口企业向英国客户出口面条，合同数量条款约定 1 lb×48 包/箱，USD 24.00/箱 FOB 广州，总计 300 箱。但是在备货时，我方业务员发现已经没有 1 LB 这种规格，信用证有效期临近，实际运出 500 g×48 包×300 箱。试问：我方出口企业有没有违约？为什么？

国贸常识

在日常生活中，英美国家消费者以磅为重量单位，而我国则以斤为重量单位，1 斤等于 500 克，而 1 磅则只有 454 克。因此，不难理解，英美国家的消费者购买 1 磅的商品只相当于我国的 9 两。

2. 容积单位

常用的容积计量单位有：公升（litre, L.）、加仑（gallon, GAL.）、蒲式耳（bushel, BU.）等。这些单位适用于谷物类及部分流体、气体，如小麦、玉米、煤油、汽油、酒精、啤酒、过氧化氢（双氧水）、天然瓦斯等。

3. 数量单位

常用的数量计量单位有：只（piece, PC.）、件（package, PKG.）、双（pair）、台/套/架（set）、打（dozen, DOZ.）、罗（gross, GR.）、大罗（great gross, G.GR.）、令（ream, RM.）、卷（roll, coil）、辆（unit）、头（head）。有些产品也可按箱（case）、包（bag）、桶（barrel, drum）、袋（bale）等计量。这些单位适用于一般日用工业制品及杂货类产品，如成衣、文具、纸张、玩具、车辆、拖拉机、活牲畜等。

4. 长度单位

常用的长度计量单位有：码（yard, YD.）、米（metre, M.）、英尺（foot）、厘米（centimetre, CM.）。适用货物有：纺织品匹头、绳索、电线电缆等。

5. 面积单位

常用的面积计量单位有：平方码（square yard）、平方米（square metre）、平方英尺（square foot）、平方英寸（square inch）。适用货物有：皮制产品、部分装潢材料，如塑料篷布、塑料地板、皮革、铁丝网、玻璃、木板、地砖、地毯等。

6. 体积单位

常用的体积计量单位有：立方码（cubic yard）、立方米（cubic metre）、立方英尺（cubic foot）、立方英寸（cubic inch）。适用货物有：化学气体、木材、砂石等。

（三）重量的计算方法

在国际贸易中，很多货物是按重量计量的。根据商品的性质和一般商业习惯，计算重量的方法主要有以下几种。

1. 毛重

毛重（gross weight）是指货物本身的重量加皮重（tare），即货物连同包装的重量。

2．净重

净重（net weight）是指毛重扣除包装（皮重）的重量，即货物的实际重量。国际货物买卖中，大都采用净重计量。有些低值产品，由于包装物价值与买卖商品价值相当，所以常以毛重作为计算价格的基础，称作以毛作净（gross for net）。例如，天津红小豆，每袋100千克，每公吨300美元，一共10 000公吨，就是以毛作净。

在实际业务中，当按重量计量或计价，但未规定采用何种方法计算重量和价格时，根据惯例应按净重计量。要得出净重就要从毛重中扣除包装物的重量（皮重）。国际贸易中计算皮重的方法有以下几种。

① 按实际皮重（real tare 或 actual tare）计算，即将整批商品逐一过秤，算出每一件包装的重量和总重量。

② 按平均皮重（average tare）计算，即从全部商品中抽取几件，称出包装的重量，除以抽取的件数，得出平均包装重量，再以该数乘以总件数，算出全部包装重量。这种方法只适用于包装比较统一的货物。

③ 按约定皮重（computed tare）计算，是指按买卖双方事先约定的单位包装重量，乘以总件数，求得皮重。

④ 按习惯皮重（customary tare）计算，即某些商品的包装比较标准化、规格化，可以按照公认的标准单件包装重量乘以总件数，得出全部包装重量。

3．法定重量

法定重量（legal weight）是指纯商品重量加上直接接触商品的包装材料所得的重量。它是海关征收从量税时，作为征税基础的计量方法。

4．实物净重

实物净重（net weight）是指从法定重量中扣除直接接触产品的包装材料后的重量。

5．公量

公量（conditioned weight）是指先用科学的方法从产品中抽出所含的实际水分，然后加入标准水分而求得的重量。这种方法主要用于羊毛、生丝、棉纱、棉花等易吸潮湿、重量不太稳定的产品。公量是以货物的国际公定回潮率计算出来的。其计算公式为：

公量 = 商品干净重 ×（1 + 公定回潮率）= 干量 + 标准含水量

或

公量 = 实际重量 ×（1 + 公定回潮率）÷（1 + 实际回潮率）

同步案例 3-2

某厂出口生丝10公吨，买卖双方约定的标准回潮率是11%。用科学仪器抽出水分后，生丝净剩8公吨。试问：该厂出口生丝的公量是多少？

解答一：净剩的8公吨为干量，公量 = 干量 + 标准含水量 = 8 + 8×11% = 8.88（公吨）

解答二：实际回潮率 = 水分÷干量 = (10 − 8)÷8 = 25%

公量 = 实际重量 ×（1 + 公定回潮率）÷（1 + 实际回潮率）

　　　= 10×(1 + 11%)÷(1 + 25%) = 8.88（公吨）

6．理论重量

对于一些按固定规格生产和买卖的商品，只要其重量一致，每件重量大体是相同的，一般就可以从其件数推算出总重量，称之为理论重量（theoretical weight）。但是这种计算方法是建立在每件货物重量相同的基础上的，重量如有变化，其实际重量也会发生变化。因此，理论重量只能作为计重时的参考，适用于按规定规格设计制造的商品，如马口铁、铝锭、钢板等。

三、数量条款

合同中的数量条款，是买卖双方交接货物和处理争议的依据。它主要包括成交商品的数量和计量单位，如 500 箱（500 cartons）。没有数量约定，交易往往无法进一步磋商。在国际贸易中，不同客户订购同一种商品，由于数量不同，价格也有明显区别，一般来说量大则价低。交货数量是合同的重要条款，如果发生争议，则势必给双方带来麻烦，因此在合同中必须对数量条款做出明确、合理的规定。

（一）数量机动幅度

由于产品特性、成交数量、包装方式、装卸能力及运输条件等因素的限制，所以卖方实际交货数量不能完全与合同一致。为了避免发生数量争议，对于成交量大、计算不易精确的货物，如大豆、煤炭、原油等，应规定一个数量的机动幅度（quantity allowance），即卖方实际交货数量可多于或少于合同规定数量的一定范围。数量机动幅度一般有 3 种情况。

1. 合同中数量未明确规定

《公约》规定，卖方必须按合同数量条款的规定如数交付货物。如果卖方交货数量多于约定数量，则买方可以收取或拒收多交部分货物的全部或一部分；如果卖方实际交货数量少于约定数量，则卖方应在规定的交货期届满前补交，但不得使买方遭受不合理的不便或承担不合理的开支，且买方有保留要求损害赔偿的任何权利。

但是买方如果采用的是信用证方式付款，则根据《跟单信用证统一惯例》第 30 条 b 款的规定，在信用证未以包装单位件数或货物自身件数的方式规定货物数量时，货物数量允许有 5% 的增减幅度，只要总支取金额不超过信用证金额，即以信用证支付方式进行散装货物的买卖，交货的数量可以有 5% 的增减机动幅度。但数量以包装单位或个数计数时，此增减幅度不适用。

同步案例 3-3

我方某出口公司与外商签订合同，内容如下：出口大米 1 000 公吨，每公吨 USD 300 FOB 大连，以装运数量条件计价，不可撤销跟单信用证支付，信用证最高金额为 30 万美元。试问：如果实际装运数量为 1 050 公吨（货款为 31.5 万美元），结果会怎么样？

2. 约量法

约量法即在合同的数量前加"约""大约""近似""左右"等字样。使用约数（approximately, about）条款来表示实际交货数量时，由于约数的含义在国际贸易中有不同解释，容易引起纠纷，所以如果买卖双方一定要使用约数条款，则双方应事先在合同中明确允许增加或减少的百分比，或者在一般交易条件协议中加以规定，否则不宜采用。但在采用信用证付款方式时，根据《跟单信用证统一惯例》第 30 条 a 款的规定，"约"或"大约"用于信用证金额或信用证规定的数量或单价时，应解释为允许有关金额、数量或单价可有不超过 10% 的增减幅度。

3. 溢短装条款

溢短装条款（more or less clause）即规定卖方实际交货数量可多于或少于合同规定数量的一定幅度的条款，也称增减条款（plus or minus clause）。溢短装条款的主要内容有：溢短装的

第三章　国际贸易销售合同数量、包装条款

百分比、溢短装的选择权和溢短装部分的作价。有些大宗商品，如粮食、化肥等进行交易时，由于商品特性、货源变化、船舱容量等因素的影响，很难准确地规定交货数量，所以一般在合同中规定溢短装条款，如"5,000 metric ton, with 5% more or less at seller's option"。注意，溢短装条款适用于大宗且不用单个包装的货物，规定这一条款时，要将成交数量和金额同时规定一个浮动比例，不能只规定数量溢短装，否则就会造成数量和金额的不相符合，从而导致违约。信用证业务更是如此。此外，在国际贸易中，一般对溢短装条款解释为不但总量受其约束，而且所列每种具体规格和数量也受其约束。

（1）选择权规定要合理

伸缩量的选择权一般有3种情况：由卖方决定（at seller's option），一般情况下由卖方决定；由买方决定（at buyer's option），即有时候，特别是买方派船装运时可以由买方决定；由承运人决定（at carrier's option），在租船时，为了充分利用船舱容积，便由船长视具体情况而定，即由承运人决定。

（2）溢短装部分的商品计价要公平合理

溢短装部分的货物计价有两种计算方法：按合同价格计算；按市场价格计算（实际装货日价格、实际卸货日价格或双方规定某个日期价格）。超量交货计价存在一定的利害关系，具体分析如表3.2所示。

表3.2　超量交货计价利害关系分析

超量交货计价方法	市价上涨时	市价下跌时
按合同价格计算	不利于卖方，利于买方	利于卖方，不利于买方
按装运日价格计算	利于卖方，不利于买方	不利于卖方，利于买方
按到货日价格计算	最利于卖方，不利于买方	最不利于卖方，利于买方

同步案例 3-4

某公司订购钢板400公吨，计6英尺、8英尺、10英尺、12英尺4种规格各100公吨，并附每种数量可增减5%的溢短装条款，由卖方决定。卖方实际交货为：6英尺，70公吨；8英尺，80公吨；10英尺，60公吨；12英尺，210公吨，总量未超过420公吨的溢短装上限的规定。试问：对于出口商按实际装运数量出具的跟单汇票，进口商是否有权拒收拒付？

（二）数量条款示例

1. **内外包装数量的表示**

交货方法以个数或箱数来表示的，应把内装与外装总量详细订在合同里，并将每件包装中的数量列明。例如，15,000 sets 750 cartons 20 sets/carton（15 000套，750箱，每箱装20套）。

2. **数量条款示例**

① 数量：1×20 FCL 588 箱生抽王 500 ML.×24 瓶

Quantity：1×20 FCL 588 CTNS Superior Soy 500 ML.×24 bottles

② 数量：20 000 公吨，卖方可溢短装 5%

Quantity：20,000 metric tons, 5% more or less at seller's option

第二节　包装条款

商品包装是商品生产的继续，需要包装的商品只有进行了包装，才算完成了生产过程，商品才能进入流通和消费领域，才能实现其价值和使用价值。因此，商品的包装是进出口合同得以顺利完成的重要保证。

一、商品包装的作用

商品包装是为了有效地保护商品品质的完好和数量完整，根据商品的特性，使用适当的材料或容器，将商品加以包封，并加以适当的装潢和标志的一种措施。商品包装在商品的生产和销售中起着举足轻重的作用。

① 商品包装是商品生产的延续。绝大多数商品在进入流通和消费阶段之前，都必须进行必要的包装，否则生产过程不算结束。

② 商品包装是实现商品价值和使用价值的必要条件。绝大多数商品生产出来后，只有进行必要的包装，才能使其价值得以体现，甚至在某种意义上提高了商品的价值和使用价值。

③ 商品包装具有保护商品，便于储存、运输、销售和使用的作用。国际贸易商品运输路线长，流通环节多，在运输和流通过程中，这些商品容易受到一些自然因素，如天气变化、外力破坏等的影响，使商品品质受损。对商品进行包装可以使商品免遭温度、光线及各种外力的损害，而且商品经过包装以后，使商品的外形具有一定的规律性，为商品的搬运、存放、销售及使用提供了方便。

④ 商品的包装具有美化、宣传商品的作用。人们通过包装的装潢设计，利用造型结构、色彩、图案和文字来美化、宣传商品，增加了商品的销售陈列效果，使消费者通过商品包装达到了解、喜爱商品，并最终购买、消费商品的效果。

⑤ 商品的包装还反映了一个国家的科学技术、工业水平和文化艺术水平。同时，包装的质量也关系到生产国家、企业及其产品的声誉。

二、我国对出口商品包装的要求

我国对出口商品包装的要求可体现为"科学、经济、牢固、美观、适销"10个字。具体可以从以下几个方面来理解。

（一）商品包装的科学性

商品包装的用料和设计必须科学、牢固，既符合商品的特性，又适应对外贸易长途运输，适应各种不同的运输方式和沿途气温条件变化的要求，以保护商品的品质安全和数量完整。例如，水泥的包装应具有防潮功能，玻璃制品、陶瓷、灯具的包装应具有防震功能，液体货物的包装应具有防漏功能。

（二）商品包装的经济性

商品包装的用料和设计力求适应国际市场的销售习惯及消费习惯，并且符合进口国家对于包装、装潢方面的有关规定，以利于扩大我国出口产品的销路，提高售价，提高我国出口产品的国际声誉。同时，包装的用料和设计要坚持节约的原则，做到既能保护商品，又能节约包装材料。

（三）商品包装的牢固性

国际货物运输中的商品包装，要根据不同国家的地理位置、气候和自然环境及运输方式等条件的不同，采用不同的包装。例如，海洋货物运输要采用坚固的包装、航空运输要采用轻便包装。无论什么样的包装，其材料一定要经得起长途运输的搬运、颠簸等。

（四）商品包装的美观性

在商品包装的装潢设计方面，要既能反映出我国商品包装的特点，又能科学地向国外介绍我国产品，使国外消费者充分了解我国商品。商品包装的装潢设计还应考虑艺术性，力求外形美观、醒目、有吸引力。实践表明，包装装潢美观可以大大提高出口商品的身价。

（五）商品包装的适销性

商品包装的适销性是指出口企业应努力实现出口商品包装的机械化和标准化。实现商品包装机械化是指用机械包装代替手工包装。这样可以提高劳动生产率、节约包装用料，从而不仅可降低包装成本，也可提高包装质量，有利于出口贸易的发展。实现商品包装标准化主要是指对出口商品的包装实行统一用料、统一规格、统一容量、统一标志和统一封装方法。实现商品包装标准化可以简化包装容器规格，使其易于识别和计量，便于统一对外，同时还能节约包装用料、合理压缩体积、节省运费，并便于运输装卸，为集合包装和成组运输创造有利条件。

三、商品包装的种类

在国际贸易中，依据货物是否需要加包装，可以分为散装货、裸装货和包装货3类：散装货（bulk cargo，cargo in bulk）是指不需要包装，可散装于承载的运输工具上的货物，如煤炭、矿砂、食盐和粮食等；裸装货（nude cargo）是指没有包装或稍加捆扎即可自然成件的商品，如规格划一、不受外在因素影响的铁管、钢板、铝锭和木料等；包装货（packed cargo）是指需要加包装的货物。国际货物买卖中所交易的大部分货物都需要加包装。商品的包装按其在流通过程中所起的作用不同，主要可以分为运输包装和销售包装两大类。

（一）运输包装

1. 运输包装的分类

运输包装（transport packing，outer packing）又称外包装或大包装，是指在商品运输时，将一件或数件商品装入容器或以特定方式包扎的二次包装。运输包装必须牢固。它的作用在于保护商品品质完好和数量完整，便于运输、装卸、储存和计数。运输包装的方式和造型多种多样，用料和质地各不相同，包装程度也有差别。运输包装从不同的角度可以分为不同的种类，具体来说可以分为以下几种。

（1）按包装方式分

运输包装按包装方式不同，可以分为单件运输包装和集合运输包装：单件运输包装是指在运输过程中作为一个计量单位的包装，常用的单件运输包装有箱、包、桶、袋等；集合运输包装（或称成组化运输包装）是指将若干单件运输包装组合成一件大包装或装入一个大的包装容器内，以便能够更有效地保护商品、节约费用并能大幅度提高装卸效率。目前各国都致力于发展这种包装方式。常用的集合运输包装有下列几种。

图 3.1 集装箱

① 集装箱（container）。集装箱一般是用金属材料制成的一种大型包装容器。它具有足够的强度，能反复使用，一般为长方形，可装 5～40 吨各种类别的商品。国际标准化组织先后制定了 3 个系列 13 种集装箱标准规格，当前使用最多的集装箱规格是 8 英尺宽、8 英尺高、20 或 40 英尺长的标准化集装箱，如图 3.1 所示。我们通常称 8 英尺×8 英尺×20 英尺的集装箱规格为一个标准箱位，即 TEU（Twenty-foot Equivalent Unit）。

按照集装箱的不同用途，还可分为密封集装箱、冷藏集装箱、开顶集装箱、液体集装箱和特种集装箱等。使用集装箱运输时，需要有专用的船舶、码头，并配有一定的机械和设施。

② 托盘（pallet）。托盘是按一定规格制成的单层或双层平板装载工具，有可供铲车插入的插口，便于装卸和搬运。在平板上码放几吨重的单件包装的货物，再用箱板纸或塑料薄膜及金属绳索将货物连同托盘集合包装在一起，即组成一个运载单元或集合包装。由承运人提供的托盘，收货人在卸货后要按时退回，这种托盘可循环使用；由发货方自备的托盘一般属于一次性的，收货人不予退回。根据托盘的制作材料不同，可分为金属托、木托、塑料托和合成托等；根据托盘上层装置的不同，可分为平板托盘、箱形托盘和主柱式托盘等。

③ 集装袋（flexible container）。集装袋是用塑料重叠丝编织成的圆形大口袋或方形大包，其容量一般为 1～4 吨，最高可达 13 吨。集装袋一般用于包装那些用纸袋、塑料袋作为小包袋的商品，如面粉、大米、食糖及化工原料等颗粒状或粉状商品。

（2）按包装材料分

运输包装按包装材料不同，可以分为纸制包装、金属制包装、木制包装、塑料包装等，如纸箱（carton）、木箱（wooden case）、布袋（cloth bag）、铁桶（iron drum）等。

（3）按包装质地分

运输包装按包装质地不同，可以分为软件包装、半硬性包装和硬性包装等。

（4）按包装程度分

运输包装按包装程度不同，可分为全部包装和部分包装。

在国际贸易中，买卖双方选择运输包装种类时，应根据商品的特性、形状、运输方式、贸易习惯的要求及相关法律，在保证包装牢固的前提下尽可能节省费用。

国贸常识

当前外包装或运输包装中出现了成组化包装的趋势。成组化包装又称为单元化或集装化包装，它利用机械完成装卸、搬运作业，大大降低了装卸作业的劳动强度，提高了装卸效率，缩短了装卸时间，减少了货损、货差。同时，大型单元化包装的强度和防护能力也大大提高，对货物的保护更加充分。而且，在进出口业务中大量使用集装箱，实现了门到门运输方式，从工厂的仓库到客户的仓库在运输途中货物无须换装，从而既节省了运输时间，又减少了货损、货差。

运输包装的标志

2. 运输包装的标志

在国际贸易中，为了在装卸运输过程中便于收货人收货时识别和操作，在商品的外包装上

第三章 国际贸易销售合同数量、包装条款

通常都刷写或压制有用文字、图形和数字制作的特定记号和说明事项，称为包装标志。包装标志也是某些运输单证上不可缺少的内容。包装标志按其用途主要可分为运输标志、指示性标志和危险品标志 3 种。

（1）运输标志

运输标志（shipping mark）通常称为唛头（mark），是指印刷在运输包装上，便于有关人员运输和交接货物，防止错发、错运的文字和几何图案。其作用是在装卸、运输、保管过程中便于收货人收货，也有利于运输、仓储、检验和海关查验等各环节的业务操作。

① 运输标志的组成。运输标志通常由以下几部分组成。
- 收货人或发货人的简称或代号。
- 目的港或目的地名称。标明目的港或目的地的名称，用来指示商品运往的指定目的地点。运输过程中如果需要中转，则有时也标明中转地的名称。
- 件号、批号。件号、批号是指一批商品的件数及其批次的编号，一般用分母表示该批货物的总件数，用分子表示该件货物在整批货物中的编号。例如，15/50，表示总共 50 件货物中的第 15 件。

有的运输标志还按买方的要求列入信用证号、进口许可证号或合同号，有的还要求注明原产地和体积、重量等标志。

以上运输标志中，收货人、目的港或目的地及件号、批号是必不可少的。

② 国际标准运输标志。为适应电子数据交换单证的使用，联合国欧洲经济委员会简化国际贸易程序工作组在国际标准化组织和国际货物装卸协调协会的支持下，制定了国际标准运输标志，向各国推荐使用。国际标准运输标志由 4 项内容按照固定顺序排列组成。
- 收货人（或买方）英文名称字首或简称。使用国际铁路或公路运输时，必须是全称。
- 参考号码。此号码必须是具有实际参考价值的重要号码，如发票号码、订单号码、合同号等。
- 货物的最终目的港或目的地名称。若需转运，则要标明转运港或转运地名称，并在此前加注 via 字样。例如，London via Hong Kong，这里的 London 是卸货港，而 Hong Kong 则是转运港。使用多式联合运输的货物不必标明转运地点。
- 件数号码。必须标明包装货物的总件数和每件货物的顺序号。

国贸常识

当一批货物只有一种规格时，货物的件号可以是一个，如 C/NOS. 1-100。如果一批货物有 100 箱，则每一箱的装箱细数和品种规格均不相同时，可采用顺序件号的方法，即在货物包装上用 C/NOS. 1-100、C/NOS. 2-100、C/NOS. 3-100 等来表示，以便理货、清查短损。C/NOS. 3-100 中的 C 表示纸箱，100 表示该批货物共计 100 件，3 则表示本件是 100 件中的第 3 件。在业务往来函电中，有时会见到这样的写法：C/NO. 1-UP。这表明包装件数待定，装运时按实际情况确定。

同步案例 3-5

我方某公司向美国 ABC Co. 出口货号为 RH-1 的女装 150 箱，合同号为 94LAO602，目的港为 New York，请制作出口唛头。

例如： ABC Co.　　　　　　收货人名称
　　　 94LAO602　　　　　　参考号码
　　　 New York　　　　　　目的地
　　　 CTN/NOS. 1-150　　　件数号码

国贸常识

在使用国际标准运输标志时还应注意一些问题：每个运输标志不得超过10行，每行最多不得超过17个字符；只能使用打字机、电传设备和电子通信设备能打出或传递的字符，如英文字符 A～Z、数字 0～9，还可以使用句号、连字符、斜线和逗号，其他字符应避免使用；不得使用几何图形或其他图形；如果标志需要使用一种以上的字母或文字表示，则拉丁字母是必不可少的一种，另一种标在旁边或放在括号内，而单据只能用拉丁字母；避免使用色标。

国际标准运输标志虽然在许多国家仍未被采用，但它是运输标志改革的方向。

（2）指示性标志

指示性标志（indicative mark）又称操作标志，是指根据商品的性能、特性，在包装外部用简单、醒目的图形或文字对一些容易破碎、残损、变质的商品做出指示的标志，以引起有关人员在装卸、搬运、存放和保管过程中注意，如小心轻放（handle with care）、保持干燥（keep dry）、向上（this way up）、易碎物品（fragile）、禁用手钩（use no hook）等。常用的指示性标志如图 3.2 所示。

1. 易碎物品 表明运输包装件内装易碎品，因此搬运时应小心轻放		2. 禁用手钩 表明搬运运输包装件时禁用手钩	
3. 向上 表明运输包装件的正确位置是竖直向上		4. 怕晒 表明运输包装件不能直接照射	
5. 怕辐射 表明包装物品一旦受辐射就会完全变质或损坏		6. 怕雨 表明运输包装件怕雨淋	
7. 重心 表明一个单元货物的重心		8. 禁止翻滚 表明不能翻滚运输包装件	
9. 此面禁用手推车 表明搬运货物时此面禁放在手推车上		10. 堆码层数极限 表明相同包装的最大堆码层数，n 表示层数极限	
11. 堆码重量极限 表明运输包装件所能承受的最大重量极限		12. 禁止堆码 表明运输该包装件不能堆码且其上也不能放置其他负载	

图 3.2　常用的指示性标志

第三章　国际贸易销售合同数量、包装条款

（3）危险品标志

危险品标志（warning mark）又称警告性标志，是指在一些易燃品、爆炸品、有毒品、腐蚀性物品、放射性物品等危险品的运输包装上刷制的文字说明和图形。它是由文字和特定的图案组成的表明危险性的标志，以使有关人员加强防护措施，保护货物和人身安全。

我国对于危险品标志已颁布《包装储运指示标志》和《危险货物包装标志》。联合国海事协商组织也公布了《国际海运危险品标志》。我国出口商品一般既要刷上我国规定的标志，也要刷上国际海运危险标志，以免到国外后不准进入。常见的部分危险品标志如图3.3所示。

 爆炸品 （符号：黑色；底色：橙红色）	 爆炸品 （符号：黑色；底色：橙红色）	 爆炸品 （符号：黑色；底色：橙红色）
 易燃气体 （符号：黑色或白色；底色：正红色）	 不燃气体 （符号：黑色；底色：上黄下白，附两条红竖线）	 有毒气体 （符号：黑色；底色：白色）
 易燃液体 （符号：黑色或白色；底色：正红色）	 易燃固体 （符号：黑色；底色：白色红条）	 自燃物品 （符号：黑色；底色：上白下红）
 遇湿易燃物品 （符号：黑色或白色；底色：蓝色）	 氧化剂 （符号：黑色；底色：柠檬黄色）	 有机过氧化物 （符号：黑色；底色：柠檬黄色）
 剧毒品 （符号：黑色；底色：白色）	 有毒品 （符号：黑色；底色：白色）	 有害品 （符号：黑色；底色：白色）
 感染性物品 （符号：黑色；底色：白色）	 一级放射性物品 （符号：黑色；底色：白色，附一条红竖线）	 二级放射性物品 （符号：黑色；底色：上黄下白，附两条红竖线）
 三级放射性物品 （符号：黑色；底色：上黄下白，附3条红竖线）	 腐蚀品 （符号：上黑下白；底色：上白下黑）	 杂类 （符号：黑色；底色：白色）

图3.3　部分危险品标志

除上述包装标志外，在货物的包装上一般还必须刷制每件货物的品名、货号、装箱数量及配比、毛重（gross weight）、净重（net weight）、包装容器的体积（measurement）和货物的产地（made in××）等标志。

例如：Safety Boots　　　　　　　　安全靴
　　　ART. No. JL608TS　　　　　　货号：JL608TS
　　　QTY. 12 PRS　　　　　　　　数量：12 双
　　　G. W. 27 kg　　　　　　　　 毛重：27 千克
　　　N. W. 21.6 kg　　　　　　　 净重：21.6 千克
　　　MST. 50 cm×35 cm×78 cm　　体积：50 厘米×35 厘米×78 厘米
　　　Made in China　　　　　　　 中国制造

这些标志习惯上称为其他标志。

（二）销售包装

销售包装（small packaging, inner packaging）又称小包装或内包装，是指随着商品进入零售环节，与消费者直接见面的包装。销售包装除要具备保护商品的作用之外，更重要的是具备适于销售的各项条件——在造型结构、装潢画面和文字说明等方面都有较高的要求。

1. 销售包装的分类

目前在国际货物买卖市场上流行着各种各样的销售包装。按其形式和作用，主要可分为以下几类。

（1）便于陈列展销类

① 堆叠式包装，是指为了使商品在货架上堆叠摆放时既平稳又节省空间，在包装的底部和顶部设有咬合部分，使商品在上下堆叠时可以相互咬合。这常见于罐装和盒装商品。

② 挂式包装，是指采用挂钩、吊带、网袋、挂孔等包装设计，以便于商品的悬挂、陈列、展销。

（2）便于识别商品类

① 透明或"拉盖"式包装，是指容器全部或部分用透明材料制成的包装，以及在容器上设有开口的包装。它便于消费者直接观看商品的色形，以增强商品的吸引力。

② 习惯式包装，是指采用某些商品的惯常包装，使消费者从外包装上即可辨别商品的种类。这类包装常见于传统的出口商品。

（3）便于消费者使用类

① 软包装，是指用化学合成和复合材料制成的包装袋来包装商品。

② 喷雾包装，此类包装上带有自助喷出和关闭装置，使用便利，适用于液体商品。

③ 便携式包装，是指包装的造型上设有提手等装置或附有携带包装，便于消费者携带。

④ 配套包装，是指把有关联的不同规格品种的商品搭配成套的包装，如成套餐具包装盒等。

⑤ 复用包装，即除用作商品包装外，还可以提供消费者观赏、再使用等其他用途的包装。

⑥ 礼品包装，是指专门作为送礼用的销售包装。这种包装很受消费者的欢迎，设计时应注意外观精美、大方。

2. 销售包装的标志和说明

在销售包装上，一般都附有装潢画面、文字说明和条形码标志等。

第三章　国际贸易销售合同数量、包装条款

（1）装潢画面

销售包装上的装潢画面要美观大方，富有艺术吸引力，并且能够突出商品的特点。其图案与色彩应该适应有关国家的民族习惯和喜好。

国贸常识

阿拉伯国家禁用六角星图案（与以色列国旗的图案相似）；信奉伊斯兰教的国家禁用猪或类似猪的图案（如熊和熊猫）；沙特阿拉伯严禁在文具上印绘酒瓶、教堂、十字架图案；英国忌用人像作为商品包装图案，忌用大象、山羊图案，喜好白猫图案；法国忌核桃、黑桃图案，视孔雀为恶鸟，视马为勇敢的象征；日本人喜欢鸭子而忌讳荷花（因为荷花是丧花），偏好淡雅的颜色却讨厌绿色；意大利人喜欢绿色而不喜欢黑色和紫色；埃及人禁忌蓝色；日本忌讳4和9这两个数字（与"死"和"苦"谐音），欧美人忌讳13，等等。

（2）文字说明

文字说明（包括商标、品牌、品名、产地、数量、规格、成分、用途和使用方法等）要与装潢画面紧密结合，互相衬托、彼此补充，以达到宣传和促销的目的。使用的文字必须简明扼要，可以中、外文并用。

国贸常识

加拿大政府规定销往该国的商品必须使用英、法两种文字加以说明；泰国规定药品没有泰文的不准进口；美国《食品药物和化妆品》规定，标贴说明必须用英文，并在标签或标贴下置于显著地位，还要求所有标贴即使必须使用外国文字，也要附有英文说明，等等。

同步案例3-6

在荷兰某一超级市场上有一批黄色竹制罐装的茶叶，罐的一面刻有中文"中国茶叶"4个字，另一面刻有我国古装仕女图，看上去精致美观，颇具民族特色，但却少有问津。试问：其原因何在？

（3）条形码

条形码又称条码，是一种特殊代码，由一组宽窄间隔不等的平行线条及相应的字符组成。利用这些线条和间隙空间及其相应的数字表示一定的信息，通过光电扫描输入计算机，人们便可准确判断该商品的生产国别、生产厂商、规格质量及价格等。

目前几乎所有的商品都在内包装上使用条形码。条形码是商品能够流通于国际市场的一种通用的国际语言和统一编号，是商品进入超级市场的先决条件，而且条形码大大方便了货物的储存和运输，便于分类和识别，实现自动化管理。

目前国际上通用的条形码有两种：一种是由美国统一编码委员会编制的UPC码；另一种是由欧洲12国组成的欧洲物品编码协会（后更名为国际物品编码协会）编制的EAN码。EAN码又分为两种：一种是标准型EAN码，又称EAN-13码；另一种是缩短型EAN码，又称EAN-8码。所有EAN码最前面的3位数字都是前缀码，即商品生产国（地区）的代码。目前使用EAN码的国家（地区）众多，EAN码已成为国际公认的物品编码标识系统。其形式如图3.4所示。

图 3.4 EAN 码形式

 国贸常识

我国于 1988 年 12 月成立了中国物品编码中心。中国物品编码中心负责推广条形码技术，并于 1991 年 4 月 18 日代表我国正式加入国际物品编码协会，自同年 7 月 1 日起正式履行该协会会员的权利和义务。国际物品编码协会分配给我国的国别号为 690～697，使用包含上述国别号条形码的商品，即表示是中国大陆生产的产品。

（三）定牌生产和中性包装

在国际货物买卖中，为了适应国际市场的特点和需求，尽量满足进口商的需要，还可以采用定牌生产和中性包装。

1. 定牌生产

卖方按买方要求在其出售的商品或包装上标明买方指定的商标或品牌，这种做法叫定牌生产。其目的是利用买方的经营能力、商业信誉或品牌声誉，在国际贸易中提高商品的售价和扩大销路。出口企业在接受客户定牌的同时，应该强化创造自己品牌的意识。必须注意，买方提供的商标或品牌不能有黄色、反动、分裂等违法的内容。

2. 中性包装

中性包装（neutral packing）是指在商品及商品的内包装和外包装上既不标明生产国别、地名、厂名，也不标明商标与品牌的包装。国际贸易中的中性包装常常是为了打破进口国实行关税壁垒和非关税壁垒等歧视性措施，以及为了适应交易的特殊需要（如转口等）而采用的。

国际上常见的中性包装有两种，即定牌中性包装和无牌中性包装。

（1）定牌中性包装

这是指商品的包装上标有买方指定的商标或品牌，但不注明生产国别。对于国外的某些长期稳定客户，可以接受此方式。

（2）无牌中性包装

这是指包装上既无生产国别、厂名、地名，也无原商标或品牌。国际市场对某些低值商品或半制成品采用这种做法，主要是为了节省费用，降低生产和销售成本。

但要注意的是，除非另有约定，采取定牌或无牌方式时，在我国出口商品和（或）包装上均必须标明"中国制造"字样。

另外，采用中性包装，是出口国厂商加强对外竞争和扩大出口的一种手段，在外贸业务中可酌情采用。但在实际业务中，必须注意避免触犯某些国家的法律或发生侵犯第三方工业产权的行为。

📖 同步案例 3-7

2002年世界杯期间，日本一进口商为了促销运动饮料，向中国出口商订购了T恤衫，要求以红色为底色，并印制"韩日世界杯"字样，此外不需要印制任何标志，以在世界杯期间作为促销手段随饮料销售赠送给现场球迷。合同规定2002年5月20日为最后装运期。我方马上组织生产，于5月25日将货物按质按量装运出港，并备齐所有单据向银行议付货款。然而，货到时由于日本足球队止步于十六强，日方估计到可能的积压损失，以单证不符为由拒绝赎单。在多次协商无效的情况下，我方只能将货物运回，在国内销售以减少损失，但是在货物途经海关时，海关认为由于"韩日世界杯"字样及英文标志的知识产权为国际足联所持有，而我方外贸公司不能出具真实有效的商业使用权证明文件，因此海关以侵犯知识产权为由扣留并销毁了这批T恤衫。试问：海关的处理是否正确？

四、合同中的包装条款

国际贸易销售合同中的包装条款一般包括包装种类、包装材料、包装方式、包装规格、包装标志、包装费用及单件包装的数量等内容。包装种类要列明是散装、裸装或需加包装。如果是包装货物，则需要订明包装方式和包装材料，有的还需要规定包装标志和包装费用的负担等内容。

（一）包装材料和包装方式的规定

合同中就包装材料和包装方式通常有两种规定方法。一种是做具体规定，如桶装，每桶净重175千克（packing: iron drums of 175 kg net each）；纸箱装，每箱装20打（packing: in cartons containing 20 doz. each）。另一种是使用含义笼统的术语，如适合海运包装（seaworthy packing）、习惯包装（customary packing）等。对于后者，除非买卖双方就包装材料与包装方式事先达成共识或另外订有协议，否则不宜采用，以免产生争议。

（二）包装标志的规定

商品包装上的标志包括指示性标志、危险品标志及条形码标志等，一般在合同中无须规定，而由卖方在对货物进行包装时，根据商品特性、行业惯例或法规要求及包装实际自行刷制。但如果在交易磋商时买方就上述包装标志提出了特殊要求，则可在合同中做出规定，并按此规定办理。

运输标志，按照国际贸易习惯，一般也由卖方决定，并无必要在合同中做出具体规定。但如果买方要求指定，就必须在合同中具体规定运输标志的式样和内容。如果约定由买方在订约后装运前另行指定的，则必须在合同中规定买方提供出运输标志式样和内容的最后期限。该期限应早于合同规定的装运期限若干天，同时还需要订明如果到期尚未收到买方通知，即由卖方自行选定后告知买方，以免延误装运。

（三）包装费用的规定

包装费用一般已包含在商品货价之内（packing charges included），不另计收。但如果买方要求特殊包装，则超出的包装费用由买方负担，应在合同中做出具体的规定。如果由买方负担，则还应规定这部分费用的支付时间和方法。合同如果规定由买方提供全部或部分包装或装潢的材料、装饰用品,就必须在合同中规定包装材料及装饰用品到达卖方的最迟时限及逾期到达情况下买方应承担的责任。该时限还应与合同规定的装运期限衔接,并适当留有余地。

(四)明确装箱细数及其配比

装箱细数是指每个包装单位内所装的商品个数。如果整批货只有一个规格或尺码,则按要求的数量装箱即可;如果有多个规格、尺码或颜色,则要注意每件装箱内容的搭配(assortment)。例如,T恤衫500打,尺码32、34、36、38、40,每个尺码100打,分装5箱。如果把32码的装在一箱、34码的装在另一箱,则这种装法会给买方带来很大不便,因为有时因资金周转、储存地点问题要分批提货,而每箱只装单一尺码或尺码不全,就一定要等5种规格的纸箱都到货才能够出售,5种规格的纸箱都要打开。因此,对混色、混码包装的货物一定要明确装箱配比,并严格按要求办理。

(五)包装条款示例

以下是国际贸易销售合同中包装条款的示例。

① 纸箱装,每箱60听,每听1 000片。

In cartons containing 60 tins of 1,000 TAB. each.

② 布包,每包20匹,每匹42码。

In cloth bales each containing 20 PCS. of 42 YDS.

③ Packing:In cartons of 10 kg net each.

纸箱装,每箱净重10千克。

④ 36 pairs packed in a carton size assorted.

每箱36双装,混码包装。

⑤ In wooden bale 410 sheets/ream, 45 reams/bale.

木夹板包装,每令410张,每包45令。

⑥ 36 sets packed in one export carton, each 420 cartons transported in one 20 ft container.

36套装一出口纸箱,420箱装一个20英尺集装箱运送。

实训目的

1. 通过实训,正确理解《公约》中关于数量条款和包装条款的具体规定。
2. 通过实训,能够在实际业务中准确制定数量条款和包装条款。

实训内容

一、名词解释

公量   溢短装条款   中性包装   以毛作净   散装货   裸装货
警告性标志   运输标志   指示性标志   销售包装标志

第三章　国际贸易销售合同数量、包装条款

二、填空题

1. 包装标志按其用途的不同，可分为_____、_____、_____等。
2. 根据有关法律的规定，在合同中未规定按毛重和净重计算商品价格的情况下，应按照_____计价，它等于_____减去_____。
3. 出口国家厂商为加强对外竞销和扩大出口，常常在包装的时候采用既不标明生产国别、地名和厂商名称，也不标明商标或品牌的包装，这种包装称为_____。
4. 运输标志又称为_____，国际标准运输标志的内容包括_____、_____、_____、_____和_____。
5. 溢短装部分的货物计价假定按合同价格计算，如果市场价格上涨，则利于_____，不利于_____；如果市场价格下跌，则利于_____，不利于_____。
6. 国际贸易中通常使用的度量衡制度主要有_____、_____、_____和_____。
7. 根据《公约》的规定，卖方必须按合同数量条款的规定如数交付货物。如果卖方交货数量多于约定数量，则买方可以_____或_____多交部分货物的全部或一部分；如果卖方实际交货数量少于约定数量，则卖方应在规定的_____届满前补交，但不得使买方遭受不合理的不便或承担不合理的开支，且买方有保留要求_____的任何权利。
8. "堆码重量极限"属于_____标志。
9. 根据《跟单信用证统一惯例》第30条a款的规定，"约"或"大约"用于信用证金额或信用证规定的数量或单价时，应解释为允许有关_____、_____、_____可有不超过_____的增减幅度。
10. 包装条款订立的考虑因素有_____、_____、_____、_____、_____等。

三、单项选择题

1. 如果合同中未明确规定以何种方法计重，则其计量方法应为（　　）。
   A. 毛重　　　　B. 净重　　　　C. 以毛作净　　　　D. 公量
2. 出口日用消费品、轻工业品及机械产品常用的计量单位为（　　）。
   A. 重量单位　　B. 数量单位　　C. 长度单位　　　　D. 面积单位
3. 对于价值较低的商品，通常采用（　　）计算其重量。
   A. 毛重　　　　B. 净重　　　　C. 以毛作净　　　　D. 法定重量
4. 国外来证规定数量为10 000公吨的散装货，总金额为50万美元，未标明溢短装，不准分批装运。根据《跟单信用证统一惯例》的规定，卖方发货（　　）。
   A. 数量可以有10%的伸缩
   B. 数量和金额均可以有5%的伸缩
   C. 数量可以有5%的伸缩，金额不得超过50万美元
   D. 数量和金额均不得增减
5. 对于大批量成交的散装货，因较难掌握商品的数量，通常在合同中规定（　　）。
   A. 品质公差条款　B. 溢短装条款　C. 立即装运条款　D. 不可抗力条款
6. 出口羊毛通常采用（　　）计算重量。
   A. 毛重　　　　B. 净重　　　　C. 以毛作净　　　　D. 公重

7. 对于溢短装部分的作价方法，合同中如果没有明确的规定，则按照惯例，其做法是（　　）。
   A. 按合同价格作价　　　　　　　　　B. 按装船时的国际市场价格作价
   C. 按到货时的国际市场价格作价　　　D. 以上说法都不正确
8. "此面禁用手推车"属于（　　）标志。
   A. 警告性标志　　　　　　　　　　　B. 指示性标志
   C. 运输标志　　　　　　　　　　　　D. 销售包装标志
9. 在国际贸易中，对以重量计算的商品的计价，使用最多的计算方法是（　　）。
   A. 毛重　　　　B. 净重　　　　C. 理论重量　　　D. 法定重量
10. 按照国际贸易惯例，如果合同中没有相关规定，则运输标志的提供方一般是（　　）。
    A. 开证行　　　B. 卖方　　　　C. 买方　　　　　D. 船方
11. 商品的包装上标有买方指定的商标或品牌，但不注明生产国别，这种包装是（　　）。
    A. 销售包装　　B. 运输包装　　C. 定性中性包装　D. 无牌包装
12. （　　）是容积单位。
    A. 立方米　　　B. 摩尔　　　　C. 蒲式耳　　　　D. 开尔文
13. 国际物品编码协会分配给我国的国别号为（　　）（不包括港、澳、台地区）。
    A. 086　　　　B. 690　　　　C. 471　　　　　D. 473
14. 在业务往来函电中，有时会见到C/NO.1-UP这样的写法，这表明（　　）。
    A. 包装件数待定，装运时按实际情况确定
    B. 包装1件，装运时按实际情况而定
    C. 包装箱中的第1箱，包装箱数按实际情况而定
    D. 上述说法都不正确
15. （　　）不是警告性标志。
    A. 爆炸品　　　B. 放射性物品　　C. 怕辐射　　　　D. 氧化剂
16. 我国现行的法定度量衡制度是（　　）。
    A. 公制　　　　B. 国际单位制　　C. 英制　　　　　D. 美制
17. 在交货数量前加上"约"或"大约"字样的，按照《跟单信用证统一惯例》的规定，这种约定可解释为交货数量不超过（　　）的增减幅度。
    A. 10%　　　　B. 5%　　　　　C. 2.5%　　　　　D. 1.5%
18. 在我国出口货物中使用最多的是（　　）包装。
    A. 木箱　　　　B. 纸箱　　　　C. 麻袋　　　　　D. 铁桶
19. （　　）不属于销售包装。
    A. 挂式包装　　B. 外包装　　　C. 易开包装　　　D. 礼品包装
20. 某玻璃生产厂家对外出口，以下哪个计量单位是正确的？（　　）
    A. 米　　　　　B. 千克　　　　C. 平方米　　　　D. 立方米

四、多项选择题

1. 根据情况的不同，销售合同中溢短装条款的选择权由（　　）做出。
   A. 买方　　　　B. 卖方　　　　C. 承运人　　　　D. 出口国海关
2. （　　）属于运输包装的标志。
   A. 运输标志　　B. 条形码标志　　C. 指示性标志　　D. 警告性标志

3. 以毛作净实际上是以（　　　　）计算重量。
   A. 毛重　　　　　　　　　　B. 净重
   C. 以毛重当作净重　　　　　D. 既按毛重又按净重
4. 运输包装从方式上看，可以分为（　　　　）。
   A. 混杂包装　　B. 单件包装　　C. 集合运输包装　　D. 中性包装
5. 集合运输包装可以分为（　　　　）。
   A. 集装袋　　　B. 集装包　　　C. 集装箱　　　　D. 托盘
6. 在国际贸易中，常用的度量衡制度有（　　　　）。
   A. 公制　　　　B. 国际单位制　C. 英制　　　　　D. 美制
7. 凡是运输包装内装有（　　　　）的，都必须在运输包装上标明危险品标志。
   A. 爆炸品　　　B. 易燃物品　　C. 易潮湿商品　　D. 腐蚀物品
8. EAN码由13位数字组成，它们分别代表（　　　　）。
   A. 国别代码　　B. 厂商代码　　C. 商品项目代码　D. 校验码
9. 销售包装中的文字说明包括（　　　　）。
   A. 商标、品牌　　　　　　　　B. 品名、产地、数量、规格
   C. 成分　　　　　　　　　　　D. 用途和使用方法
10. 运输包装按包装质地不同可以分为（　　　　）。
    A. 纸质包装　　B. 软性包装　　C. 塑料包装
    D. 硬性包装　　E. 半硬性包装
11. 根据《跟单信用证统一惯例》的规定，信用证中出现"大约"或"近似"等约量词时，应解释为允许（　　　　）有不超过10%的增减幅度。
    A. 金额　　　　B. 数量　　　　C. 单价　　　　　D. 品质
12. 溢短装部分的货物计价的计算方法有（　　　　）。
    A. 一般按合同价格计算
    B. 按市场价格计算（实际装货日价格、实际卸货日价格或双方规定某个日期价格）
    C. 按卖方规定的价格
    D. 按买方规定的价格
13. 1991年4月我国正式加入国际物品编码协会，该协会分配给我国的国别代码是（　　　　）。
    A. 690　　　　　B. 691　　　　C. 692　　　　　D. 693
14. 在国际贸易中，溢短装条款的内容包括（　　　　）。
    A. 溢短装的百分比　　　　　　B. 溢短装的选择权
    C. 溢短装部分的作价　　　　　D. 溢短装的品质规定
15. 如果采用CIF条件成交，则数量的机动幅度一般由（　　　　）来确定。
    A. 卖方　　　　B. 买方　　　　C. 船方　　　　　D. 保险公司

五、判断题
1. 在合同中约定溢短装条款对卖方较为有利。　　　　　　　　　　　　　　（　　）
2. 国际贸易中使用最多的计量方法是按重量计算。　　　　　　　　　　　　（　　）
3. 按国际惯例，吨（ton）是指公吨。　　　　　　　　　　　　　　　　　（　　）

4. 在国际贸易中，木材、天然气和化学气体习惯上按容积计算。（ ）
5. 在国际贸易中，酒类、汽油等液体商品习惯上按体积计算。（ ）
6. 在国际贸易中，贵重的金属，如黄金、白银等，它们的习惯计量单位是蒲式耳。（ ）
7. 标准回潮率是指商品中的实际水分与干量的百分比。（ ）
8. 公量比较适合于经济价值高、含水量又极不稳定的商品。（ ）
9. 法定重量是海关征收从量税时常使用的计量依据。（ ）
10. 在定牌生产的商品和（或）包装上，只用外商所指定的商标或品牌，而不标明生产国别和出口厂商名称，这种做法属于定牌中性包装。（ ）
11. 进出口商品包装上的包装标志都要在运输单据上标明。（ ）
12. 在国际贸易中，对于包装材料与商品价格差不多的产品，通常采用以毛作净计量。（ ）
13. 马口铁、钢板等，如果其规格、重量、尺寸大小一致，则一般可以采用理论重量。（ ）
14. 数量机动幅度只能由卖方或买方选择。（ ）
15. 运输包装按包装方式可以分为全部包装和部分包装。（ ）
16. 销售包装一般是指小包装或外包装。（ ）
17. 标准化的运输标志主要包括收货人简称、参照号、目的地。（ ）
18. 危险品标志是提示人们在装卸、运输和保管过程中需要注意的事项。（ ）
19. 遇湿易燃物品是指示性标志。（ ）
20. 按照国际贸易惯例，运输标志既可以由买方提供，也可以由卖方提供，如果由买方提供，则可不订入合同中。（ ）

六、技能操作题

1. 计算题

（1）某卖方按每箱150美元的价格出售某种商品1 000箱，合同规定数量允许有5%增减，由卖方决定。请问：①这是一个什么条款？②最多可装多少箱？最少可装多少箱？③如果实际装运1 040箱，则买方应付多少货款？

（2）某公司出口生丝，合同数量为100公吨，溢短装5%，约定标准回潮率为11%。现有生丝104公吨，回潮率9%。请问：①这批生丝符合约定回潮率的重量为多少？②是否符合溢短装条款规定的重量？③应取出多少回潮率为9%的生丝？

2. 实际操作题

（1）编制合同数量、包装条款。
① 50 000公吨，卖方可溢短装5%。
② 纸箱装，每箱60盒，每盒2套。

（2）某出口企业出口1×20 FCL，请为以下商品刷制唛头上的件号。
① 酱油　　生抽王 750 GM.×24 bottles 150箱
② 酱油　　老抽王 500 ML.×24 bottles 150箱
③ 罐头　　鲜炸鲮鱼 227 GM.×48 tins 200箱
④ 面制品　面条 500 GM.×24 bags 200箱

第三章 国际贸易销售合同数量、包装条款

七、案例分析

1. 某外贸公司出口打字机 1 000 台。来证规定不许分批装运，但是货物集港准备装船时才发现有 45 台包装及质量有问题，临时更换已经来不及。为了保证质量，出口商认为根据《跟单信用证统一惯例》的规定，即使不准分批，在数量上也允许有 5% 的伸缩，少装这 45 台也未超过 5%，于是实际装船 955 台。当公司去银行议付时，遭到银行的拒绝。请问：银行拒绝有理吗？为什么？

2. 某出口合同规定：糖水橘子罐头，每箱 24 听，每听含 5 瓣橘子，每听罐头上都要用英文标明 Made in China。卖方为了讨个吉利，每听装了 6 瓣橘子。装箱时，为了用足箱容，每箱装了 26 听。在刷制产地标志时，只在纸箱上注明了 Made in China。卖方以包装不符合合同规定为由，向卖方要求赔偿，否则拒收货物。请问：买方的要求是否合理？为什么？

第四章
国际贸易术语

学习目标

- 掌握有关贸易术语的国际贸易惯例。
- 掌握贸易术语的含义、作用。
- 熟悉《2020通则》11种贸易术语的解释。
- 熟悉《2010通则》11种贸易术语的解释。
- 了解《2000通则》13种贸易术语的解释。
- 掌握《2020通则》FOB、CFR、CIF、FCA、CPT和CIP六种常用贸易术语买卖双方风险、责任及费用的划分。
- 增强学生对我国外贸事业的信心、责任感与使命感。
- 养成诚信经营、精益求精的优良品质。

导入案例

我方某进出口公司对日本客户发盘，供应棉织浴巾 4 000打，每打 CIF 大阪 80美元，装运港大连。现日本客户要求我方改报 FOB 大连。请问：我方出口公司应如何调整价格？如果分别按 CIF、FOB 贸易术语签订合同，买卖双方承担的责任、费用和风险分别是什么？

第一节 贸易术语概述

在国际货物买卖中，出口方交货，进口方付款，双方均要承担一定的风险、责任与费用。但是由于国际贸易中的交易双方往往相距较远，在一般情况下不可能当面交接货物和单据，这就需要双方通过国际贸易的习惯做法明确买卖双方的交货地点，以及有关风险、责任和费用的划分。

第四章 国际贸易术语

一、贸易术语的含义与作用

（一）贸易术语的含义

贸易术语（trade terms）又称贸易条件，是用简短的文字或英文缩写字母来表示商品的价格构成和买卖双方在货物交付过程中各自承担的费用、手续等责任及风险的划分的专业用语。

贸易术语可以用文字表示，如"成本、保险费加运费"或 Cost, Insurance and Freight；也可以用由3个英文字母组成的代码表示，如 CIF。

（二）贸易术语的作用

1. 明确了责任，简化了贸易手续

简单明了的术语，可以非常准确地规定买卖双方在交易中各自应该承担的责任、费用和风险，从而简化贸易洽谈的内容，大大缩短成交时间，节省业务费用。例如，"每箱酱油（生抽王）13美元 FOB 广州"，这句话中的 FOB 虽然只是几个字母，但是买卖双方都可以完全明白双方的责任。

2. 有利于买卖双方核算成本

以营利为目的的国际买家通过贸易术语，可以在最短的时间内明白所洽谈商品价格的构成，以及包括运费、保险费、装卸费、关税、仓储费用等的从属费用，从而便于买卖双方进行价格比较和加强成本核算。

3. 有利于解决买卖双方在履行合同的过程中所产生的各种纠纷

买卖双方在履行合同的过程中，因某些事项在合同中未加注明而产生的纠纷，可以通过援引有关贸易术语的一般解释来解决。

二、有关贸易术语的国际惯例

在国际贸易业务活动中，一国与另一国对交货风险划分、进出口双方的责任与义务、单据交接等问题的理解不一致，容易引起误解，产生贸易纠纷，影响国际贸易活动的进一步扩大，从而不利于世界经济的发展。为了解决这一问题，一些世界性的贸易组织、团体通过长期不懈的努力，分别制定了规则，对国际贸易术语做出了详细解释。这些规则在国际贸易中被广泛使用，逐渐形成为国际惯例。需要明确的是，国际惯例不是法律，没有普遍的法律约束力，只有当事人在合同约定采用某一贸易术语时，才对当事人具有法律约束力。

目前在国际上有较大影响力的有关贸易术语的国际惯例有以下3种。

（一）《1932年华沙-牛津规则》

该规则是由国际法协会（International Law Association）制定的。该协会于1928年在华沙举行了会议，制定了关于 CIF 合同的统一规则，共22条，称为《1928年华沙规则》。之后又经过1930年纽约会议、1931年巴黎会议和1932年牛津会议，修订为21条，定名为《1932年华沙-牛津规则》（Warsaw-Oxford Rules 1932，简称 W. O. Rules 1932）。该规则对 CIF 合同的性质做了说明，并具体规定了在 CIF 合同中买卖双方所承担的费用、责任和风险。

（二）《1990年美国对外贸易定义修订本》

1919年，美国9个大商业团体制定了《美国出口报价及其缩写》（The U. S. Export Quotations

and Abbreviations）。其后，因贸易习惯发生了很多变化，在 1940 年举行的美国第 27 届全国对外贸易会议上对其做了修订，并于 1941 年 7 月 31 日经美国商会、美国进口协会和美国全国对外贸易协会所组成的联合委员会通过，被命名为《1941 年美国对外贸易定义修订本》（Revised American Foreign Trade Definitions 1941）；1990 年再次修订为《1990 年美国对外贸易定义修订本》（Revised American Foreign Trade Definitions 1990）。该修订本对 6 种贸易术语做出了解释。

① EXW（EX Works）
② FOB（Free On Board）
③ FAS（Free Alongside Ship）
④ CFR（Cost and Freight）
⑤ CIF（Cost, Insurance and Freight）
⑥ DEQ（Delivered EX Quay）

其中，FOB 贸易术语又有 6 种不同解释，所以《1990 年美国对外贸易定义修订本》实际上有 11 种贸易术语。

《1990 年美国对外贸易定义修订本》对 FOB 贸易术语的特殊解释，主要表现在以下几个方面。

① 在适用范围上，FOB 贸易术语适用于各种运输方式，如果合同采用水上运输方式，则必须在 FOB 后加缀 vessel（船）字样，并列明装运港名称，这样才能表明在装运港船上交货。

② 在风险划分上，FOB vessel 的风险划分以装运港船舱为界，而不是装运港船舷，即卖方承担至货物装入船舱为止所发生的一切丢失和残损责任。

③ 在费用负担上，规定买方要支付卖方协助提供出口单证的费用和出口税，以及因出口而产生的其他费用。

该惯例被美洲国家大量采用。由于美国在国际贸易中的重要地位，因此使《1990 年美国对外贸易定义修订本》在世界贸易中的影响力仅次于《2020 通则》。在实际业务中，美国是我国的重要贸易伙伴，双方贸易活跃，在与美商进行业务洽谈时，合同与信用证中必须明确采用哪种惯例，以避免产生不必要的贸易纠纷。

同步案例 4-1

我方某公司从美国进口玉器 500 件，美商报价每件 100 美元 FOB vessel New York，我方按合同要求如期开立金额为 50 000 美元的信用证。但是美商要求我们修改信用证，将信用证金额增加至 50 800 美元，否则有关出口关税及签证费用由我方另行汇付。试问：美商的要求是否合理？为什么？

（三）《2020 通则》

国际商会（International Chamber of Commerce，ICC）自 20 世纪 20 年代初即开始对重要的贸易术语做统一解释的研究，并于 1936 年在法国巴黎提出了一套国际性的解释贸易术语的统一规则，定名为 INCOTERMS 1936，其副标题为 International Rules for the Interpretation of Trade Terms，故译作《1936 年国际贸易术语解释通则》（以下简称《1936 通则》）。

随后，国际商会为适应国际贸易实践的不断发展，分别于 1953 年、1967 年、1976 年、1980 年、1990 年、2000 年、2010 年对《1936 通则》做了 7 次修订和补充，形成了《2010 年国际贸易术语解释通则》（以下简称《2010 通则》）。

第四章 国际贸易术语

与《1990通则》相同，《2000通则》中也对13种贸易术语做出了解释，并按其共同特性归纳为E、F、C、D四组。

E组只有EXW一种贸易术语。按此贸易术语，卖方在它自己的处所将货物提供给买方。

F组包括FCA、FAS和FOB贸易术语。在F组贸易术语下，卖方必须按买方的指示交运货物，因为是由买方订立运输合同和指定承运人。

C组包括CFR、CIF、CPT和CIP贸易术语。在C组贸易术语下，卖方必须按通常条件自费订立运输合同。在CIF和CIP术语下，卖方还必须办理保险并支付保险费。

D组包括DAF、DES、DEQ、DDU和DDP贸易术语。在D组贸易术语下，卖方必须负责将货物运送到约定的目的地和目的港，并负担货物交至该处为止的一切风险和费用。因此，按D组术语订立的合同属于到货合同。在D组贸易术语下，除DDP外，卖方在边境或进口国交货时无须办理进口清关。

13种贸易术语的分类如表4.1所示。

表4.1　13种贸易术语的分类

组　别	英文简称与全称	中文全称	适用运输方式
E组（起运）	EXW EX Works	工厂交货	各种运输方式
F组（主运费未付）	FCA Free Carrier	货交承运人	各种运输方式
	FAS Free Alongside Ship	船边交货	海运及内河运输方式
	FOB Free On Board	装运港船上交货	海运及内河运输方式
C组（主运费已付）	CFR Cost and Freight	成本加运费	海运及内河运输方式
	CIF Cost, Insurance and Freight	成本、保险费加运费	海运及内河运输方式
	CPT Carriage Paid To	运费付至	各种运输方式
	CIP Carriage and Insurance Paid to	运费、保险费付至	各种运输方式
D组（到达）	DAF Delivered At Frontier	边境交货	陆地边界交货的各种运输方式
	DES Delivered EX Ship	目的港船上交货	海运及内河运输方式及目的港船上交货的多式运输
	DEQ Delivered EX Quay	目的港码头交货	海运及内河运输方式及目的港船上交货的多式运输
	DDU Delivered Duty Unpaid	未完税交货	各种运输方式，包括多式运输
	DDP Delivered Duty Paid	完税后交货	各种运输方式

《2010通则》将11种贸易术语分为适用于任何单一或多种运输方式的术语和适用于海运与内河水运的术语，同时对买卖双方的义务的规定更加具体与详细，采用一一对应的方式规定了10

项义务。

2019 年 9 月 16 日，国际商会正式推出《2020 国际贸易术语解释通则》（INCOTERMS2020，以下简称《2020 通则》），以取代使用了近 10 年的《2010 通则》，新版本于 2020 年 1 月 1 日正式生效。

 国贸常识

随着加入 WTO，我国进出口规模不断扩大，在许多沿海开放城市中聚集了大量外籍客商，仅在广州就不少于 20 万人，其中有大量的国际买家从事进出口业务，部分客商直接深入工厂采购，自己负责仓储、拼柜、报关、运输等环节，所以在实际业务中 EXW 贸易术语的使用频率不断增加。

第二节　《2020 通则》分类、义务、注意事项

一、《2020 通则》的分类

① E terms-（Departure）发货组

EXW（Ex Works）工厂交货

② F terms-（Main Carriage Unpaid）主运费未付组

FCA（Free Carrier）货交承运人

FAS（Free Alongside Ship）船边交货

FOB（Free On Board）船上交货

③ C terms-（Main Carriage Paid）主运费已付组

CFR（Cost And Freight）成本加运费

CIF（Cost, Insurance And Freight）成本、保险加运费

CPT（Carriage Paid To）运费付至

CIP（Carriage and Insurance Paid To）运费、保险费付至

④ D terms-（Arrival）到达组

DAP（Delivered At Place）目的地交货

DPU（Delivered At Place Unload）卸货地交货

DDP（Delivered Duty Paid）完税后交货

二、《2020 通则》买卖双方义务

与《2010 通则》一样，《2020 通则》对买卖双方的义务的规定更加具体与详细，采用一一对应的方式规定了 10 项义务，如表 4.2、表 4.3 所示。

第四章　国际贸易术语

表4.2　《2020通则》贸易术语买卖双方对应10项基本义务

A 卖方义务	B 买方义务
A1 卖方一般义务	B1 买方一般义务
A2 许可证、授权、安检和其他手续	B2 许可证、授权、安检和其他手续
A3 运输合同与保险合同	B3 运输合同与保险合同
A4 交货	B4 收货
A5 风险转移	B5 风险转移
A6 费用划分	B6 费用划分
A7 通知买方	B7 通知卖方
A8 交货凭证	B8 交货证明
A9 查对、包装、标记	B9 货物检验
A10 协助提供信息和相关费用	B10 协助提供信息和相关费用

表4.3　《2020通则》贸易术语买卖双方权利义务一览表

序号	贸易术语	交货地点	风险转移界限	出口报关责任、费用负责方	进口报关责任、费用负责方	适用的运输方式
1	EXW	商品产地、所在地	买方处置货物后	买方	买方	任何运输方式
2	FOB	装运港口	货交装运港船上后	卖方	买方	水上运输方式
3	FCA	出口国内地、港口	承运人处置货物后	卖方	买方	任何运输方式
4	FAS	装运港口	货交装运港船边	卖方	买方	水上运输方式
5	CFR	装运港口	货交装运港船上后	卖方	买方	水上运输方式
6	CIF	装运港口	货交装运港船上后	卖方	买方	水上运输方式
7	CPT	出口国内地、港口	承运人处置货物后	卖方	买方	任何运输方式
8	CIP	出口国内地、港口	承运人处置货物后	卖方	买方	任何运输方式
9	DAP	进口国国内	买方处置货物后	卖方	买方	任何运输方式
10	DPU	进口国国内	在指定目的港或目的地的卸货地货交买方后	卖方	买方	任何运输方式
11	DDP	进口国内	买方在指定地点收货后	卖方	卖方	任何运输方式

三、《2020通则》使用注意事项

（一）调整了贸易术语的名称

《2020通则》依然是11个贸易术语，但是调整了《2010通则》中的DAT为DPU贸易术语，同时将DAP贸易术语排列在DPU贸易术语之前。DAP和DPU两个贸易术语有助于船舶管理公司弄清码头处理费（THC）的责任方。这样更加科学合理，符合国际贸易实际操作。

国贸常识

THC（The Terminal Handling Charge，码头处理费）一是来自卖方，一是来自船公司。DPU和DAP贸易术语可以很好地解决THC纠纷。卖方欲在目的地指定地点交货，且愿意承担货物运送到该地点的费用（卸货费除外）和风险时，可考虑选择DAP贸易术语。如果卖方除承担DAP贸易术语所必须履行的义务外，还愿意承担货物运送到该地点从运输工具上卸货产生的费用，则可考虑选择DPU贸易术语。买方要注意避免为一次服务付两次费；一次包含在货物价格中付给卖方；一次单独付给承运人或码头的运营方。

同步案例4-2

我方某企业向美国A公司出口货物一批，A公司要求我方在美国实际交货，同时要求我方承担在美国港口产生的码头处理费。在这种情况下，双方应该采用《2020通则》中的哪个贸易术语？

（二）需要标明通则版本

对国际贸易销售合同而言，《2020通则》并不是自动适用的，具有选择性。如果合同买卖双方决定选择《2020通则》，则应当在合同中清楚地订明，使用诸如"所用贸易术语，选择《2020通则》（INCOTERMS 2020）"等语句。

国贸常识

通则属于国际惯例，只有买卖双方在国际贸易销售合同中引用才具有法律效力。同时，也不存在新版本替代旧版本，《2020通则》的实施不等于以前的各版本自动失效，只要买卖双方愿意选择通则旧版本中的任意一款贸易术语，对双方当事人就仍然具有法律效力。

同步案例4-3

2024年3月，沙特某采购商向我方某企业发来询盘，欲订购T-shirt shopping plastic bag一个货柜，客户要求我方报FOB广州价。请问客户在使用贸易术语时是否正确？为什么？

（三）再次强化电子文件在国际贸易中的地位与作用

《1990通则》《2000通则》《2010通则》版本已经明确规定电子单据与纸张单据具有同等法律效力。《2020通则》对于电子通信更加明确和细化，只要各方当事人达成一致，在A1/B1中明确双方如果有约定或惯例，则电子形式与纸质单据具备同等的效力。

（四）细化了CIF、CIP贸易术语中保险的险种

在条款中规定除非是双方约定或特殊的贸易习惯，卖方在使用CIF贸易术语必须购买最少ICC C条款。但是在使用CIP贸易术语时，对于保险提出了更高的要求，将ICC C条款提升至ICC A条款。

国贸常识

ICC C条款相当于平安险，ICC A条款相当于一切险。很明显，使用CIP贸易术语比使用CIF贸易术语，卖方必须选择保险责任大的险种，从而支付更高的保险费。这是因为在制定《2020通则》时，国际商会认为CIF贸易术语更多地使用在铁矿石、煤炭等这些低值商品上，而CIP

贸易术语则更多地使用在高端日用品、奢侈品上。

同步案例 4-4

2024 年 8 月，欧洲 G 客户向我 X 公司采购平板电脑一批，双方约定 CIP Hamburg（INCOTERMS2020）成交。我方业务员在办理保险时，购买了平安险。请问欧洲 G 客户是否会提出异议？为什么？

（五）明确了 FCA、DAP、DPU 和 DDP 贸易术语的运输安排

在《2010 通则》中，都是假定货物在卖方运往买方的过程中是由第三方承运人负责的，而承运人受控于哪一方则取决于买卖双方使用哪一条贸易术语。但是在《2020 通则》中，在采用 DAP、DPU、DDP 贸易术语时，卖方完全可以选择自己的运输工具。同样，在采用 FCA 贸易术语时，买方也完全可以选择自己的运输工具，不受条款限制。两种情况下，对方很有可能要承担不必要的运输费用。而《2020 通则》明确规定，采用 FCA、DAP、DPU 和 DDP 贸易术语时不仅要订立运输合同，且只允许安排必要的运输。

（六）已装船提单和 FCA 术语条款的修改

在信用证结算方式下，卖方或买方需要带已装船提单。在使用 FCA 贸易术语时，卖方已经将货物的风险转移给买方，交货是在货物装船之前完成的，但是承运人很可能只有在货物实际装船后才有签发已装船提单的权利，导致卖方不能及时从承运人处获得已装船提单。

《2020 通则》中的 FCA A6/B6 提供了一个附加选项：买卖双方可以约定，买方可指示其承运人在货物装船后向卖方签发已装船提单，卖方有义务向买方或结汇银行提交此提单，但是运输合同的义务仍然由买方承担。

（七）成本的列出位置

《2020 通则》规定成本显示在 A9/B9 处——会列出每个规则分配的所有成本。其目的是向用户提供一个一站式的成本清单，以便卖方和买方可以方便地找到其根据《2020 通则》规则应承担的所有成本。

（八）在运输义务和费用中列入与安全有关的要求

在《2010 通则》中，与安全相关的要求放在 A2/B2 和 A10/B10 项中。但是在《2020 通则》中，与安全相关的义务明确分配在 A4 和 A7 项下，所产生的费用归类在 A9/B9 项下。

此外，《2020 通则》与《2010 通则》一样，使用范围扩大了，不仅适用于国际贸易销售合同，也适用于国内销售合同；进一步明确买卖双方的责任、风险、费用划分，《2020 通则》也与《2010 通则》一样，删除了"船舷"（ship's rail）的概念，取而代之的是"装上船"（placed on board），从而有利于减少贸易纠纷；重视运输中的安检要求，《2020 通则》也要求货物的买方、卖方和运输承包商有义务为各方提供相关信息，使之知悉涉及的货物在运输过程中能否满足安检要求，此举将帮助船舶管理公司了解船舶运载的货物是否涉及危险品条例，防止在未能提供相关安全文件的情况下，船舶货柜中藏有违禁品；对于连环贸易（string sales）做出补充（在大宗货物买卖中，货物常在运输期间被多次买卖，就是连环贸易），《2020 通则》对此连环贸易模式下卖方的交付义务做出了细分，在相关术语中同时规定了"设法获取已装船货物"和"将货物装船"的义务，弥补了以前版本的不足。

第三节 《2020通则》适用于任何单一或多种运输方式贸易术语的运用

根据《2020通则》的规定，EXW、FCA、CPT、CIP、DAT、DAP 和 DDP 贸易术语适用于任何单一或多种运输方式。

一、EXW 贸易术语

EXW 全称为 EX Works（...named place of delivery），即工厂交货（……指定地点）。

（一）EXW 贸易术语的含义

EXW 贸易术语是指当卖方在其所在地或其他指定地点（如工厂、车间或仓库等）将货物交由买方处置时，即完成交货。

（二）买卖双方的基本义务

① 卖方必须提供符合合同约定的货物及商业发票，以及自 A1 至 A10 项中所提及的任何单据；当需要办理出口通关手续时，卖方应买方要求并由买方承担风险与费用，协助买方取得货物出口所需要的任何出口许可证或其他官方批准文件；卖方必须在指定地点交货，承担交货前的一切风险与费用。

② 买方必须依据合同约定支付货物价款，提供自 B1 至 B10 项中所提及的任何单据；当需要办理通关手续时，买方承担风险与费用，取得货物出口与进口所需要的任何许可证或其他官方批准文件，并办理货物出口与进口的一切通关手续；买方必须在指定地点接货，承担交货后的一切风险与费用。

（三）使用 EXW 贸易术语时应注意的问题

① EXW 是卖方承担责任最小的贸易术语，适合国内贸易。

② 卖方没有义务为买方装载货物，即使在实际中由卖方装载货物可能更方便。如果由卖方装载货物，则买方承担相关风险和费用。如果卖方在装载货物中处于优势地位，则使用由卖方承担装载费用与风险的 FCA 贸易术语更为合适。

③ 卖方不需将货物装上任何前来接收货物的运输工具，卖方没有义务主动办理出口清关手续，仅在买方要求办理出口手续时负有协助的义务。

④ 买方不能直接或间接办理出口清关手续时，建议买方不要使用 EXW 贸易术语。

同步案例 4—5

中东 A 客户在浙江省义乌小商品城向我国 B 公司采购日用品一批，A 客户负责向海关办理出口手续，并办理海上运输与保险。试问：这笔生意 A 客户与 B 公司应采用《2020通则》中的哪个贸易术语？

二、FCA 贸易术语

FCA 全称为 Free Carrier（...named place of delivery），即货交承运人（……指定地点）。

（一）FCA 贸易术语的含义

FCA 贸易术语是指卖方于其所在地或其他指定地点将货物交付给承运人或买方指定人。建议当事人最好尽可能清楚、明确地说明具体指定交货地点，风险将在此地点转移给买方。

（二）买卖双方的基本义务

① 卖方必须提供符合合同约定的货物及商业发票，以及自 A1 至 A10 项中所提及的任何单据；当需要办理出口通关手续时，卖方必须承担风险与费用，取得货物出口所需要的任何出口许可证或其他官方批准文件，并办理货物出口所需的一切通关手续；卖方必须在指定地点将货物交给买方指定的承运人；卖方必须承担交货前的一切风险与费用，当需要办理出口通关手续时，卖方承担出口所需的通关手续费用与出口关税等费用；在买方承担风险与费用的情况下，帮助买方取得运输单据；在承运人接管货物后及时通知买方。

② 买方必须依据合同约定支付货物价款，提供自 B1 至 B10 项中所提及的任何单据；当需要办理通关手续时，买方承担风险与费用，取得货物进口所需要的任何许可证或其他官方批准文件，并办理货物进口及通过任何国家运输的一切通关手续；买方必须自付费用订立自指定交货地起至目的地（港）的运输合同；买方必须在指定地点接货，承担交货后的一切风险与费用；买方必须自付费用订立保险合同。

（三）使用 FCA 贸易术语时应注意的问题

① 如果当事人意图在卖方所在地交付货物，则应当确定该所在地的地址或指定的交货地点。

② FCA 贸易术语要求卖方在需要时办理出口清关手续。但是卖方没有办理进口清关手续的义务，也无须缴纳任何进口关税或办理其他进口海关手续。否则，适用 DDP 贸易术语。

国贸常识

在实际业务中，FCA 贸易术语适合使用的运输方式比 FOB 贸易术语适合使用的运输方式范围广，所以在出口业务中应尽量使用 FCA 贸易术语。其好处是：FCA 贸易术语的风险划分点是货交承运人，出口方所承担的风险和责任比 FOB 贸易术语要小，所承担的费用比 FOB 贸易术语要少，而且可以比使用 FOB 贸易术语提前拿到运输单据，进而可以提前结汇，从而缩短收汇时间，便于企业资金周转。

同步案例 4-6

我方某出口公司向澳大利亚某公司出口香料 15 公吨，对外报价 FOB 湛江每公吨 2 500 美元，集装箱海运，装运期 9 月。我方 8 月底接到澳大利亚公司的装运指示，于 9 月 2 日将货物送入湛江港码头仓库等待装船。9 月 3 日凌晨，发生水灾，仓库被淹没，货物全部灭失。试问：我方是否对损失承担责任？如果在合同中采用了 FCA 贸易术语，我方可否免责？

三、CPT 贸易术语

CPT 全称为 Carriage Paid To（…named place of destination），即运费付至（……指定目的地）。

（一）CPT 贸易术语的含义

CPT 贸易术语是指卖方在指定交货地向承运人或由卖方指定的其他人交货且卖方须与此承运人订立运输合同，载明并实际承担将货物运送至指定目的地所产生的必要费用。

(二) 买卖双方的基本义务

① 卖方必须提交符合合同约定的货物及商业发票，以及自 A1 至 A10 项中所提及的任何单据；当需要办理出口通关手续时，卖方必须自负风险与费用，取得货物出口所需要的任何出口许可证或其他官方批准文件，并办理货物出口所需的一切通关手续；卖方必须自付费用订立自指定交货地起至目的地（港）的运输合同；卖方必须于约定日期或期限内，将货物交给承运人；卖方必须承担交货前的一切风险与费用；当需要办理出口通关手续时，卖方承担出口所需的通关手续费用与出口关税等费用；卖方必须通知买方已交付货物；卖方必须自负风险和费用向卖方提供运输单据。

② 买方必须依据合同约定支付货物价款，提供自 B1 至 B10 项中所提及的任何单据；当需要办理通关手续时，买方必须自负风险与费用，取得任何进口许可证或其他官方批准证书，并办理货物进口及通过任何国家运输的一切通关手续；买方必须接受卖方提供的运输单据；买方必须在指定地点接货，承担交货后的一切风险与费用；买方必须自付费用订立保险合同。

(三) 使用 CPT 贸易术语时应注意的问题

① 在 CPT 贸易术语情形下，卖方的交货义务在将货物交付承运人，而非货物到达指定目的地时，即告完全履行。

② 重视 CPT 贸易术语的两个关键点：因为风险和成本在不同的地方发生转移，合同当事人必须在合同中明确发生风险转移的交货地点与运输条款或运输合同中指定的目的地。

③ 如果使用多个承运人将货物运至指定目的地，则一般在货物交给第一承运人时，风险就发生了转移。

④ CPT 贸易术语要求卖方办理货物出口清关手续，但是卖方没有义务办理货物进口清关手续、支付进口关税及办理进口所需的任何海关手续。

四、CIP 贸易术语

CIP 全称为 Carriage and Insurance Paid To（...named place of destination），即运费、保险费付至（……指定目的地）。

(一) CIP 贸易术语的含义

CIP 贸易术语是指在约定的地方卖方向承运人或卖方指定的另一个承运人发货，卖方必须签订合同和支付将货物运至目的地的运费，还必须订立保险合同以防货物在运输途中灭失或损坏。

(二) 买卖双方的基本义务

① 卖方必须提交符合合同的货物及商业发票，以及自 A1 至 A10 项中所提及的任何单据；当需要办理出口通关手续时，卖方必须自负风险与费用，取得货物出口所需要的任何出口许可证或其他官方批准文件，并办理货物出口所需的一切通关手续；卖方必须自付费用订立自指定交货地起至目的地（港）的运输合同；卖方必须于约定日期或期限内，将货物交给承运人；卖方必须承担交货前的一切风险与费用；当需要办理出口通关手续时，卖方承担出口所需的通关手续费用与出口关税等费用；卖方必须通知买方已交付货物；卖方必须自负风险和费用向卖方提供运输单据；卖方必须自付费用订立保险合同。

② 买方必须依据合同约定支付货物价款，提供自 B1 至 B10 项中所提及的任何单据；当需

要办理通关手续时,买方必须自负风险与费用,取得任何进口许可证或其他官方批准证书,并办理货物进口及通过任何国家运输的一切通关手续;买方必须接受卖方提供的运输单据;买方必须在指定地接货,承担交货后的一切风险与费用。

(三)使用 CIP 贸易术语时应注意的问题

① 与 CPT 贸易术语一样,在 CIP 贸易术语情形下,卖方将货物交付承运人而不是货物到达指定目的地时,卖方就已经完成其交货义务。

② 重视 CIP 贸易术语的两个关键点:因为风险和成本在不同的地方发生转移,合同当事人必须在合同中明确发生风险转移的交货地点与运输条款或运输合同中指定的目的地。

③ 如果使用多个承运人将货物运至指定目的地,一般货物交给第一承运人时,风险就发生了转移。

④ CIP 贸易术语要求卖方办理货物出口清关手续,但是卖方没有义务办理货物进口清关手续、支付进口关税及办理进口所需的任何海关手续。

⑤ 买方应该注意到 CIP 贸易术语只要求卖方投保最低限度的保险险别,如果买方需要更多的保险保障,则需要与卖方明确达成协议,或者自行做出额外的保险安排。

五、DAP 贸易术语

DAP 全称为 Delivered At Place(...named place of destination),即目的地交货(……指定目的地)。

(一)含义

DAP 贸易术语是指卖方在指定的交货地点,将仍装在交货运输工具上尚未卸下的货物交给买方处置即完成交货。

(二)买卖双方的基本义务

① 卖方必须提交符合销售合同的货物及商业发票,以及自 A1 至 A10 项中所提及的任何单据;当需要办理出口通关手续时,卖方必须自负风险与费用,取得货物出口所需要的任何出口许可证或其他官方批准文件,并办理货物出口所需的一切通关手续;卖方必须自付费用订立运输合同将货物运至指定目的地;卖方必须于约定日期或约定期限内,在指定目的地(如果有)将货物放置于到达的运输工具上,准备卸载的货物交由买方处置;卖方必须承担交货前的一切风险与费用;卖方必须给予买方所需的任何通知,以便买方能够采取通常必要的措施接收货物;卖方必须自付费用提供买方能够接收货物的单据。

② 买方必须依据合同约定支付货物价款,提供自 B1 至 B10 项中所提及的任何单据;当需要办理通关手续时,买方必须自负风险与费用,取得任何进口许可证或其他官方批准证书,并办理货物进口及通过任何国家运输的一切通关手续;买方必须接受卖方提供的运输单据;买方必须在指定地点接货,承担交货后的一切风险与费用。

(三)使用 DAP 贸易术语时应注意的问题

① 卖方必须承担货物运至指定目的地的一切风险。

② 卖方承担货物到达目的地前的风险,建议买卖双方在合同中明确目的地、卖方签订适宜的运输合同。

③ 如果卖方按照运输合同承担了货物在目的地的卸货费用,除非双方达成一致,卖方无权

向买方追讨这笔费用。

④ DAP 贸易术语要求卖方办理货物出口清关手续，但卖方没有义务办理货物进口清关手续、支付任何进口关税或办理任何进口海关手续。如果买方不承担目的地卸货费用，则建议使用 DPU 贸易术语。

六、DPU 贸易术语

DPU 全称为 Delivered At Place Unloaded（…named place of destination, where seller unloads），即卸货地交货（……指定目的地）。

（一）含义

DPU 贸易术语是指卖方在指定目的地卸货后完成交货，由卖方承担货物运至指定目的地的运输风险和费用。

（二）买卖双方的基本义务

① 卖方必须提交符合销售合同的货物及商业发票，以及自 A1 至 A10 项中所提及的任何单据；当需要办理出口通关手续时，卖方必须自负风险与费用，取得货物出口所需要的任何出口许可证或其他官方批准文件，并办理货物出口所需的一切通关手续；卖方必须自付费用订立运输合同将货物运至卸货地；卖方必须于约定日期或约定期限内，在卸货地将货物自到达的运输工具上完成卸货，并交由买方处置；卖方必须承担交货前的一切风险与费用；卖方必须给予买方所需的任何通知，以便买方能够采取通常必要的措施接收货物；卖方必须自付费用提供买方能够接收货物的单据。

② 买方必须依据合同约定支付货物价款，提供 B1 到 B2 中所提及的任何单据；当需要办理通关手续时，买方必须自负风险与费用，取得任何进口许可证或其他官方批准证书，并办理货物进口及通过任何国家运输的一切通关手续；买方必须接受卖方提供的运输单据；买方必须在指定地点接货，承担交货后的一切风险与费用。

（三）使用 DPU 贸易术语时应注意的问题

① 强调卸货地不一定是"终点站"，不论该地点是否有遮盖，如码头、仓库集装箱堆积场或公路、铁路、空运货站，只要这个地点可以卸货就可以。卖方应承担将货物运至指定的目的地和卸货所产生的一切风险与费用。

② 建议当事人尽量明确卸货地，因为货物到达这一地点的风险是由卖方承担的，所以建议卖方签订一份与这种选择准确契合的运输合同。

③ DPU 贸易术语要求卖方办理货物出口清关手续，但是卖方没有义务办理货物进口清关手续并支付任何进口关税或办理任何进口报关手续。否则，建议使用 DDP 贸易术语。

七、DDP 贸易术语

DDP 全称为 Delivered Duty Paid（...named place of destination），即完税后交货（……指定目的地）。

（一）含义

DDP 贸易术语是指卖方在指定的目的地，将货物交给买方处置并办理进口清关手续，将在

第四章　国际贸易术语

交货运输工具上尚未卸下的货物交给买方，由卖方承担将货物运至指定目的地的一切风险和费用，并有义务办理出口和进口清关手续。

（二）买卖双方的基本义务

① 卖方必须提交符合合同的货物及商业发票，以及自 A1 至 A10 项中所提及的任何单据；当需要办理出口通关手续时，卖方必须自负风险与费用，取得货物出口所需要的任何出口许可证或其他官方批准文件，并办理货物出口所需的一切通关手续；卖方必须自付费用订立运输合同将货物运至指定目的地；卖方必须于约定日期或约定期限内，在指定目的地将货物放置于到达的运输工具上，准备卸载的货物交由买方处置；卖方必须承担交货前的一切风险与费用；卖方必须给予买方所需的任何通知，以便买方能够采取通常必要的措施接收货物；卖方必须自付费用提供买方能够接收货物的单据。

② 买方必须依据销售合同约定支付货物价款，提供自 B1 至 B10 中所提及的任何单据；当需要办理通关手续时，买方必须应卖方请求并由卖方承担费用和风险，给予卖方协助，以取得货物进口所需的任何进口许可证或其他官方批准文件，并办理货物进口及通过任何国家运输的一切通关手续；买方必须接受卖方提供的运输单据；买方必须在指定地点接货，承担交货后的一切风险与费用。

（三）使用 DDP 贸易术语时应注意的问题

① DDP 贸易术语下卖方承担责任最大。

② 卖方承担货物到达指定地点前的费用和风险，建议买卖双方在合同中明确目的地，并由卖方签订适宜的运输合同。

③ 卖方如果不能取得进口许可证，则不建议当事人使用 DDP 贸易术语。

 国贸常识

在实际业务中，DDP 贸易术语适用于一些自由贸易区及订有关税同盟的国家之间，因为 DDP 贸易术语属于实际交货，卖方的义务是将货物运到进口国内的指定目的地，实际交付买方。使用 DDP 贸易术语之前，必须了解进口国海关管理的实际情况，对于一些结关困难、费时较多的国家，出口方必须慎用 DDP 贸易术语。

同步案例 4-7

我方某企业向美国 A 公司出口货物一批，A 公司要求我方报 DDP 价，而我方出口企业规模较小，无法办理货物通过美国海关的进口手续。试问：在此情况下能否使用 DDP 贸易术语？

第四节　《2020 通则》适用于海运和内河水运的贸易术语的运用

根据《2020 通则》的规定，FAS、FOB、CFR、CIF 属于适用于海运和内河水运的贸易术语。

一、FAS 贸易术语

FAS 全称为 Free Alongside Ship（…named port of shipment），即船边交货（……指定装运港）。

（一）FAS 贸易术语的含义

FAS 贸易术语是指卖方在指定装运港将货物交到买方指定的船边（如码头上或驳船上），即完成交货。

（二）买卖双方的基本义务

① 卖方必须提交符合合同的货物及商业发票，以及自 A1 至 A10 项中所提及的任何单据；当需要办理出口通关手续时，卖方必须自负风险与费用，取得货物出口所需要的任何出口许可证或其他官方批准文件，并办理货物出口所需的一切通关手续；卖方必须在指定装运港于买方指明的装载地点，将货物放置于买方指定船舶边；卖方必须承担交货前的一切风险与费用；卖方必须给予买方所需的任何通知，以便买方能够采取通常必要的措施接收货物；卖方必须自付费用提供买方能够接收货物的单据。

② 买方必须依据销售合同约定支付货物价款，提供自 B1 至 B10 项中所提及的任何单据；当需要办理通关手续时，买方必须自负费用和风险，取得货物进口所需的任何进口许可证或其他官方批准文件，并办理货物进口及通过任何国家运输的一切通关手续；买方必须自付费用订立自指定装运港起的货物运输合同；买方必须将船舶名称、装载地点及时通知卖方；买方必须接受卖方提供的运输单据；买方必须在指定地接货，承担交货后的一切风险与费用；卖方必须自付费用订立保险合同。

（三）使用 FAS 贸易术语时应注意的问题

① 买卖双方以装运港船边为风险划分界限。

② 当事方应尽可能指定装运港，因为货物到达装运港船边之前的一切风险与费用由卖方承担，并且根据港口交付惯例，相关费用可能会发生变化。

③ 卖方在船边交付货物或获得已经交付的装运货物。这里的"获得"符合链式销售。

④ 当货物通过集装箱运输时，卖方通常在集装箱堆场将货物交给承运人，而不是在船边。在这种情况下，应当使用 FCA 贸易术语。

⑤ FAS 贸易术语要求卖方办理货物出口清关手续，但是卖方没有义务办理货物进口清关手续并支付任何进口关税或办理任何进口报关手续。

二、FOB 贸易术语

👆FOB 贸易术语

FOB 全称为 Free On Board（...named port of shipment），即船上交货（……指定装运港）。

（一）FOB 贸易术语的含义

FOB 贸易术语是指卖方在指定的装运港将货物交至买方指定的船上，或者指中间销售商设法获取这样交付的货物。

（二）买卖双方的基本义务

① 卖方必须提交符合合同的货物及商业发票，以及自 A1 至 A10 项中所提及的任何单据；当需要办理出口通关手续时，卖方必须自负风险与费用，取得货物出口所需要的任何出口许可证或其他官方批准文件，并办理货物出口所需的一切通关手续；卖方必须在指定装运港于买方指明的装载地点，将货物放置于买方指定船舶上；卖方必须承担交货前的一切风险与费用；卖方必须给予买方所需的任何通知，以便买方能够采取通常必要的措施接收货物；卖方必须自付费用提供买方能够接收货物的单据。

② 买方必须依据合同约定支付货物价款，提供自 B1 至 B10 项中所提及的任何单据；当需要办理通关手续时，买方必须自负费用和风险，取得货物进口所需的任何进口许可证或其他官方批准文件，并办理货物进口及通过任何国家运输的一切通关手续；买方必须自付费用订立自指定装运港起的货物运输合同；买方必须将船舶名称、装载地点及时通知卖方；买方必须接受卖方提供的运输单据；买方必须在指定地接货，承担交货后的一切风险与费用；买方必须自付费用订立保险合同。

国贸常识

使用 FOB 贸易术语时，必须注意船货衔接。按 FOB 贸易术语的规定，买方应负责租船订舱，并将船期、船名及装船地点通知卖方；而卖方必须负责在合同规定的装运港和期限内，将合同规定的货物装上买方指定的船只。买卖双方应各尽其职，各负其责。在办理大宗散货出口时，容易出现船等货、货等船等船货衔接不顺利的情况。因此，在合同中应明确规定：因船等货而产生的空舱费、滞期费应由卖方来承担；因货等船而产生的仓储费、保险费及因迟收货款而造成的利息损失则应由买方来承担。在实际业务中出口小批量货物时，由于集装箱基本使用班轮运输，所以这两种情况比较少见。

（三）使用 FOB 贸易术语时应注意的问题

① 买卖双方以装运港船上为风险划分界限。

② FOB 贸易术语要求卖方办理货物出口清关手续，但是卖方没有义务办理货物进口清关手续并支付任何进口关税或办理任何进口报关手续。

③ FOB 贸易术语对于货物在装到船上前即交给承运人的情形可能不适用，这种情况建议使用 FCA 贸易术语。

同步案例 4-8

我方某出口企业 A 公司以 FOB Guangzhou(INCOTERMS2020)与外商 B 公司成交酱油 2 400 瓶，共 100 箱。在广州港装货时，不幸掉下 5 箱，其中 2 箱落在海里，另外 3 箱掉在甲板上。试问：这 5 箱损失分别由谁承担？

三、CFR 贸易术语

CFR 和 CIF 贸易术语

CFR 全称为 Cost and Freight(…named port of destination)，即成本加运费(……指定目的港)。

（一）CFR 贸易术语的含义

CFR 贸易术语是指卖方在指定的装运港将货物交至卖方指定的船上，或者指中间销售商设法获取这样交付的货物，由卖方承担将货物运至目的港的运费。

（二）买卖双方的基本义务

① 卖方必须提交符合合同的货物及商业发票，以及自 A1 至 A10 项中所提及的任何单据；当需要办理出口通关手续时，卖方必须自负风险与费用，取得货物出口所需要的任何出口许可证或其他官方批准文件，并办理货物出口所需的一切通关手续；卖方必须自付费用订立自指定装运港起的货物运输合同；卖方必须承担交货前的一切风险与费用；卖方必须给予买方所需的任何通知，以便买方能够采取通常必要的措施接收货物；卖方必须自付费用提供买方能够接收

货物的单据。

② 买方必须依据销售合同约定支付货物价款，提供自 B1 至 B10 项中所提及的任何单据；当需要办理通关手续时，买方必须自负费用和风险，取得货物进口所需的任何进口许可证或其他官方批准文件，并办理货物进口及通过任何国家运输的一切通关手续；买方必须接受卖方提供的运输单据；买方必须在指定地接货，承担交货后的一切风险与费用；买方必须自付费用订立保险合同。

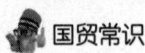
国贸常识

按照国际惯例，不论是 FOB、CIF 还是 CFR 贸易术语，合同的卖方都必须在货物装船后及时向买方发出装船通知（shipping advice）。在 FOB、CFR 合同中，卖方及时发出装船通知尤为重要，因为这关系到买方能否为进口货物及时办理保险。有的国家的法律，如英国的《1893 年货物买卖法》（1973 年修订本）规定，如果卖方未向买方发出装船通知以便买方对货物办理保险，那么货物在海运途中的风险应被视为由卖方负担。因此，在出口贸易中，作为 FOB、CFR 合同的卖方，一旦了解了配载船名，应该立即发出装船通知。有些国外开来的信用证规定，卖方必须提供装船通知的电报或传真副本。这种装船通知电报或电传的日期，还必须不晚于有关提单的日期。

同步案例 4-9

我方某公司用 CFR 贸易术语出口货物一批，装运后由于业务员的疏忽，没有及时向买家发出装船通知，结果班轮在开航 24 小时后沉没，货物全部损毁，买方向我方提出索赔。试问：买方的索赔是否有理？

（三）使用 CFR 贸易术语时应注意的问题

① 买卖双方以装运港船上为风险划分界限。

② CFR 贸易术语下风险转移点与费用转移点是分离的，风险转移点是装运港船上，而费用转移点是目的港。

③ CFR 贸易术语使用时，必须明确装运港与目的港。

④ CFR 贸易术语对于货物在装到船上前即交给承运人的情形可能不适用，这种情况建议使用 CPT 贸易术语。

⑤ CFR 贸易术语要求卖方办理货物出口清关手续，但是卖方没有义务办理货物进口清关手续并支付任何进口关税或办理任何进口报关手续。

四、CIF 贸易术语

CIF 全称为 Cost, Insurance and Freight（...named port of destination），即成本、保险加运费（……指定目的港）。

（一）CIF 贸易术语的含义

CIF 贸易术语是指卖方在指定的装运港将货物交至卖方指定的船上，或者指中间销售商设法获取这样交付的货物，由卖方订立运输合同与保险合同，并承担将货物运至目的港的运费和保险费。

第四章 国际贸易术语

(二) 买卖双方的基本义务

① 卖方必须提交符合合同的货物及商业发票,以及自 A1 至 A10 项中所提及的任何单据;当需要办理出口通关手续时,卖方必须自负风险与费用,取得货物出口所需要的任何出口许可证或其他官方批准文件,并办理货物出口所需的一切通关手续;卖方必须自付费用订立自指定装运港起的货物运输合同;卖方必须承担交货前的一切风险与费用;卖方必须给予买方所需的任何通知,以便买方能够采取通常必要的措施接收货物;卖方必须自付费用提供买方能够接收货物的单据;卖方必须自付费用订立保险合同。

② 买方必须依据合同约定支付货物价款,提供自 B1 至 B10 项中所提及的任何单据;当需要办理通关手续时,买方必须自负费用和风险,取得货物进口所需的任何进口许可证或其他官方批准文件,并办理货物进口及通过任何国家运输的一切通关手续;买方必须接受卖方提供的运输单据;买方必须在指定地接货,承担交货后的一切风险与费用。

国贸常识

在实际业务中,一些外贸业务员在与客商进行业务洽谈时,往往将 FOB 合同称为离岸合同,而将 CIF 合同称为到岸合同,错误地认为只要是按照 CIF 贸易术语签订的合同,我方就一定要保证将货物准确无误地运送到目的港。

同步案例 4-10

我方某公司与德国某客户以 CIF 汉堡成交某商品一批,合同规定以信用证方式付款。买方按照合同规定开证,卖方及时办理装运与投保手续,并将全套单据提交结汇银行。但此时我方收到德方来电,被告知载货船只在航行途中沉没,货物灭失,德方表示不同意银行向我方付款。试问:我方能否安全、及时地收到货款?为什么?德方应如何争取自己的合法权利?

(三) 使用 CIF 贸易术语时应注意的问题

① 买卖双方以装运港船上为风险划分界限。

② CIF 贸易术语下风险转移点与费用转移点是分离的:风险转移点是装运港船上,而费用转移点是目的港。

③ CIF 贸易术语使用时,必须明确装运港与目的港。

④ CIF 贸易术语对于货物在装到船上前即交给承运人的情形可能不适用,建议使用这种情况 CIP 贸易术语。

⑤ CIF 贸易术语要求卖方办理货物出口清关手续,但是卖方没有义务办理货物进口清关手续并支付任何进口关税或办理任何进口报关手续。

国贸常识

在《2020通则》所解释的11种贸易术语中,属于象征性交货的有 FAS、FOB、CFR、CIF、FCA、CPT 和 CIP,其余的贸易术语均为实际交货术语。在象征性交货方式下,卖方只负责交货和交单,无须保证到货。如果货物安全到达,但是单证不符,也不算完成交货责任。在实际业务中,FOB、CFR、CIF、FCA、CPT 和 CIP 贸易术语被经常、大量使用,外贸业务员应该意识到单据的重要性。

第五节　贸易术语变形

无论是《2010 通则》还是《2020 通则》，FOB、CFR、CIF 贸易术语在使用过程中都存在变形。需要指出的是，贸易术语的变形只是改变买卖双方费用的划分，而不改变风险的划分。

（一）FOB 贸易术语变形种类

在使用 FOB 贸易术语的大宗商品交易中，买方通常采用程租船运输。按照惯例，船方按照"不负担装卸费用"（free in and out）条件出租船舶，运费不包含装货费用和理舱费用，使买卖双方容易就装货费用及理舱费用、平舱费用由谁承担产生争议。为了明确上述费用的划分，可以使用 FOB 贸易术语变形，如表 4.4 所示。

表 4-4　FOB 贸易术语变形、涉及费用及承担方

序号	FOB 贸易术语变形	涉及费用	承担方
1	FOB 班轮条件 （FOB liner terms）	装运港装船、在目的港卸货及装船后平舱、理舱费用	买方
2	FOB 吊钩下交货 （FOB under tackle）	装运港驳船费在内的有关装船的各项费用	买方
3	FOB 船上交货并理舱 （FOB Stowed/FOBS）	理舱费	卖方
4	FOB 船上交货并平舱 （FOB Trimmed/FOBT）	平舱费	卖方
5	FOB 船上交货包括理舱和平舱 （FOB Stowed and Trimmed/FOBST）	理舱费和平舱费	卖方

1. FOB 班轮条件（FOB liner terms）

在运费中包含装卸费用（装运港装船、在目的港卸货及装船后平舱、理舱费用），由支付运费的买方负担。

2. FOB 吊钩下交货（FOB under tackle）

卖方承担的费用截止到买方指定船只的吊钩所及之处，由买方承担包括装运港驳船费在内的有关装船的各项费用。

3. FOB 船上交货并理舱（FOB Stowed/FOBS）

卖方负责将货物装入船舱，并支付包括理舱费在内的装船费用。此多用于包装货。

4. FOB 船上交货并平舱（FOB Trimmed/FOBT）

卖方负责将货物装入船舱，并支付包括平舱费在内的装船费用。此多用于散装货。若买方租用自动平舱船时，卖方应退回平舱费用。

5. FOB 船上交货包括理舱和平舱（FOB Stowed and Trimmed/FOBST）

卖方负责将货物装上船，并支付包括理舱费和平舱费在内的装船费用。此多用于一部分是包装货、一部分是散装货的情况。

同步案例 4-11

我方某出口企业 A 公司与外商 B 公司成交出口大米 20 000 吨，FOB Dalian（INCOTERMS2020）。由于客商出价较低，双方约定由 B 公司负责装船。在这种情况下，买卖双方在合同中应该使用

FOB哪一种变形才能正确反映双方的意思?

(二)CFR、CIF贸易术语变形种类

CFR、CIF贸易术语下采用班轮运输时,由卖方负担包括卸货费用在内的运费。

按照CFR、CIF贸易术语成交大宗商品,卖方采用程租船运输时,由于船方按照"不负责装卸费用"(free in and out)条件出租船舶,运费中包括卸货费用,因此卸货费用由谁负担,买卖双方容易产生争议。为了明确卸货费用的划分,可以使用CFR、CIF贸易术语变形,如表4-5所示。

表4-5 CFR、CIF贸易术语变形、涉及费用及承担方

序 号	CFR、CIF贸易术语变形	涉及费用	承担方
1	CFR/CIF 班轮条件 (CFR/CIF liner terms)	卸货费	卖方
2	CFR/CIF 卸到岸上 (CFR/CIF landed)	卸货费 驳船费 码头捐税	卖方
3	CFR/CIF 吊钩下交接 (CFR/CIF EX tackle)	从舱底吊至船边 卸离吊钩为止的费用	卖方
4	CFR/CIF 舱底交接 (CFR/CIF EX ship' hold)	目的港船舱舱底吊卸到码头的费用	买方

1. CFR/CIF 班轮条件 (CFR/CIF liner terms)

按照班轮的办法处理卸货费用,由支付运费的卖方承担。

2. CFR/CIF 卸到岸上 (CFR/CIF landed)

卖方负担货物由载货船舶上卸到目的港岸上的卸货费,包括可能发生的驳船费和码头捐税。

3. CFR/CIF 吊钩下交接 (CFR/CIF EX tackle)

由卖方负担货物从舱底吊至船边卸离吊钩为止的费用。

4. CFR/CIF 舱底交接 (CFR/CIF EX ship' hold)

由买方负担货物从目的港船舱舱底吊卸到码头的费用。

同步案例 4-12

我国出口A公司与美国B公司成交大宗商品一批,双方经过洽谈决定以租船运输方式CFR(INCOTERMS2020)成交。我国A公司不愿负担目的港卸货费用,请问买卖双方在合同中应该以CFR的哪种变形明确双方承担的费用?

第六节 贸易术语的选用

国际贸易术语的选用直接关系到买卖双方所承担的风险、责任和费用,同时关系到买卖双方的收入与支出。在实际业务洽谈中,买卖双方必须考虑到自身实际情况,采用正确、合理的贸易术语,以使合同能顺利履行,从而提高经济效益。结合近年来贸易方式与运输方式的变化、集装箱运输普及和多式联运的广泛使用,在使用《2010通则》和《2020通则》贸易术语时应该考虑以下这些因素。

一、增加外汇收入，发展服务贸易

在实际业务中，要努力贯彻"平等互利，多创汇、少用汇"的原则。通常在出口报价时，出口企业应尽量使用 CIF（CIP）贸易术语：一方面，由我出口方负责租船订舱和投保，在实际工作中便于船货衔接；另一方面，使用我方船公司和保险公司，可以促进我国远洋运输和保险事业的发展，增加运费和保险费收入。在进口业务中，应该尽量使用 FOB（FCA）贸易术语，由我进口方租船订舱和投保，这样就在无形中发展了我国对外服务贸易——通过办理货物运输和保险等服务业务，提高这些服务企业的世界知名度。在实际业务中，应学会换位思考、综合考虑，灵活使用贸易术语。

二、运输方式

不同运输方式对应使用不同的贸易术语。例如，FOB、CFR 和 CIF 贸易术语只适用于海运和内河运输，而 FCA、CPT 和 CIP 贸易术语却广泛适用于任何运输方式。不顾实际运输方式，盲目选用贸易术语，会引起买卖双方风险、责任和费用的划分不清，导致贸易无法顺利完成，严重时可能会使其中一方陷入困境并遭受损失。目前，由于集装箱运输和多式联运的广泛使用，在实际业务中，贸易术语由传统的 FOB、CFR、CIF 发展到目前的 FCA、CPT、CIP。在出口业务中，我们应该大力使用 FCA、CPT 和 CIP 三种新的贸易术语。其原因是：由于 FOB、CFR 和 CIF 贸易术语的风险划分界限为装运港船舷，而 FCA、CPT 和 CIP 贸易术语的风险划分界限为货交承运人，我出口方可以降低风险责任；FCA、CPT、CIP 贸易术语比 FOB、CFR、CIF 贸易术语出具运输单据的时间早，可以缩短我出口方的交单结汇时间，加速我方的资金周转。

三、贸易对方国的相关政策与规定

在国际贸易中，有些国家对结关手续有特别限制，规定只能由所在国当事人或其代理人办理。如果某出口国政府规定买方不能直接或间接办理出口结关手续，则在这种情况下不宜使用 EXW 贸易术语成交；如果进口国政府规定卖方不能直接或间接办理进口结关手续，则在这种情况下不宜使用 DDP 贸易术语成交。有些国家则规定，进出口保险必须由该国保险公司办理，在这种情况下，我方出口公司只能报 FOB（FCA）、CFR（CPT）价，如果对外报出 CIF（CIP）价，则属多此一举。

四、运价动态

运费是商品成本的一个组成部分，对一些低值出口商品，运费占成本的比重较大。国际运输价格受石油价格影响而上下波动，所以在选用贸易术语时，应考虑各运输公司在各航线的比较优势及运价的变动趋势。

国贸常识

2008 年前后，国际油价一路攀升，各大船运公司大幅提高燃油附加费，纷纷调高运价。在这种情况下，许多出口企业以 FOB 贸易术语对外成交，目的是避免由运价上升带来的利润损失。一般来说，当运费看涨时，可以要求采用由对方安排运输的贸易术语。通常的做法是，按 F 组贸易术语出口，按 C 组贸易术语进口。如果必须由我方安排运输，则不论是进口还是出口，必须在核算商品成本时预先考虑运价上升的因素，从而避免运价波动带来的风险。

第四章 国际贸易术语

五、货物特性及运输数量

根据商品的不同特性，在国际货运时，可以分为普通货、冷藏货、冷冻货、危险品等不同种类。它们的特性不同，在核算运费时，收取的费用也有较大差异。此外，在实际业务中，贸易的数量也是决定运价的一个重要因素。在出口大宗商品时，进口商往往会自己联系船公司和保险公司，争取运价和保费的折扣，故要求卖方报 FOB（FCA）价。为了与客户保持良好长久的业务关系，出口方应该大力配合，积极以 FOB（FCA）价成交。

六、海上风险

在实际业务中，交易的商品一般需要通过长途运输，货物在运输过程中可能遇到各种自然灾害、意外事故等风险，特别是当遇到战争或正常的国际贸易容易遭到人为障碍与破坏的时期和地区，运输途中的风险则更大。因此，买卖双方洽谈时，必须根据不同时期、不同地区、不同运输线路和运输方式的风险情况，并结合购销意图来选用适当的贸易术语。

综上所述，在选用贸易术语时，为了本企业、国家及贸易伙伴的共赢，应该综合考虑多方面的因素。

实训练习

实训目的

1. 通过实训，正确理解《2020通则》《2010通则》11种贸易术语。
2. 通过实训，准确使用《2020通则》中 FOB、CFR、CIF、FCA、CPT 和 CIP 六种常用贸易术语。

实训内容

一、名词解释

FOB（《2020通则》）　　CFR（《2020通则》）　　CIF（《2020通则》）
FCA（《2020通则》）　　CPT（《2020通则》）　　CIP（《2020通则》）
《2020通则》

二、填空题

1. 目前在国际上有较大影响的有关贸易术语的惯例有 3 个，分别是_____、_____和_____。

2. 国际商会制定的_____在目前国际贸易中影响最大，使用最广泛。其中，有 6 种贸易术语经常被使用，分别是_____、_____、_____、_____、_____和_____。

3. 根据《2020通则》的规定，卖方责任最小的贸易术语是_____，买方责任最小的贸易术语是_____。

4. 根据《2020通则》的规定，FOB、CFR、CIF 贸易术语的风险划分界限是_____，FCA、CPT、CIP 贸易术语的风险划分界限是_____。

5. 根据《2020通则》的规定，仅适用于海运或内河运输方式的贸易术语有 4 个，分别是

_____、_____、_____和_____。

6. 我国某内地出口企业向美国纽约出口服装一批，我方负责运输和保险，对我方最有利的贸易术语是_____。

7. 我方出口大宗商品，按 CIF Osaka 贸易术语成交，合同规定采用租船运输。如果我方不愿意负担卸货费用，则我方应采用的贸易术语变形是_____。

8. 《1932年华沙-牛津规则》对_____合同的性质做了说明，并具体规定了买卖双方所承担的费用、责任和风险。

9. 《1990年美国对外贸易定义修订本》中的 FOB 贸易术语细分为_____种。其中，_____并列装运港名称，才表明卖方在装运港船上交货。但是，买卖双方的风险划分界限是_____，出口税及其他税捐由_____方负担。

10. 贸易术语选择的考虑因素有_____、_____、_____、_____、_____等。

三、单项选择题

1. 从贸易实务的观点来看，贸易术语是决定价格大小的条件。一般来说，（　　）。
   A. 卖方承担的责任大，支付的费用多，负担的风险大，则商品的价格就高；反之则低
   B. 买方承担的责任大，支付的费用多，负担的风险大，则商品的价格就高；反之则低
   C. 卖方承担的责任小，支付的费用少，负担的风险小，则商品的价格就高；反之则低
   D. 买方承担的责任小，支付的费用少，负担的风险小，则商品的价格就低；反之则高

2. 按照《1932年华沙-牛津规则》的规定，如果该规则与合同的具体内容发生冲突，则应该以（　　）为准。
   A. 该规则　　B. 法律　　C. 合同　　D. 惯例

3. 《1990年美国对外贸易定义修订本》的主要适用范围是（　　）。
   A. 亚洲　　B. 欧洲　　C. 非洲　　D. 北美洲

4. 就卖方承担的货物风险而言，（　　）。
   A. E组贸易术语风险最小，F组贸易术语其次，风险最大的是C组和D组贸易术语
   B. D组贸易术语风险最小，F组和C组贸易术语其次，E组贸易术语风险最大
   C. D组贸易术语风险最大，E组贸易术语其次，F组和C组贸易术语风险最小
   D. E组贸易术语风险最小，F组和C组贸易术语其次，D组贸易术语风险最大

5. 根据《2020通则》的规定，FOB贸易术语条件下的贸易合同，买方在办理租船订舱手续后，应及时向卖方发出（　　），以便其备货装船。
   A. 装船须知　　B. 发货通知　　C. 保险通知　　D. 付款通知

6. CIF EX ship's hold 与 DES 相比，买方承担的风险（　　）。
   A. 前者大　　　　　　　　B. 两者相同
   C. 后者大　　　　　　　　D. 买方不承担任何责任

7. 象征性交货是指卖方的交货义务是（　　）。
   A. 不交货　　　　　　　　B. 既交单又实际交货
   C. 凭单交货　　　　　　　D. 将实际货物交到买方手中

8. 按 CIF Dalian 成交的进口合同中，卖方完成交货的地点最有可能是在（　　）。
   A. 大连机场　　B. 大连港　　C. 上海港　　D. 汉堡港

第四章　国际贸易术语

9. 某出口公司对外以CFR报价，如果该公司先将货物交到货站或使用滚装与集装箱运输，则以采用（　　）贸易术语为宜。
　　A. FCA　　　　B. CIP　　　　C. CPT　　　　D. DDP

10. 就卖方承担的费用而言，贸易术语排列顺序正确的是（　　）。
　　A. CIF＜CFR＜FOB　　　　B. CFR＜CIF＜FOB
　　C. FOB＜CFR＜CIF　　　　D. CFR＜FOB＜CIF

11. 根据《2020通则》的解释，FAS贸易术语条件下买卖风险划分的界限是（　　）。
　　A. 装运港船边　　B. 装运港船上　　C. 装运港船舷　　D. 目的港船上

12. 根据《2020通则》的解释，FOB和FAS贸易术语的主要区别在于（　　）。
　　A. 风险划分的界限不同　　　　B. 租船订舱的责任方不同
　　C. 办理出口手续的责任方不同　　D. 办理进口手续的责任方不同

13. 有关国际贸易惯例的论述中，错误的是（　　）。
　　A. 惯例不同于法律，它对合同的当事人不具有任何约束力
　　B. 当事人可以明确合同条款，使惯例对当事人产生约束力
　　C. 当事人可以明确合同条款，排除惯例对当事人的约束力
　　D. 根据有关法律，司法部门处理争议时要参照国际贸易惯例

14. 在贸易术语中，卖方责任最小的是（　　）。
　　A. EXW　　　　B. FOB　　　　C. CFR　　　　D. CIF

15. 根据《2020通则》的解释，按DDP贸易术语成交，其合同性质属于（　　）。
　　A. 装运合同　　B. 到达合同　　C. 转运合同　　D. 起运合同

16. 根据《2020通则》的解释，CIF贸易术语的风险划分点是（　　）。
　　A. 装运港船舷　　　　B. 装运港船上
　　C. 目的港船舷　　　　D. 目的港船上

17. 有关D组贸易术语的说明中，与《2020通则》的规定不符的是（　　）。
　　A. 采用D组贸易术语成交的合同属于到达合同
　　B. 采用D组贸易术语成交时，卖方无义务办理货运保险
　　C. 采用D组贸易术语成交时，均由卖方办理出口通关手续
　　D. 采用D组贸易术语成交时，均由买方办理进口通关手续

18. 就卖方承担的货物风险而言，贸易术语（　　）。
　　A. C组＞D组＞F组＞E组　　　　B. E组＞F组＞C组＞D组
　　C. D组＞E组＞F组＞C组　　　　D. D组＞F组和C组＞E组

19. 《2020通则》中C组贸易术语与其他组贸易术语明显不同的是（　　）。
　　A. 交货地点不同
　　B. 风险划分界限不同
　　C. 适用的运输方式不同
　　D. 买卖双方的费用划分点与风险划分点相分离

20. 在贸易术语中，由出口人办理进口清关手续的是（　　）。
　　A. DAP　　　　B. DPU　　　　C. DDP　　　　D. EXW

四、多项选择题

1. 贸易术语是表示商品价格的构成及买卖双方在货物交接过程中有关（　　　）方面的划分的用语。
   A. 手续　　　B. 数量　　　C. 费用　　　D. 责任　　　E. 风险

2. 国际贸易惯例是指在国际贸易的长期实践中，具有普遍意义的习惯做法。目前，有关贸易术语的成交国际贸易惯例主要有（　　　）。
   A.《1932年华沙-牛津规则》　　　B.《1941年美国对外贸易定义修订本》
   C.《2020通则》　　　　　　　　　D.《公约》

3. 根据《2020通则》，CFR贸易术语要求卖方承担的义务有（　　　）。
   A. 订立运输合同，在规定期限内将货物装上船，及时通知买方
   B. 提供商业发票及买方可提货或转让的运输单据，或者有同等作用的电子信息，以及其他所需的任何凭证
   C. 取得出口许可证或其他官方批准文件，办理出口报关手续
   D. 承担货物装到船上前的一切风险和费用
   E. 接受符合合同的运输单据，受领货物，交付货款
   F. 承担货物装到船上后的一切风险和费用
   G. 取得进口许可证及其他官方批准文件，办理进口报关手续

4. 在贸易术语中，适用于各种运输方式的是（　　　）。
   A. FCA　　　B. FOB　　　C. CPT　　　D. FAS
   E. DAP　　　F. DPU　　　G. DDP

5. 在贸易术语中，对出口商而言主运费未付的是（　　　）。
   A. FAS　　　B. FCA　　　C. DAF　　　D. CPT　　　E. EXW

6. 对贸易术语变形的正确说法是（　　　）。
   A. 不改变交货地点　　　　　B. 不改变费用的负担
   C. 不改变风险划分的界限　　D. 不改变货款的结算方式
   E. 不改变进出口手续的办理　F. 负责卸货

7. DAP贸易术语条件下，卖方要负责（　　　）。
   A. 将货物运至进口国指定目的地　　B. 办理货物的出口手续
   C. 办理货物的进口手续　　　　　　D. 提交进口许可证并缴纳关税
   E. 办理投保相关手续　　　　　　　F. 负责卸货

8. FCA、CPT和CIP三个贸易术语的相同点是（　　　）。
   A. 交货地点相同　　　　B. 风险界限相同
   C. 卖方承担的责任相同　D. 适用的运输方式相同
   E. 在目的地完成交货

9. CIF与CIP贸易术语的主要差异是（　　　）。
   A. 适用的运输方式不同　B. 风险划分的界限不同
   C. 交货地点不同　　　　D. 提交的单据不同
   E. 卖方承担的费用不同

10. 根据《2020通则》，FOB、CFR和CIF三个贸易术语的相同点是（　　　）。
    A. 适合于海运或内河运输　　B. 风险转移在装运港船舷

C. 交货地点在装运港 D. 由卖方保险
E. 由买方租船订舱

11. 采用 CFR 贸易术语时，买方不想承担包括驳船费在内的卸货费用时，可以使用（　　）。

   A. CFR liner terms   B. CFR trimmed
   C. CFR EX tackle   D. CFR EX ship's hold
   E. CFR landed

12. 按 EXW 贸易术语成交时，对买卖双方责任和义务描述正确的是（　　）。

   A. 卖方承担的风险、责任及费用是最小的
   B. 在交单方面卖方只需要提供商业发票或电子数据，如果合同有要求，才需要提供证明所交货物与合同规定相符的证件
   C. 卖方无义务办理货物出境所需的出口许可证或官方批准文件
   D. 如果买方办理出口证件有困难，则卖方应买方的要求，并在由买方承担风险和费用的情况下，可协助办理出口手续
   E. 在买卖双方达成的合同中必须涉及运输和保险

13. 《2020通则》与《1941年美国对外贸易定义修订本》在 FOB 贸易术语上的主要区别是（　　）。

   A. 风险划分界限不同   B. 适用的运输方式不同
   C. 表达方式多寡不同，前者只有一种，后者有6种
   D. 投保手续不同   E. 出口清关手续不同

14. 与 FOB 贸易术语比较，CIF 贸易术语中卖方的基本义务增加了（　　）。

   A. 卖方负责办理出口手续   B. 卖方负责办理运输手续
   C. 卖方负责办理投保手续   D. 卖方负责办理商品检验手续

15. F组贸易术语的共同特点是（　　）。

   A. 风险划分点和费用划分点相分离
   B. 签订的销售合同都是装运合同
   C. 卖方需要按合同规定的时间，在指定的装运地点将货物交至买方指定的承运人或装上买方指定的运输工具
   D. 买方应自付费用订立运输契约

在线测试

五、判断题

1. 按照国际贸易惯例，不论是 FOB、CFR还是 CIF合同，出口方只有在 L/C规定受益人必须提供装船通知的情况下，才有必要向买方发出装船通知。（　）

2. CFR EX ship's hold Rotterdam是指卖方必须把货物运到鹿特丹港，在舱底交货。（　）

3. 国际贸易惯例是指在国际贸易的长期实践中具有普遍意义的习惯性做法，不论是否引用，都对合同当事人具有法律约束力。（　）

4. 一般来说，当运价看涨时，为了避免承担运价上涨的风险，可以选用由对方安排运输的

贸易术语成交，如按 C 组术语进口、按 F 组术语出口。（　）

5. FCA 和 FAS 一样，都可以由进口方办理货物的出口手续。（　）

6. CIF liner terms 和 CIF landed 合同的主要区别是：在后一种贸易术语下，买方不仅要承担卸货费，而且还需要支付有可能产生的驳船费与码头费。（　）

7. 在《2020 通则》的 11 种贸易术语中，买方承担风险最大的贸易术语是 EXW，最小的是 DDP。（　）

8. 象征性交货的特点是卖方凭单交货，买方凭单付款。（　）

9. 根据《2020 通则》的规定，采用 F 组贸易术语成交时，除非有相关规定，卖方没有义务办理保险，所以不必提交保险单。（　）

10. 根据《公约》的规定，卖方对货物的风险转移到买方之后，对发现的货物短少和损坏一律不负责任。（　）

11. 在 DPU 贸易术语下，应由卖方办理进口手续，但由买方支付进口税。（　）

12. 在装运合同下，卖方在约定的时间和地点，将货物交给承运人或装上运输工具，即完成交货，无义务保证货物一定按时运抵目的地。（　）

13. 在 CIF 或 CIP 贸易术语合同中，即使货物安全运抵目的港（目的地），买方也有权拒收单据，拒收货物。（　）

14. 贸易术语的变形不仅涉及买卖双方的费用划分，而且涉及风险划分。（　）

15. 在使用 CIF 贸易术语时，出口方不仅要负担货物运输成本，而且还要租船订舱、办理投保，所以出口方有责任将货物运抵目的港。因此，将 CIF 合同称为到岸价。（　）

16. FOB、FAS、CFR 和 CIF 均为装运港交货的贸易术语，风险转移界限以货物装到船上为界。（　）

17. FCA、CIP 和 CPT 三种贸易术语，就卖方承担的风险而言，CIP 最大，CPT 其次，FCA 最小。（　）

18. 在 CFR 合同中，卖方在货物装船后必须发出装船通知，以便买方办理投保手续。如果由于卖方未及时发出装船通知而导致买方漏保，则货物在运输途中遭受损坏或灭失，卖方可以以装运港船上为由要求免责。（　）

19. 根据《2020 通则》的解释，DPU 贸易术语规定卖方按照运输合同承受了货物在目的地的卸货费用。（　）

20. 根据《2020 通则》的解释，按 DAP 贸易术语成交，卖方并无义务办理海运货物保险。因此，卖方没有责任提供保险单据。（　）

六、案例分析

1. 罗马尼亚 A 公司需要从我国 B 公司进口一批塑料袋，A 公司要求报 DDP Constanta/Romania（INCOTERMS2020），我方 B 公司则希望以 CIF（INCOTERMS2020）成交。请问：A、B 两家公司为什么这样做？DDP、CIF 风险哪个大？

2. 我方出口企业 A 公司与美国 B 公司签订合同出口服装一批，采用贸易术语 FCA（INCOTERMS2020），集装箱海运，B 公司要求装运期为 7 月份。A 公司于 2024 年 7 月 15 日上午将货物交给承运人在上海码头的仓库，当天晚上货物因仓库火灾全部灭失。请问：A 公司是否应该承担责任？为什么？

第五章
国际贸易销售合同装运条款

学习目标

- 掌握国际货物运输的基本方式。
- 熟悉海运、空运的相关知识。
- 熟悉《公约》对装运条款的规定。
- 学会正确订立合同的装运条款。
- 增强学生对我国外贸事业的信心、责任感与使命感。
- 养成诚信经营、精益求精的优良品质。

导入案例

我方某出口企业 A 公司于 5 月 23 日接到一张国外开来的信用证，信用证对装运期和议付有效期条款规定："Shipment must be effected not prior to 31st May, 2024. The draft must be negotiated not later than 30th June, 2024." A 公司业务员于 23 日收到信用证，未仔细审证就认为最迟装运期为 5 月 31 日。有关人员即于 5 月 26 日安排装运，经各方努力终于在 5 月 30 日装运完毕，并取得 5 月 30 日签发的提单。6 月 2 日备齐所有单据向开证行交单。开证行以提单装运期与信用证规定不符为由，拒绝付款。

本案例中，由于 A 公司有关审证人员没有认真审查信用证条款，误解信用证装运期规定，将装运期不得早于 5 月 31 日理解为不得晚于 5 月 31 日，造成业务上的重大失误。

第一节 国际货物运输方式

国际货物运输是国际贸易的一个重要组成部分。与国内运输相比，国际货物运输涉及货物的跨国流动，具有线长面广、中间环节多、情况复杂多变和风险大等特点。合理地选择运输方式、订好合同中的各项装运条款、正确编制运输单据是顺利完成进出口货物运输的关键。

国际货物运输有多种方式，包括海洋运输、铁路运输、航空运输、公路运输、邮包运输、管道运输和联合运输等。在实际业务中，应根据进出口货物的特点、货运量、距离、运费、风险程度、自然条件和装卸港口的具体情况等因素选择合理的运输方式。

一、海洋运输

在国际货物运输中，运用最广泛的是海洋运输（ocean/marine/sea transportation），是指利用商船在国内外港口之间通过一定的航区和航线运输货物的方式。目前，海运量在国际货物运输总量中占 80% 以上，我国 2/3 以上的进出口货物都是通过海洋运输完成的。海洋运输之所以被如此广泛地采用，是因为与其他国际货物运输方式相比有下列明显的优点。

① 通行能力强。海洋运输可以利用四通八达的天然航道，不像火车、汽车那样受轨道和道路的限制，其通行能力强。

② 运量大。海洋运输船舶的运输能力远远大于铁路运输车辆，一艘万吨船舶的载重量一般相当于 250～300 个车皮的载重量。

③ 运费低。按照规模经济的观点，由于运量大、航程远，分摊于每货运吨的运输成本就少，因此海洋运输的运价相对低廉。

海洋运输虽有上述优点，但也存在不足之处。例如，受气候和自然条件的影响较大，航期不易准确，而且风险较大。此外，海洋运输的速度也相对较慢。

按照船舶的经营方式来分类，海洋运输可分为班轮运输和租船运输两种方式。

（一）班轮运输

班轮（liner）是指按照规定的时间，在一定的航线上以既定的港口顺序往返运载货物的船舶。班轮运输（liner transportation）的特点是"四定""两管"："四定"是指固定航线、固定航期、固定停靠港口和固定的费率；"两管"是指管装和管卸。

此外，班轮出租的是部分舱位。因此，凡是班轮停靠的港口，不论货物数量多少都能接受装运，这对那些成交数量少、批次多、交货港口分散的货物运输十分方便。船、货双方的权利、义务与责任豁免，以船方签发的提单条款为依据。

班轮运费包括基本运费和附加费两部分。

国贸常识

海运费由基本运费和各项附加费组成，公式为 $F=F_b+\sum S$。式中，F 是运费总额；F_b 是基本运费额；S 是某一项附加费。基本运费是所运商品的计费吨（重量吨或容积吨）与基本运价（费率）的乘积，即 $F_b=R\times Q$（R——基本运价，Q——计费吨）。$F=F_b+\sum S=R\times Q+(S_1+S_2+S_3+\ldots+S_n)$，运费总额=基本运费+附加运费=基本运费+（基本运费×各种附加费率）=基本运费×(1+各种附加费率)=基本运价×计费吨×(1+各种附加费率)。

1. 基本运费

基本运费的计算标准有以下几种。

① 按货物毛重计算。毛重又称重量吨（weight ton），用 W 表示，以每公吨、每长吨或每短吨为计算运费的单位。

② 按货物体积（容积）计算。体积（容积）也称尺码吨（measurement ton），用 M 表示，以每立方米或 40 ft^3 为 1 尺码吨。

第五章 国际贸易销售合同装运条款

③ 按重量吨或尺码吨计算。在二者中选择收费较高的作为计算吨,用 W/M 表示。

以上重量吨和尺码吨统称为运费吨。

④ 按商品价格计算。商品价格也称从价运费,即按 FOB 总价值的一定百分比收费。这项计算标准适用于贵重或高价商品,如古玩、名贵药材、精密仪器等。从价运费以 A. V. 或 Ad. Val 表示。

⑤ 按件数计算。件数在运费表中以 Per Unit 表示,如卡车按辆,拖拉机按台,牛、羊等活牲畜按头等。

⑥ 按船货双方议价标准计算。针对有些大宗低值货物,如粮食、煤炭、矿砂等,不规定运价,采取临时议价的方法,收取较低运费。在运价表中,以 Open 表示。

⑦ 按重量、体积、价值三者中收取费用较多者计取费用的,以 W/M or A. V.表示。

⑧ 先按体积或重量较高的一种计收运费,再收取一定百分比的从价运费,以 W/M plus A. V. 表示。

2. 附加费

以上所说的运费是基本运费。除此之外,有时由于某些特殊的或临时性的因素需要加收附加费,以弥补班轮公司在航运中的额外开支或损失。常见的附加费有以下几种。

① 燃油附加费(Bunker Adjustment Factor or Bunker Surcharge,BAF or BS)

② 货币贬值附加费(Currency Adjustment Factor,CAF)

③ 直航附加费(Direct Additional,D/A)

④ 转船附加费(transhipment surcharge)

⑤ 港口拥挤附加费(Port Congestion Surcharge,PCS)

⑥ 选港附加费(Additional on Optional Discharge Port)

其他还有应急燃油附加费(EBS)、港口附加费(PSC)、超长附加费(LSC)、超重附加费(WSC)、旺季附加费(PSS)、空箱调运费(ERC)和整体费率上调附加费(GRI)等。

班轮公司运送货物所收取的运送费用,是按照班轮运价表(liner's freight tariff)的规定计收的。不同的班轮公司或班轮公会各有不同的班轮运价表。班轮运价表一般包括货物分级表、各航线费率表、附加费率表、冷藏货及活牲畜费率表等。目前,我国海洋班轮运输公司使用的是等级运价表,即将承运的货物分成若干等级(一般分为 20 个等级),每一个等级的货物有一个基本费率。其中,1 级费率最低,20 级费率最高。

同步案例 5-1

我国某公司出口商品 100 箱,每箱的体积为 30 cm×60 cm×50 cm,毛重为 40 kg。查等级运费表得知该货为 9 级,计费标准为 W/M;基本运费为每运费吨 109 港元,另收燃油附加费 20%、港口拥挤附加费 20%、货币贬值附加费 10%。试计算:该批货物的运费是多少港元。

解: 体积 = 30×60×50 = 0.09(m^3)

体积(0.09)>毛重(0.04)

由于基本运费的计收方法是 W/M,所以应选择体积(0.09 m^3)来计算运费。

运费 = 计费标准×基本运费×商品数量×(1 + 各种附加费率)

= 0.09×109×100×(1 + 20% + 20% + 10%) = 1 471.50(港元)

国贸常识

我们知道,在日常生活中,有些货物密度大,导致体积很小,但是重量很大,如钢铁。而有些货物正好相反，密度小，体积很大，但是重量很小，如棉花。船务公司在运输时装运钢铁等商品，所占货船的仓位体积较小，但是运载的重量较大，如果让船务公司按体积向货主收费，那明显吃亏，所以对于像钢铁这样的重货必须按重量来收费；对于像棉花这样的轻货，必须按体积来收费；对于金银珠宝等这些重量小、体积小，但是价值较高的商品，必须按商品的价值来收取运费。

（二）租船运输

租船运输（shipping by chartering）是指货主或其代理人向船公司包租整条船舶用于运输货物。租船运输主要适用于大宗货物运输，如粮食、石油、煤炭、木材、化肥等。它包括定程租船和定期租船两种。

1. 定程租船

定程租船（voyage charter）又称程租船或航次租船，是按照航程租赁船舶的一种方式，分为单程租船、来回程租船、连续单程租船、连续来回程租船、包运等方式。采用定程租船，船方必须按照合同规定的航程完成货物运输任务，并负责船舶的经营管理和船舶在航行中的一切开支。

2. 定期租船

定期租船（time charter）又称期租船，是按照一定期限（一年或几年）租赁船舶的一种方式。在租赁期间，租船人根据租船合同规定的航区，自行掌握、调度和使用船舶。一般定期租船在各航次中所产生的燃料费、港口费、装卸费等各项费用都由租船人负责，船方仅负担船员薪金、伙食等费用及因保持船舶在租赁期间具有适航性而产生的其他有关费用。

定程租船与定期租船有许多不同之处，主要表现在以下几个方面。

① 定程租船是按航程租赁船舶，而定期租船则是按期限租赁船舶。关于船、租双方的责任和义务，前者以定程租船合同为准，后者以定期租船合同为准。

② 定程租船的船方直接负责船舶的经营管理，除负责船舶航行、驾驶和管理外，还应对货物运输负责；定期租船的船方，仅对船舶的维护、修理、机器正常运转和船员工资与给养负责，而船舶的调度、货物运输、船舶在租期内的运营管理和日常开支，如船用燃料、港口费、捐税及货物装卸、搬运、理舱、平舱等费用，均由租船方负责。

③ 定程租船的租金或运费一般按装运货物的数量计算，也有按航次包租总金额计算的；定期租船的租金一般是按租期每月每吨若干金额计算。同时，采用定程租船时要规定装卸期限和装卸率，凭此计算滞期费和速遣费；采用定期租船时，船、租双方不规定装卸率和滞期、速遣费。

近年来，国际上发展起一种介于定程租船和定期租船之间的租船方式，即航次期租（Time Charter on Trip basis，TCT）。这是以完成一个航次运输为目的，按完成航次所花的时间按约定的租金率计算租金的方式。

二、铁路运输

在国际货物运输中，铁路运输（rail transportation）是仅次于海洋运输的主要运输方式。海洋运输的进出口货物，大多是靠铁路运输进行货物的集中和分散的。

铁路运输有许多优点：一般不受气候条件的影响，可保障全年的正常运输，而且运量较大、速度较快、有高度的连续性，运转过程中遭受风险也较小。办理铁路货运手续比海洋运输简单，而且发货人、收货人可以在就近的始发站（装运站）、目的站办理托运、提货手续。

第五章　国际贸易销售合同装运条款

在我国，国际铁路运输主要有国际铁路联运和国内对港、澳地区的铁路运输两种。

（一）国际铁路联运

使用一份统一的国际联运票据，由铁路负责经过两国或两国以上铁路的全程运送，并由一国铁路向另一国铁路移交货物时，不需要发货人和收货人参加，这种运输称为国际铁路联运（international railway through transportation）。目前，我国对欧洲部分国家、中东、中亚、老挝、越南、朝鲜进出口货物，采用国际铁路联运的方式实现运送。

国际铁路联运主要是指根据《国际货约》与《国际货协》规定所进行的铁路运输。其主要特点有以下几个。

① 跨国之间进行，运输范围局限在缔约国之间，涉及国家众多。
② 具有手续简便、省时、风险小、费用低等优点。
③ 运单有正、副本之分，一式五联，副本用于结算货款。
④ 运费按运输里程和车型（次）收取。

（二）国内对港、澳地区的铁路运输

国内铁路运输（inland railway transportation）是指仅在本国范围内按《国内铁路货物运输规程》的规定办理的货物运输。我国出口货物经铁路运至港口装船及进口货物卸船后经铁路运往各地，均属国内铁路运输的范畴。

供应港、澳地区的物资经铁路运往香港、九龙，也属于国内铁路运输的范围。对港铁路运输是由国内段运输和港段铁路运输两部分构成的，是一种特殊的租车方式的两票运输。具体做法：从发货地至深圳北站的内地段运输，由发货人或发货地外运机构按照对港铁路运输计划的安排，填写国内铁路运单，先行运往深圳北站，收货人为中国对外贸易运输公司深圳分公司（以下简称深圳分公司）；深圳分公司作为各外贸企业的代理人，负责在深圳与铁路局办理货物运输单据的交换，并向深圳铁路局租车，然后申报出口，经查验放行后，将货物运至九龙港；货车过轨后，由深圳分公司在香港的代理人——香港中国旅行社向香港九广铁路公司办理港段铁路运输的托运、报关等工作，货车到达九龙目的站后，由香港中国旅行社将货物卸交给香港收货人。

国内铁路运输的主要特点有以下几个。

① 运输过程：从内地始发站托运到深圳站，交由设在深圳的外贸运输机构接货，后由该机构会同香港的有关中资机构负责后面的运输直至送至收货人。
② 运输需求：优质、适量、均衡、及时。
③ 使用单据：承运货物收据（cargo receipt）具有与提单一样的法律效力。
④ 运输费用：内地段，人民币支付；香港段，港币结算。

国贸常识

中欧班列是指按照固定车次、线路等要求开行，来往于中国与欧洲及"一带一路"沿线各国的集装箱国际铁路联运班列。西部通道经阿拉山口/霍尔果斯出境；中部通道经二连浩特/扎门乌德出境；东部通道经满洲里/绥芬河出境。2011年3月，首趟中欧班列从重庆出发开往德国杜伊斯堡。据不完全统计，目前已经开通中欧班列的城市有德国的汉堡、杜伊斯堡，俄罗斯的莫斯科、圣彼得堡、比克良，波兰的华沙、罗兹，西班牙的马德里，法国的里昂，意大利的米兰，挪威的奥斯陆，白俄罗斯的明斯克、布列斯特，捷克的梅林克帕尔杜比采，芬兰的赫尔辛基，荷兰的鹿特丹等城市。随着中国与欧洲及"一带一路"国家的国际贸易深化，中欧班列将开通更多的目城

市。中欧班列的运行时间普遍在15~20天,比海运方式缩短50%左右,极大地提高了物流效率。

三、航空运输

航空运输(air transportation)是一种现代化的运输方式,与海洋运输、铁路运输相比,具有运输速度快、货运质量高、不受地面条件的限制等优点。因此,它最适宜运送急需物资、鲜活商品、精密仪器和贵重物品。

(一)航空运输的种类

航空运输的承运人有航空公司和航空货运代理人两种形式。运单不是物权凭证,不能流通转让。运单形式有空运单(AWB)、主运单(MAWB)和分运单(HAWB)等。

1. 班机运输

班机是指在固定时间、固定航线、固定始发站和目的站运输的飞机,通常是客货混合型飞机,一些大的航空公司也有开辟全货机航班的。班机运输(scheduled airline)具有定时、定航线、定站等特点,适用于运送急需物品、鲜活商品及节令性商品。

2. 包机运输

包机是指包租整架飞机或由几个发货人(或航空公司货运代理公司)联合包租一架飞机来运送货物。包机运输(chartered carrier)是现阶段中国商品输入俄罗斯的主要方式之一。

3. 集中托运

集中托运(consolidation)是指航空货运公司把若干单独发运的货物(每一货物货主要出具一份航空运单)组成一整批货物,用一份总运单(附分运单)整批发运到预定目的地,由航空公司在目的地的代理人收货、报关、分拨后交给实际收货人。集中托运的运价一般比国际空运协会公布的班机运价低7%~10%。

4. 航空快递

航空快递(air courier, air express)也叫快件或外运业务,是当前国际航空运输中迅速发展的最快捷的运输方式。航空快递以运送急需的药品、精密仪器、电子元件、图纸资料、货样和商务文件为主,被称为桌到桌运输(desk to desk service)。

(二)航空运费的计算

1. 计费公式

飞机装载的货物受最大载重、地板承受力和货舱容积的限制。航空运费根据每票货物所适用的运价和货物的计费重量计算而得。其计算公式为:

$$航空运费 = 运价 \times 计费重量$$

2. 计费重量

计费重量是指用来计算货物航空运费的重量。货物的计费重量为货物总的实际毛重与总的体积重量两者较高者,或者较高重量分界点重量也可以成为货物的计费重量。其计算公式为:

$$计费重量 = 实际毛重(适用于高密度货物,俗称重货)$$
$$= 体积重量(适用于低密度货物,俗称轻泡货)$$
$$= 较高重量分界点重量$$

3. 体积重量

这是指根据国际航协的规定,将货物的体积按一定比例折算出的重量。计算规则:以0.006

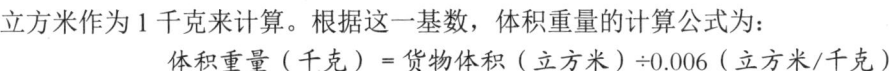

第五章 国际贸易销售合同装运条款

立方米作为1千克来计算。根据这一基数,体积重量的计算公式为:

体积重量(千克)= 货物体积(立方米)÷0.006(立方米/千克)

同步案例5-2

某企业出口货物一批,毛重2 300千克,体积16.7立方米,自上海空运至日本东京,运价每千克人民币13.58元(100千克起算)。试计算:该货物的体积重量、计费重量和航空运费。

解:① 体积重量 = 16.7÷0.006 = 2 783.33(千克)

② 体积重量＞实际毛重,所以按体积重量计算,即:计费重量 = 2 783.33千克

③ 航空运费 = 2 783.33×13.58 = 37 797.62(元)

国贸常识

航空公司代码

(1)部分国内航空公司

中文名称	英文名称	2位代码	3位代码
中国国际航空公司	Air China	CA	CCA
中国南方航空公司	China Southern Airlines	CZ	CSN
东方航空公司	China Eastern Airlines	MU	CES

(2)部分国际航空公司

中文名称	英文名称	2位代码	3位代码
大韩航空公司	Korean Air	KE	AKA
韩亚航空公司	Asiana Airways	OZ	AAR
日本航空公司	Japan Airlines	JL	JAL
全日空公司	All Nippon Airways	NH	ANA
新加坡航空公司	Singapore Airlines	SQ	SIA
泰国国际航空公司	Thai Airways International	TG	THA
美国西北航空公司	Northwest Airlines	NW	NWA
美国联合航空公司	United Airlines	UA	UAL
英国航空公司	British Airways	BA	BAW
德国汉莎航空公司	Lufthansa German Airlines	LH	DLH
法国航空公司	Air France	AF	AFR
瑞士航空公司	Swissair	SR	SWR
奥地利航空公司	Austrian Airlines	OS	AUA
俄罗斯国际航空公司	Aeroflot Russian International	SU	AFL
澳大利亚航空公司	Qantas Airways	QF	QFA
芬兰航空公司	Finnair Airlines	AY	FIN
意大利航空公司	Italia Airlines	AZ	AZA
斯堪的纳维亚(北欧)航空公司	Scandinavian Airlines	SK	SAS
文莱皇家航空公司	Royal Brunei Airlines	BI	RBA
印度尼西亚鹰航空公司	Garuda Indonesia Airlines	GA	GIA
新加坡胜安航空公司	Singapore Silk Air	MI	MMP

中文名称	英文名称	2位代码	3位代码
马来西亚航空公司	Malaysian Airlines	MH	MAS
埃塞俄比亚航空公司	Ethiopian Airlines	ET	RTH
美国长青国际航空公司	Evergreen Int Airlines	EZ	EIA
波兰航空公司	Lot-Polish Airlines	LO	LOT
罗马尼亚航空公司	Torom Romanian Air Transport	RO	ROT
乌兹别克斯坦航空公司	Uzbekstan Airlines	HY	UZB
伏尔加第聂伯航空公司	Volga-Dnepr Airlines	VI	VDA
哈萨克斯坦航空公司	Kazakhstan Airlines	K4	KXA
蒙古航空公司	Miat Mongolian Airlines	OM	MGL
菲律宾航空公司	Philippine Airlines	PR	PAL
尼泊尔航空公司	Nepal Airlines	RA	RNA
伊朗航空公司	Iran Air	IR	IRA
日本航空系统株式会社航空公司	Japan Air System	JD	JAS
高丽航空公司	Air Koryo	JS	KOR
以色列航空公司	Ei Ai Israel Airlines	LY	ELY
缅甸国际航空公司	Myanmar Airways	UB	UBA
越南航空公司	Vietnam Airlines	VN	HVN
巴基斯坦国际航空公司	Pakistan International Airlines	PK	PIA

四、公路、内河、管道和邮包运输

（一）公路运输

公路运输（road transportation）是一种现代化的运输方式，不仅可以运进或运出对外贸易货物，而且也是车站、港口和机场集散进出口货物的重要手段。

公路运输具有机动灵活、速度快和方便等特点，尤其是在实现门到门（door to door）的运输中，更离不开公路运输。公路运输的不足之处是载货量有限、运输成本高、容易造成货损事故等。

公路运输在我国对外贸易中占有重要地位，我国与许多周边国家有公路相通。我国与这些国家的进出口货物，可以经由国境公路运输。我国内地与港、澳地区的部分进出口货物，也是通过公路运输的。随着我国公路，尤其是高速公路的修建和扩展，公路运输在对外贸易中将发挥更大的作用。

（二）内河运输

内河运输（inland water transportation）是现代化运输的重要组成部分，是连接内陆腹地与沿海地区的纽带，在运输和集散进出口货物中起着重要作用。在欧洲，货物运输的43%左右是通过内河航运完成的。

我国拥有四通八达的内河航运网，长江、珠江等主要河流中的一些港口已对外开放，与一些邻国之间还有国际河流相通，这为我国进出口货物通过河流运输和集散提供了有利条件。

（三）管道运输

管道运输（pipeline transportation）是将货物在管道内借助高压气泵的压力输往目的地的一种运输方式，主要适用于运输液体、气体及粉末、颗粒状货物。它的固定投资大，但建成后运输成本低。

管道运输在美国、欧洲的许多国家及石油输出国组织（OPEC）的石油运输方面起到了积极的作用。我国的管道运输始于20世纪70年代初，2023年以来，我国大力推动油气管网基础设施建设，一批国家重点项目加速建设，顺利投产，1—9月份我国新建主干油气管道里程突破2 500千米，创历史新高。

（四）邮包运输

邮包运输（parcel post transportation）是一种较简便的运输方式，适用于重量轻、体积小的货物的传递。

国际邮包运输具有国际多式联运和门到门运输的性质，托运人只需要按邮局章程一次托运、一次付清足额邮资，取得邮政包裹收据（parcel post receipt），交货手续即告完成。

近年来，特快专递业务迅速发展。目前快递业务主要有以下两种。

① 国际特快专递（international Express Mail Service，EMS）。这是我国邮政部门办理的特快专递业务。

② DHL信使专递（DHL carrier service）。DHL是国际信使专递行业中具有代表性的专递公司，总部设在美国纽约，在世界140多个国家和地区设有分支公司和代理机构，传递范围遍及世界各地。它进入中国市场后，打破了国内由EMS"一统天下"的垄断局面。

五、联合运输

联合运输（combined transportation）是指使用两种或两种以上运输工具完成运输任务的综合运输方式。联合运输主要有以下几种具体形式。

（一）陆空、陆空陆、海空和陆海联运

陆空、陆空陆、海空和陆海联运是将陆运、海运和空运有机组合而成的运输方式。

（二）大陆桥运输

大陆桥运输（land bridge transportation）是指使用横贯大陆的铁路（公路）运输系统作为中间桥梁把大陆两端海洋运输连接起来的连贯运输方式。在形式上，大陆桥运输就是海-陆-海的连贯运输。大陆桥运输一般以集装箱为媒介，因而具有集装箱运输的优点。

国贸常识

大陆桥运输是集装箱运输开展以后的产物，始于1967年。目前世界上的大陆桥有3条。①北美大陆桥。该大陆桥包括美国大陆桥和加拿大大陆桥。美国大陆桥有两条运输线路：一条是从西部太平洋沿岸至东部大西洋沿岸的铁路和公路运输线；一条是从西部太平洋沿岸至东南部墨西哥沿岸的铁路和公路运输线。加拿大大陆桥则从西太平洋的温哥华，经铁路到达蒙特利尔或哈利法克斯，再与大西洋海运相接。北美大陆桥是世界上历史最悠久、影响最大、服务范围最广的大陆桥运输线。②西伯利亚大陆桥，又称欧亚大陆桥。它利用俄罗斯的西伯利亚铁路作为陆地桥梁，将太平洋远东地区与波罗的海和黑海沿岸及西欧大西洋口岸连接起来。这条大陆桥是目前世界上最长的一条大陆桥运输线，全长约13 000千米。我国通过该大陆桥向西欧、

北欧和伊朗运输货物，运输距离缩短 1/3 或 1/2，运输时间节省 1/2，运输费用节省 20%~30%。③新亚欧大陆桥。1990 年 9 月 12 日，我国北疆铁路与苏联土西铁路顺利接轨，形成了继西伯利亚大陆桥之后，又一条横贯亚欧大陆的更为便捷的铁路通道。这条大陆桥东起我国的连云港、日照等沿海港口城市，西行出境穿越哈萨克斯坦等中亚国家，经俄罗斯、乌克兰、波兰等欧洲国家，抵达大西洋东岸荷兰的鹿特丹、比利时的安特卫普等欧洲口岸，全长 10 800 千米。使用新亚欧大陆桥将货物自我国运至欧洲，每个 20 英尺标准箱较海运节省运费最多达 600 美元，减少 50% 的运输时间，比西伯利亚大陆桥缩短 2 000~2 500 千米，节省 5 天左右的运输时间，节省运费 10% 以上。截至 2023 年 9 月底，我国中欧班列已经通达欧洲 25 个国家 217 个城市，2023 年全年开行 1.7 万列、发送 190 万标准箱。

（三）国际多式联运

国际多式联运（international multimodal transportation）是指按照多式联运合同，以至少两种不同的运输方式，由多式联运经营人将货物从一国境内接收货物的地点运往另一国境内交付货物的指定地点的一种运输方式。

国际多式联运是在集装箱运输的基础上发展起来的一种新的运输方式。它把过去那种海、陆、空、内河运输等互不关联的单一运输有机地结合起来，不管路途多么遥远、手续多么复杂，货主只需办理一次托运、支付一笔运费、取得一张包括全程运输的联运单据即可。如果货物在运输途中发生货损或丢失之类的问题，则只要需找多式联运经营人解决即可。

多式联运经营人（multimodal transport operator）是指本人或通过其代表订立多式联运合同的任何人。他是事主，不是发货人的代理人、代表，或者参加多式联运的承运人的代理人、代表，负有履行合同的责任。他可以充任实际承运人，办理全程或部分运输业务，也可以是无船承运人（Non-Vessel Operating Common Carrier，NVOCC），即将全程运输交由各段实际承运人来履行。

第二节　集装箱运输

集装箱（container）是货物运输的一种辅助设备。集装箱运输是指将一定数量的单件货物装入集装箱内，以集装箱作为一个运送单位进行的运输。集装箱运输有许多优越性：可以减少货差货损；节省包装费用；简化转运手续；提高装卸效率；缩短运输时间；节约运费和降低成本。集装箱 1966 年正式应用于国际航运，是国际运输史上的一次革命。它不仅改变了传统的运输格局，而且对传统的运输惯例和其他贸易惯例也产生了巨大的影响。20 世纪 70 年代以来，国际海上集装箱运输发展尤为迅速，迄今已形成了一个世界性的集装箱运输体系。集装箱海运已成为国际主要班轮航线上占有支配地位的运输方式。在我国，集装箱运输，尤其是集装箱海运已成为一种重要的运输方式。

国际标准化组织为统一集装箱的规格，推荐了 3 个系列 13 种规格的集装箱，在国际航运上运用的主要为 20 英尺和 40 英尺两种，即 1A 型 8 英尺×8 英尺×40 英尺和 1C 型 8 英尺×8 英尺×20 英尺。为适应运输各类货物的需要，集装箱除通用的干货集装箱外，还有罐式集装箱、冷藏集装箱、框架集装箱、平台集装箱、通风集装箱、牲畜集装箱、散装集装箱、挂式集装箱等种类。集装箱实物如图 5.1 所示。

第五章　国际贸易销售合同装运条款

图 5.1　集装箱实物

为了便于统计、计算集装箱运输的货运量，目前国际上都以 20 英尺集装箱作为计量单位，用 TEU（Twenty-foot Equivalent Unit）表示，意即"相当于 20 英尺单位"。在统计不同型号的集装箱时，应按集装箱的长度换算成 TEU（20 英尺单位）加以计算。

一、集装箱运输货物的交接

集装箱运输有整箱货（Full Container Load，FCL）和拼箱货（Less than Container Load，LCL）之分：整箱货由货方在工厂或仓库进行装箱，货物装箱后直接运到集装箱堆场（Container Yard，CY）等待装运，货到目的地（港）后收货人可直接从目的地（港）集装箱堆场提走；拼箱货是指货量不足一整箱，须由承运人在集装箱货运站（Container Freight Station，CFS）负责将不同发货人的少量货物拼在一个集装箱内，货到目的地（港）后由承运人拆箱分拨给各收货人。

通用的集装箱交接方式有：堆场到堆场，即发货人整箱交货，收货人整箱接货；由货运站到货运站，即发货人拼箱交货，收货人拼箱接货。此外，集装箱运输也可实现门到门的运输服务，即由承运人在发货人工厂或仓库接货，在收货人工厂或仓库交货。

二、集装箱运输的费用

集装箱运输的费用构成和计算方法与传统的运输方式不同，包括内陆或装运港市内运输费、拼箱服务费、堆场服务费、海运运费、集装箱及其设备使用费等。

集装箱海运运费由船舶运费和一些有关的杂费组成。其计算方法目前有下列两种。

① 按件杂货基本费率加附加费。这是按照传统的按件杂货计算方法，以每运费吨为计算单位，再加收一定的附加费。

② 按包箱费率。这是以每个集装箱为计费单位，包箱费率视船公司和航线的不同而有所不同。

经营集装箱运输的船公司为保证营运收入不低于成本，通常还有最低运费的规定：在拼箱货的情况下，最低运费的规定与班轮运输中的规定基本相同，即在费率表中都定有最低运费，任何一批货运，其运费金额低于规定的最低运费额时，按最低运费金额计收；在整箱货的情况下，由货主自行装箱，当箱内所装货物没有达到规定的最低计费标准时，亏舱损失由货主负担。因此，提高集装箱积载技术，充分利用集装箱容积，有利于节省运输费用。

国贸常识

在实际业务中，装运货物时一定要注意：20英尺集装箱的载重量是17.5公吨，有效容积是25立方米；40英尺集装箱的载重量是24.5公吨，有效容积是55立方米。一方面集装箱的载重量与容积是有极限的，另一方面有一些港口的起重设备功率有限，所以在实际业务中，外贸业务员一定要深入装箱现场，探寻装箱规律。如果货物整齐划一，则20英尺集装箱的载重量完全可以超过17.5公吨，有效容积超过25立方米。这将增加出口数量，提高出口效益。

在外销出口业务中，货代集装箱班轮运输的操作流程为：接受货主委托→纸质托运或电子托运→订舱并取得配舱回单→货物装箱并进港→代理报检并取得通关单→代理报关并取得装货单→装船并取得场站收据→持场站收据换取已装船提单→提单交给货主→发装船通知给目的地代理或收货人。

第三节　国际航线与主要港口

一、航线的概念和分类

从经济角度来说，海洋是各国、各地区之间往来和贸易的重要通道。目前，世界海运航线纵横于各大洋。海运航线主要有以下几种分类方法。

（一）按船舶营运方式分

① 定期航线。这是指使用固定的船舶，按固定的船期和港口航行，并以相对固定的运价经营客货运输业务的航线。定期航线又称班轮航线，主要装运杂货物。

② 不定期航线。这是指临时根据货运的需要而选择的航线，船舶、船期、挂靠港口均不固定。不定期航线是以经营大宗、低值货物运输业务为主的航线，又称租船运输。

（二）按航运范围分

① 国际大洋航线（ocean going shipping line）。国际大洋航线也称远洋航线，是指贯通一个或数个大洋的海上运输路线。其航程较长，是世界性的航线，包括大西洋航线、太平洋航线、印度洋航线及穿越两个以上大洋的航线。

② 地区性国际海上航线（near-sea shipping line）。地区性国际海上航线也称近洋航线，是指不跨越大洋，在局部海域较邻近国家间港口运输的航线。其航程较国际大洋航线短。

③ 沿海航线（coastal shipping line）。沿海航线是指连接同一国家沿海各港口之间的海运，属于一国的国内航线。

第五章 国际贸易销售合同装运条款

国贸常识

世界主要船东名称（中英对照）

序 号	船东名称（中文）	英文缩写	序 号	船东名称（中文）	英文缩写
1	阿拉伯轮船	UASC	40	阳明海运	YML
2	阿联酋船务	EMI	41	宁波海运	NBO
3	澳航	ANL	42	南星海运	NSS
4	台湾航业	TNC	43	南美邮船	CSAV
5	长江轮船	CJS	44	以星航运	ZIM
6	太平船务	PIL	45	萨姆达拉	SAMUD
7	太荣商船	TYS	46	山东远东	SDYD
8	北欧亚	NCL	47	伊朗国航	IRISL
9	长锦商船	SINKO	48	正利航业	CNC
10	长荣海运	EMC	49	商船三井	MOL
11	川崎汽船	KKK	50	荷兰塔斯曼	TSM
12	达飞轮船	CMA	51	智利航运	CCNI
13	达贸	DEL	52	中日轮渡	CJF
14	德国胜利	SEN	53	洋浦中诚	CULINES
15	德利航运	HUB	54	万海航运	WHL
16	德翔航运	TSL	55	大连威兰德	WINL
17	地中海航运	MSC	56	中外运	SINO
18	东方海外	OOCL	57	山东海丰	SITC
19	东进商船	DJS	58	兴亚海运	HAL
20	东映海运	DYS	59	烟台国际海运	SYMS
21	津神	TJF	60	斗宇	DOOW
22	俄远东	FESCO	61	中海集运	CSCL
23	泛洲海运	PCS	62	中远（泛亚）	COSCO
24	上海海华	HAS	63	秦皇岛秦仁海运	QININ
25	民生	MSS	64	马来西亚航运	MISC
26	韩进海运	HJS	65	比利时南航（南非航运）	SAFMR
27	汉堡航运	HBS	66	日本奥林汽船	ORIENT FERRY
28	日本邮船	NYK	67	威东	WEIDONG FERRY
29	重庆海运	CQMS	68	泰国宏海箱运有限公司	RCL
30	锦江航运	JJS	69	捷尼克株式会社	GENEQ
31	京汉海运	CHS	70	印度国家航运公司	SCI
32	神原汽船	KKC	71	东南亚海运	DNS
33	马鲁巴	MARUB	72	高丽海运	KMTC
34	马士基航运	MSK	73	安通国际株式会社	ONTO
35	玛丽亚那	MARI	74	赫伯罗特（CP）	HLC
36	现代商船	HMM	75	上海国际轮渡有限公司	SIF
37	美国轮船	USL	76	天敬海运株式会社	CK
38	美森航运	MATSON	77	烟台中韩轮渡有限公司	YZF
39	美国总统	APL	78	连云港中韩轮渡	LIANYUNGANG C-K

二、世界主要大洋航线

世界主要大洋航线如下。

① 北大西洋航线：西欧（鹿特丹、汉堡、伦敦、哥本哈根、圣彼得堡）、北欧（斯德哥尔摩、奥斯陆等）—北大西洋—北美洲东岸（纽约、魁北克等）、南岸（新奥尔良港，途经佛罗里达海峡）。

② 亚欧航线，也叫苏伊士运河航线：东亚（横滨、上海、香港等港口，途经台湾、巴士海峡等）、东南亚（新加坡、马尼拉等）—马六甲海峡—印度洋（南亚科伦坡、孟买、加尔各答、卡拉奇等）—曼德海峡（亚丁）—红海—苏伊士运河（亚历山大）—地中海（突尼斯、热那亚）—直布罗陀海峡—英吉利（多佛尔）海峡—西欧各国。

③ 好望角航线：西亚（阿巴丹等，途经霍尔木兹海峡）、东亚、东南亚、南亚—印度洋—东非（达累斯萨拉姆）—莫桑比克海峡—好望角（开普敦）—大西洋—西非（达喀尔）—西欧（载重量在25万吨以上的巨轮无法通过苏伊士运河，需要绕过非洲南端的好望角）。

④ 北太平洋航线：亚洲东部、东南部—太平洋—北美西海岸（旧金山、洛杉矶、温哥华、西雅图等）。这是亚洲与北美洲各国之间的国际贸易航线，随着东亚经济的发展，这条航线上的贸易量不断增加。

⑤ 巴拿马运河航线：北美洲东海岸—巴拿马运河（巴拿马城）—北美洲西海岸各港口。该航线是沟通大西洋和太平洋的捷径，对美国东西海岸的联络具有重要意义。

⑥ 南太平洋航线：亚太地区国家（悉尼、惠灵顿）—太平洋（火奴鲁鲁）—南美洲西海岸（利马、瓦尔帕莱索等）。

⑦ 南大西洋航线：西欧—大西洋—南美洲东海岸（里约热内卢、布宜诺斯艾利斯等）。

⑧ 北冰洋航线：东亚［符拉迪沃斯托克（海参崴）］—太平洋—白令海峡—北冰洋—北欧（摩尔曼斯克）—大西洋—西欧。

其中，①、②、③、④这4条航线是世界上比较繁忙的航线：北大西洋航线是世界上最繁忙的海上运输路线；好望角航线是石油运量最大的航线，被称为西方国家的"海上生命线"。

三、我国对外贸易主要海运航线

我国与世界上200多个国家和地区有贸易往来，中国对外贸易运输集团和中国远洋公司已开辟了我国至世界各地的60多条定期航线（不包括香港特别行政区的航线）。

习惯上，我国海运业把我国沿海港口去往世界各地的航线按航程远近分为近洋航线和远洋航线两类。

① 近洋航线（local line）。这是指由我国沿海出发去往太平洋及印度洋部分水域的对外贸易海运航线。

② 远洋航线（ocean line）。这是指除近洋航线以外的中国至世界各地港口的航线。

📖 同步案例 5-3

2023年现代商船公布的（中国—东南亚 CHINA—SOUTHEAST ASIA 航线）船期表

VESSEL	VOY	SHANGHAI	XIAMEN	SINGAPORE	PORT KELANG	MADRAS
Tiger Pearl	028	0910	0912	0916	0917	0921
Tiger Jade	028	0917	0919	0923	0924	0928
H. Future	414	0924	0926	0930	1001	1005
H. Stride	414	1001	1003	1007	1008	1012

如果你是外贸业务员,要将货物从上海出口至 Port Kelang 港,客户要求在 20×6 年 9 月 15 日之前装船。试问:你可以选择哪艘船?几号可以到达目的港?

四、世界主要港口

(一)世界港口介绍

世界上国际贸易海港约 2 500 个,其中吞吐量不足 100 万吨的占 3/4,吞吐量超过 1 000 万吨的有 100 多个,5 000 万吨以上的有 20 多个。例如,主要港口有鹿特丹港、纽约港、神户港、横滨港、新加坡港、汉堡港、安特卫普港、伦敦港、长滩港及洛杉矶港等。

(二)我国对外贸易主要港口

随着我国对外经济贸易事业的不断发展,近 10 多年来我国沿海港口建设进入了速度快、成绩最显著的时期。我国主要贸易港口(含台湾地区港口)有:大连港、秦皇岛港、天津港、青岛港、连云港港、上海港、宁波舟山港、广州港、湛江港、高雄港、基隆港及香港港等。我国沿海的重要港口还有烟台港、福州港、厦门港、珠海港、北海港、汕头港、深圳港等。

第四节 运输单据

运输单据是指出口人将货物交给承运人办理装运时,或者在装运完毕后,由承运人签发给出口商的证明文件。这是交接货物、处理索赔与理赔及向银行议付、结算货款的重要单据。在国际贸易货物运输中,运输单据的种类很多,包括海运提单、铁路运单、承运货物收据、航空运单、邮包收据、联运提单及多式联运单据等。现将主要运输单据介绍如下。

一、海运提单

海运提单

(一)海运提单的性质和作用

海运提单(ocean Bill of Lading,B/L)简称提单,是由船公司或其代理人签发的,证明已收到特定货物,允诺将货物运至特定目的地,并交付给收货人的书面凭证。其样式如图 5.2 所示。

提单的性质和作用如下。

① 提单是承运人或其代理人签发的货物收据(receipt for the goods),证明已按提单所列内容收到货物。

② 提单是货物所有权的凭证(document of title),提单的合法持有人有权凭提单向承运人提取货物,也可以在载货船舶到达目的港交货之前办理转让,或者凭此向银行办理抵押贷款。

③ 提单既是承运人和托运人之间订立运输合同的证明(evidence of contract),也是承运人与托运人或收货人处理双方权利、义务的依据。

(二)提单的种类

提单可以从不同角度加以分类,主要有以下几种。

1. 根据货物是否已装船,可分为已装船提单和备运提单

① 已装船提单(on board B/L 或 shipped B/L)是指船公司将货物装上指定轮船后签发的提单。

Shipper LAIN FUNG INTERNATIONAL (H.K.) LTD.	Booking Ref: B/L No.: ZDMTDARP0930849 S/O NO. GZF2903059
Consignee (not negotiable unless consigned "to order" or "to order of a named Person or "to order of bearer") TO ORDER	 PACIFIC INTERNATIONAL LINES (PTE) LTD. (Incorporated in Singapore) CO. REG. NO. 196700080N PORT-TO-PORT OR COMBINED TRANSPORT BILL OF LADING
Notify Party ROMEXCO LIMITED	Received in apparent good order and condition except as otherwise noted the total number of packages or units enumerated below for transportation from the Port of Loading (or the Place of Receipt if mentioned below) to the Port of Discharge (or the Place of Delivery if mentioned below), subject to all the terms and conditions hereof, including the terms and conditions on the reverse hereof. One of the signed original Bills of Lading must be surrendered duly endorsed in exchange for the Goods or delivery order. In accepting this Bill of Lading, the Merchant expressly accepts and agrees to all the terms and conditions hereof, including the terms and conditions on the reverse hereof, and the rights and liabilities arising in accordance with the terms and conditions hereof shall (without prejudice to any rule of common law or statute rendering them binding on the Merchant) become binding in all respects between the Carrier and the Merchant as though the contract evidenced hereby had been made between them.

Vessel and Voyage Number JIAN GONG 558 V-000009031809	Port of Loading HUANGPU, CHINA	Port of Discharge DAR ES SALAAM
Place of Receipt* HUANGPU, CHINA	Place of Delivery* DAR ES SALAAM	Number of Original Bs/L THREE (3)

PARTICULARS AS DECLARED BY SHIPPER - BUT WITHOUT REPRESENTATION AND NOT ACKNOWLEDGED BY CARRIER

Container Nos. / Seal Nos. Marks / Numbers	No. of Containers / Packages / Description of Goods	Gross Weight (Kilos)	Measurements (cu-metres)
N/M	2 CNTRS 2200 CTNS "SHIPPER'S LOAD & COUNT SAID TO CONTAIN" BATTERIES FREIGHT PREPAID DAR ES SALAAM IN TRANSIT UNDER CNEE'S OWN ARRANGEMENT, A/C & OWN RISK CARRIER'S LIABILITY CEASES AT DAR ES SALAAM 2ND VESSEL: KOTA WARIS V. WRS190 SWITCH B/L IN HONG KONG "FREIGHT PREPAID" CY-CY	52,800.000KGS PCIU3149277/20'/CY-CY 1,100CTNS/26,400.000KGS SEAL NO:L438937 PCIU3856460/20'/CY-CY 1,100CTNS/26,400.000KGS SEAL NO:L438932	60.290M³ 30.145M³ 30.145M³

FREIGHT & CHARGES OCEAN FREIGHT AS ARRANGED	Total number of containers or packages received by the Carrier (in words) TWO (2) 20' CONTAINERS ONLY.
	Shipped on Board Date: MAR. 19, 2024
PIL (TANZANIA) LTD. PEUGEOT HOUSE, 2ND FLR, ALI HASSAN MWINYI ROAD, DAR-ES-SALAAM, TANZANIA TEL:+255 22 2126061/2126048 FAX:+255 22 2118602	Place and Date of Issue: GUANGZHOU MAR. 19, 2024 In Witness Whereof the number of Original Bills of Lading stated above have been issued, all of the same tenor and date, one of which being accomplished, the others to stand void. Signed for the Carrier PACIFIC INTERNATIONAL LINES (CHINA) LTD. GUANGZHOU BRANCH

* applicable only when this document is used as a Combined Transport Bill of Lading

1ST ORIGINAL

图 5.2 提单样式

② 备运提单（received for shipment B/L）是指船公司已收到托运货物等待装船期间所签发的提单。

2．根据提单有无不良批注，可分为清洁提单和不清洁提单

① 清洁提单（clean B/L）是指货物在装船时表面状况良好，船公司在提单上未加任何有关货物受损或包装不良等批注的提单。

② 不清洁提单（unclean B/L 或 foul B/L）是指船公司在提单上有对货物表面状况、包装不良或存在缺陷等批注的提单。

3．根据提单收货人抬头的不同，可分为记名提单、不记名提单和指示提单

① 记名提单（straight B/L）是指提单上的收货人栏内填明特定收货人名称，只能由该特定收货人提货。由于这种提单不能通过背书方式转让给第三方，所以不能流通，在国际贸易中很少使用。

② 不记名提单（bearer B/L）是指提单收货人栏内没有指明任何收货人，谁持有提单，谁就可以提货，承运人交货只凭单而不凭人。这种提单风险很大，在国际贸易中也很少使用。

③ 指示提单（order B/L）是指提单上的收货人栏内填写"凭指定"（to order）或"凭某人指定"（to order of...）字样。收货人栏内不明确写明收货人的名称，但必须写上 to order、to order of shipper（凭发货人指定）、to order of consignee（凭收货人指定）或 to order of×××bank（凭某银行指定）等。这种提单可经过背书转让，故在国际贸易中广为使用。而且，这种提单必须经过背书才能提货。目前在实际业务中，使用最多的是"凭指定"并经空白背书的提单，俗称"空白抬头、空白背书提单"。

4．根据运输方式不同，可分为直达提单、转船提单和联运提单

① 直达提单（direct B/L）是指货物从装运港装船后，中途不经换船而直接驶达目的港卸货的提单。

② 转船提单（transhipment B/L）是指船舶从装运港装货后，不直接驶往目的港，而需要在中途港口换船所签发的提单。其转运手续由第一程船承运人负责代办，费用也由它承担，但责任则由各程船公司分段负责。

③ 联运提单（through B/L）是指经过海运和其他运输方式联合运输时由第一程承运人所签发的包括全程运输的提单。它的性质与转船提单一样，途中转运的手续和费用都由第一程承运人承担，但转运及以后的责任则由各段的承运人分别负责。

5．根据船舶经营性质（运营方式）的不同，可分为班轮提单和租船提单

① 班轮提单（liner B/L）是指经营班轮运输的轮船公司或其代理人出具的提单。提单上列有详细的运输条款。

② 租船提单（charter party B/L）是指船方根据租船合同签发的一种提单。提单上注有"根据×××租船合同出立"字样，不另外详列条款。因此，这种提单要受到租船合同的约束，不构成一个完整的独立文件。银行或买方在接受这种提单时，往往要求卖方提供租船合同副本，以了解提单和租船合同的全部情况。

6．集装箱提单

集装箱提单（container B/L）是指用集装箱装运货物所签发的提单。它有两种形式：一种是普通的海运提单上加注"用集装箱装运"字样；另一种是使用多式联运提单（combined transport B/L），这种提单的内容增加了集装箱号码（container number）和封号（seal number）。使用多式联运提单时，应在信用证上注明"多式联运提单可以接受"（combined transport B/L acceptable）

或类似的条款。

7. 根据提单内容的繁简，可分为全式提单和略式提单

① 全式提单（long form B/L）是指在提单背面详细列有承运人和托运人的权利、义务条款的提单。

② 略式提单（short form B/L）是指提单背面无条款，只列出提单正面的必须记载事项（船名、货名、标志、件数、重量或体积、装运港、目的港、托运人名称、收货人名称与地址、运费预付或到付等项目）。这种提单一般都列有"本提单货物的收受、保管、运输和运费等项，均按本公司全式提单上的条款办理"字样。此外，租船合同项下所签发的提单，通常也是略式提单。在这种提单上应注明"所有条件根据×年×月×日签订的租船合同"字样。

8. 根据提单使用的有效性，可分为正本提单和副本提单

① 正本提单（original B/L）是指提单上有承运人、船长或其代理人签字盖章并注明签发日期的提单。正本提单上应标有"正本"（original）字样，以与副本相区别。

② 副本提单（copy B/L）是指提单上没有承运人、船长或其代理人签字盖章，仅供参考之用的提单。副本提单上一般都有 copy 或 non-negotiable（不做流通转让）字样，以与正本提单相区别。

9. 其他提单

除上述各组提单外，国际贸易中还有预借提单、倒签提单、过期提单、舱面提单等。

① 预借提单（advanced B/L）也称无货提单，是指因信用证规定的装运日期和议付日期已到，货物因故未能及时装船，但已被承运人接管，或者已经开始装船但尚未装完，这时托运人出具保函，要求承运人签发已装船提单，以便如期办理结汇。但是如果被收货人发现，就可以以伪造提单为由诉诸法律，承运人和托运人将难逃合谋欺诈之责。

② 倒签提单（ante-dated B/L）是指承运人应托运人的请求，签发提单的日期早于实际装运日期的提单，以符合信用证对装船日期的规定，便于在该信用证下结汇。倒签提单在性质上和预借提单一样，也属于违法的欺诈行为。

③ 过期提单（stale B/L）是指错过规定的交单日期或晚于货物到达目的港的提单。前者是指卖方超过提单签发日期后 21 天才交到银行议付的提单，按惯例，如果信用证无特殊规定，则银行一般拒绝接受这种过期提单；后者是在近洋运输中容易出现的情况，故在近洋国家之间的贸易合同中，一般都订有"过期提单可以接受"（stale B/L is acceptable）的条款。

④ 舱面提单（on deck B/L）也称甲板货提单，是指对装在甲板上的货物所签发的提单。根据《海牙规则》（1924 年签署的《统一提单的若干法律规则的国际公约》），承运人对舱面货（deck cargo）的损坏或丢失不负责任。因此，买方和银行一般都不愿接受舱面提单，除非信用证中有"允许货物装在甲板上"的类似条款。但在集装箱运输方式下，按国际惯例，装于舱面的集装箱是船舱的延伸，因此与舱内货物地位等同，银行和买方不能拒收这种提单。

同步案例 5-4

我方某出口企业 A 公司与美国 B 公司签订合同 50 万美元，出口服装一批，B 公司反复强调这批服装是用于圣诞节销售，要求货物于 10 月 30 日前到达目的港。9 月初开来信用证，规定 L/C 的最迟装运期为 9 月 30 日，有效期为 10 月 14 日。由于原材料的原因，A 公司等到 10 月 1 日才备妥货物。经与船公司联系，10 月 7 日装货。为了顺利结汇，A 公司要求船务公司签发日期为 9 月 30 日的倒签提单。货物到达目的港后，恰逢经济衰退，B 公司无法售出这批服装。无奈之下，

B公司查证这批货物的实际装运期为10月7日,于是向当地法院提出诉讼,要求A公司退回货款,并承担相关费用。试问:A公司是否需要承担相关责任?为什么?

(三)提单的格式和内容

提单的格式很多,每个船公司都有自己的提单格式。但基本内容大致相同,一般包括提单正面的记载事项和提单背面印就的运输条款。

1. 提单正面的内容

提单正面的记载事项,分别由托运人和承运人或其代理人填写,通常包括下列事项。

① 托运人。
② 收货人。
③ 被通知人。
④ 收货地或装货港。
⑤ 目的地或卸货港。
⑥ 船名及航次。
⑦ 唛头及件号。
⑧ 货名及件数。
⑨ 重量和体积。
⑩ 运费预付或运费到付。
⑪ 正本提单的份数。
⑫ 船公司或其代理人的签章。
⑬ 签发提单的地点及日期。

2. 提单背后的条款

在班轮提单背后,通常都有印就的运输条款,这些条款作为确定承运人和托运人之间、承运人和收货人及提单持有人之间的权利和义务的主要依据。提单中的运输条款,起初是由船方自行规定的,后来船方在提单中加列越来越多的免责条款,使货方的利益失去了保障,并降低了提单作为物权凭证的作用。为了缓解船货双方的矛盾并照顾到双方的利益,国际上曾先后签署了有关提单的国际公约来统一提单背面条款的内容。其中包括以下几种。

① 1924年签署的《海牙规则》。
② 1968年签署的《布鲁塞尔议定书》,即《维斯比规则》(The Visby Rules)。
③ 1978年签署的《联合国海上货物运输公约》,简称《汉堡规则》(The Hamburg Rules)。

由于上述3项公约签署的背景不同、内容不一,各国对这些公约所持的态度也不相同,因此各国船公司签发的提单背面条款也就存在差异。

二、铁路运单

铁路运输分为国际铁路联运和国内铁路运输两个部分。国际铁路联运使用国际铁路联运运单(international railway through transport bill),国内铁路运输使用国内铁路运单。通过铁路对港、澳出口货物,也属于国内铁路运输的范畴,但涉及一些特定的做法——由于国内铁路运单不能作为结汇凭证,故使用承运货物收据这种特定性质和格式的单据。现将国际铁路联运运单和承运货物收据(cargo receipt)介绍如下。

（一）国际铁路联运运单

国际铁路联运运单是指铁路承运国际联运货物时出具的凭证。这也是铁路和货主之间缔结的运输契约。该运单（正本）从始发站随同货物附送至终点站并交给收货人，作为铁路与货主交接货物、核收运杂费用及处理纠纷的依据。国际铁路联运运单副本，在铁路加盖承运日期戳记后还给发货人，作为卖方向银行结算贷款的主要凭证。铁路运单既不能通过背书转让，也不能用于提取货物，因为它不是所有权的凭证。收货人凭铁路到货通知单提货。

（二）承运货物收据

承运货物收据是指对香港、澳门地区的铁路运输中，承运人（一般是中国对外贸易运输公司）在货物装上火车并取回铁路证明后签发给托运人的货物收据。承运货物收据既代表货物所有权，又是港澳收货人的提货凭证，类似于提单。

对港澳地区的铁路运输是一种特定的国内铁路运输方式。铁路部门承运供港、澳货物后，只负责发至深圳北站（或广州南站），货抵深圳后由中国对外贸易运输公司深圳分公司代表发货人向铁路办理租车，然后过轨去香港，由中国对外贸易运输公司深圳分公司在香港的代理香港中旅社继续办理港段运输，或者货抵广州后由中国对外贸易运输公司广州分公司办理转船运至澳门。因国内铁路运单不能作为对外结汇的凭证，各地外运公司以货运代理人的身份向发货人签发承运货物收据，作为向银行办理结汇的凭证。

三、航空运单

航空运单（air way bill）是指承运货物的航空公司或其代理人，在收到承运货物，接受货物托运人空运要求后签发给托运人的一种运输货物收据。

航空运单也是托运人和承运人之间的运输合同，但它与提单不同，不具有物权凭证的性质，不能通过背书转让。收货人提货不是凭航空运单，而是凭航空公司的提货通知单，但托运人可凭此向银行办理议付结汇。另外，航空运单还可作为承运人核收运费的依据和报关时海关查验放行的基本单据。

四、邮包收据

邮包收据（parcel post receipt）是邮包运输的主要单据。它是邮局收到寄件人的邮包后所签发的凭证，是寄件人向银行议付结汇的凭证，也是收件人凭以提取邮件的凭证，当邮包发生损坏或丢失时，还可以作为索赔和理赔的依据。但邮包收据不是物权凭证。

五、多式联运单据

多式联运单据（multimodal transport documents）是在国际货物多种运输的情况下，由多式联运经营人所签发的证明货物已由其接管，并对货物运输全程负责，按照合同条款交付货物的一种单据。这种单据虽与海运中的联运提单有相似之处，但其性质与联运提单有别。这主要表现在以下 4 个方面。

① 联运提单限于在海运与其他运输方式所组成的联合运输时使用。多式联运单据使用范围较广，既可以用于海运与其他运输方式的联运，也可用于不包括海运的其他任何两种或两种以上运输方式的联运。

② 联运提单由承运人、船长或其代理人签发；多式联运单据由多式联运经营人或其授权人

第五章　国际贸易销售合同装运条款

签发。多式联运经营人可以是完全不掌握运输工具的无船承运人（non-vessel operating common carrier），全程运输由经营人安排并负责，而联运提单的签发人仅对第一程运输（海运）负责。

③ 联运提单是货物装船之后，由第一承运人签发的全程联运提单，属于已装船提单，而多式联运单据可以是已装船的，但大部分是在联运经营人接管货物后准备装运时签发的单据，银行对这种待运性质的单据是接受的。

④ 联运提单是物权凭证，而多式联运单据既可以是物权凭证，也可以不是物权凭证。根据国际商会 298 号出版物《联合运输单据统一规则》的规定，联合运输单据既可以以可转让形式出立，从而成为物权凭证，也可以以不可转让形式出立，从而不是物权凭证。

第五节　装运条款

在国际贸易销售合同中，装运条款是必不可少的。装运时间，装运地点与目的地，能否分批装运和转船、转运等事项的规定是装运条款的主要内容。

一、装运时间

装运时间（time of shipment）又称装运期，从目前国际上各类贸易合同来看，对装运时间的规定大致有以下几种方法。

（一）明确规定具体的装运时间或装运期限

这种方法简单明了，不容易发生误解和争议，在国际贸易中使用最为广泛。在实际操作中，一般又有 3 种做法。

① 明确规定具体装运日期。例如，"于 2024 年 10 月 16 日装运"（shipment on October 16, 2024）。这种规定对于卖方来说有明显的不利因素——卖方不仅不能提前装运，更不能延迟装运，只要不是在规定的装运日（10 月 16 日）装运即构成违约，因此卖方一般不愿意接受这种规定方法。

② 规定具体的装运期限。例如，"9 月份装运"（shipment during September）。这种规定方法给卖方装运提供了很大的灵活性，因此在国际贸易中最为常见。

③ 规定最迟装运期限。例如，"不迟于 6 月 15 日装运"（shipment not later than June 15）。采用这种规定方法时，卖方也拥有具体装运日期安排上的灵活性，因此在国际贸易中也常见。

（二）规定以某一特定的事件作为装运日期确定的依据

这种规定方法最常见的是以卖方收到信用证后若干天确定装运日期。这是卖方为防止出现收汇风险而采取的重要对策，一般适用于一些规格比较特殊或专为买方的需要加工制造且不容易转售的商品。例如，"买方必须不迟于 9 月 15 日前将信用证开到卖方，卖方收到信用证后 45 天内装运"（The relevant L/C must reach the seller not later than September 15, shipment within 45 days after receipt of L/C）。不过，这种规定方法对卖方来说也有不利的方面，因为在这种方法下，卖方实际装运期的确定取决于买方的实际开证日期，多少有些被动。

（三）规定近期术语作为装运时间

在买方急需而卖方又备有现货的情况下，国际上习惯采用近期术语作为装运时间。目前，常用的近期术语有"尽速装运"（shipment as soon as possible）、"立即装运"（immediate shipment）、"即刻装运"（prompt shipment）、"优先装运"（shipment by first）、"有船即装"（shipment by first available steamer）等。

但是，应该指出的是，由于上述术语没有确切的含义，各个国家或地区、各个行业乃至不同的商人都有不同的理解，因此容易引起争议。除非双方事先有约定（共识），或者在以往的交易中已经确立了习惯做法，否则一般不宜使用上述术语来规定装运时间。

装运时间是合同的重要制约因素，卖方必须按合同规定的装运时间履行自己的装运义务。如果卖方不能做到这一点，则将承担违约责任。从国际贸易的实际来看，由于商品的生产、收购和运输涉及多方面，有些是难以预料和克服的，卖方在不少情况下往往难以按合同的规定装运出口，这就要求外贸业务员在进行业务洽谈的时候预先考虑到这些方面，做到胸有成竹。如果确实在实际业务中无法按合同或信用证要求安排装运，则现在国际上的一般做法是：卖方在得到买方允许的情况下可以适当延迟装运时间。这种行为可以看成买卖双方对原合同中装运时间条款的更改。因此，更改后的装运时间即成为新的具有约束力的合同条款。习惯上，买方可以要求卖方赔偿因延迟交货给自己造成的损失。如果买方未提出类似要求，则一般就作为放弃权利处理。

另外，要弄清装运时间与交货时间的关系。我们知道，在国际贸易中，交货做法有两种：一种是装运地点（装运港）交货，如 FAS、FOB、CFR、CIF、FCA 等，装运时间和交货时间重叠在一起，装运就是交货；另一种是目的地（目的港）交货，装运时间早于交货时间（time if delivery），如在 DES（目的港船上交货）条件下，但是一般如果确定了装运时间，则也可大概推算出交货时间。

二、装运地点和目的地

从法律上说，如果合同规定了装运地点，那么该地点便成为货物买卖说明的一个组成部分，同时构成合同的主要交易条件。如果出口方违反规定，必须承担违约责任，轻则被索赔，重则被拒收。因此，出口方一定要谨慎订立合同的装运地点。

装运地点既可以是装运港口，也可以是内陆的任何地点。在实际操作中，装运地点往往由卖方提出，经买方确认。

目的地的确定也非常重要，尽管不是每一种合同都规定一个目的地，但对于按 C 组和 D 组贸易术语成交的合同来说，它不仅是绝对必要的，而且十分重要。因为在这些合同中，目的地的确定直接关系到运费，甚至影响到保险险别和保险费率，从而影响合同价格水平。同时，目的地的选择是否合适也直接关系到合同的履行是否顺利。即使在用 FOB、FAS 等贸易术语成交的合同中，有时卖方为了限制货物输往别国或禁止转口到某些地区，也可能用规定目的港的办法来约束买方的行为。

在采用海洋或内河运输的情况下，装运地点为装运港，目的地为目的港。装运港（port of shipment）是指货物起始装运的港口；目的港（port of destination）是指最终卸货的港口。由于国际贸易中海洋运输的比重最大，在实际业务中经常使用，所以下面重点介绍装运条款中确定装运港和目的港时应注意的几个问题。

（一）装运港和目的港的规定方法

一般来说，装运港都是卖方提出来，经买方同意后确定的，而目的港则是由买方提出，经卖方同意后确定的。在合同中，装运港和目的港的规定方法有以下几种。

① 一般情况下，装运港和目的港分别规定为一个。例如，Port of shipment：Shanghai；Port of destination：New York。

② 有时按实际业务需要，装运港和目的港也可分别规定两个或两个以上。例如，装运港：天津和青岛；目的港：伦敦和利物浦。

③ 采用选择港办法。规定选择港（optional ports）有两种方式：一种是在两个或两个以上港口中选择一个，如 CIF 伦敦/汉堡/鹿特丹；另一种是笼统地规定某一航区为装运港或目的港，如"地中海主要港口""西欧主要港口""中国口岸"等。

（二）确定国外目的港应注意的问题

① 要根据我国对外政策的需要来考虑，不能接受我国政策不允许往来的港口为装卸港。

② 对国外装卸港的规定应力求具体明确。一般不要使用"欧洲主要港口"（EMP）、"非洲主要港口"（AMP）等笼统的规定办法。因为欧洲或非洲港口众多，关于究竟哪些港口为主要港口这一问题并无统一解释，且各港口距离远近不同，港口条件有区别，运费和附加费相差也很大。

但在实际业务中，有时也可允许在同一航区规定两个或两个以上的邻近港口为装运港或目的港，如在卖方尚未确定货源所在地或买方为中间商时。

③ 货物运往没有直达船只或虽有直达船但航次很少的港口，合同中应规定"允许转船"的条款，以利于装运。

④ 一般不接受内陆城市为卸货地条件，因为一旦接受这一条件，我方就必须额外承担从港口到内陆城市这段路程的运费和风险。

⑤ 要注意装卸港的具体条件，如必须是船舶可以安全停泊的港口等。

⑥ 应注意国外港口有无重名问题。凡有重名的港口，应加注国家和地区名称，以防发生差错。

此外，在采用选择港的办法时，需要按运费最高的港口为基础核算售价。这些港口还应在同一条航线上且有班轮停靠才能接受，并明确选择附加费由买方负担。规定选择港的港口数目一般不超过 3 个。

同步案例 5-5

我方某公司与外商签订合同出口货物一批，合同与信用证规定目的港"London，Canada"。业务员在执行出口合同时，将货物装上了驶往英国 London 的班轮。试问：后果将如何？我方应吸取哪些教训？

国贸常识

在实际业务中，船务公司出具的提单上有卸货港（port of discharge）与交货地（place of delivery），应该明确卸货港肯定是港口，而交货地既可能是港口，也可能是内陆城市。

（三）规定国内装运港或目的港时应注意的问题

在出口业务中，对国内装运港的规定，一般以接近货源地的对外贸易港口为宜，同时应考虑港口和国内运输的条件及费用水平。在进口业务中，对国内目的港的规定，原则上应选择接近用货单位或消费地区的对外贸易港口。

三、分批装运和转船

所谓分批装运（partial shipment），是指成交数量较大的货物可以采用分若干批次与不同的航次、车次或班次装运的做法。由于运输工具的限制或市场销售的需要，分批装运是国际贸易中常见的做法，但当事人也可以不允许分批装运。因此，合同双方应就是否允许分批装运达成一致。一般有以下 3 种做法。

① 规定"不准分运"（partial shipment not to be allowed）。这意味着货物必须由同一运输工具在同一航次装运完毕。

② 规定"准许分运"（partial shipment to be allowed）。这表明货物可以根据货源、船舶情况多批次装运。在允许分运的情况下，还有许多具体的做法。一种是对货量、运输工具及装运时间（仍需在合同规定的装运期内）均不加限制。这种做法给负责运输的一方带来很大的灵活性。其他的做法是定量分运、定期分运、等量分运、按比例分运等。这些做法对分运做了不同的限制。例如，"7 月至 10 月分 4 批装运，每月平均装运"（shipment during July/Oct. in four equal monthly lots）。

③ 未规定禁止分运。按《跟单信用证统一惯例》的规定，这种情况应理解为准许分运，但实际上是否分运，由受益人自行掌握。

转船（transhipment）是指远洋货运中货物装运后允许在运输途中换装其他船舶转至目的港。在国际贸易运输中，如果没有直达船只至目的港，或者原装货船舶进港受限制，班轮不能或不愿停靠，或者属于联运货物，一般均需要转船。但对于是否允许转船，有关当事人应达成一致意见并写进合同。在允许转船的情况下，负责运输的卖方一般不应接受买方指定的中转港口、二程船公司或船名等限制条件。通常情况下，国际上的习惯做法是：第一承运人根据具体情况确定转船港口和其他具体转船事宜的办理，无须得到他人（包括货主）的同意。

进出口合同中的分批装运和转运条款，通常与装运时间结合订立。例如，"10/11/12 月份装运，允许分批和转运"（shipment during Oct./Nov./Dec., with partial shipments and transhipment allowed）。

同步案例 5-6

我方某公司A与英国B公司签订合同出口大米 600 公吨，信用证规定：2024 年 5 月、6 月、7 月每月平均装运 200 公吨。A公司于 5 月按信用证规定发货 200 公吨并顺利结汇，6 月 29 号在上海港将 200 公吨大米装上PEACE轮V.043航次，7 月 5 日在广州港将合同最后 200 公吨大米也装上PEACE轮V.043航次。试问：A公司能否顺利结汇？为什么？

国贸常识

根据《跟单信用证统一惯例》第 31 条b款规定，提交的数套运输单据中表明货物是使用同一运输工具并经由同一路线运输的，即使运输单据上注明的装运日期不同或装货港、接受监管地、发运地点不同，只要注明的目的地相同，将不视为分批装运。如果提交的单据由数套单据构成，则在所有单据中注明的最后一个发运日将被视为装运日。

四、装运通知

按照 FOB 贸易术语成交的合同，应由买方派船接货。为保证船货衔接，在合同中还应订入卖方备货通知和买方派船通知的条款。备货通知是指卖方应在预备交货前若干天（如 30 天或 45 天）将备货情况电告买方，以便买方能安排派船接货。派船通知（装船须知）是指买方收到卖方的备货通知并办妥租船订舱手续后，应将有关船只的情况，包括船名、船籍、吨位、预计到达的日期等内容用电报通知卖方，以便卖方安排装船。至于装船通知，则是指在 FOB、CFR

和 CTF 合同下，卖方将货装船完毕后，必须迅速通知买方有关货物和船舶的情况，以便买方办理保险和准备接货。这是卖方的一项重要法律责任。在实际业务中，有的合同明确规定这一内容，有的合同则没有明确规定，但即使合同中没有做出规定，卖方装货后仍需迅速发出装船通知。

五、滞期费、速遣费条款

买卖双方成交的大宗商品一般采用租船运输，负责租船的一方在签订合同之后，还要负责签订租船合同，而租船合同通常都需要订立装卸时间、装卸率和滞期、速遣费条款。为了明确买卖双方的装卸责任，并使合同与租船合同的内容相互衔接和吻合，在签订大宗商品的合同时，应结合商品特点和港口装卸条件，对装卸时间、装卸率和滞期、速遣费的计算与支付办法做具体规定。

（一）装卸时间

装卸时间（laytime，laydays）是指允许完成装卸任务所约定的时间，一般以天数或小时数来表示。装卸时间的规定方法主要有下列几种。

① 按"连续日"（running days，consecutive days）计算。明确每天装多少，若干天装完。这种规定对租船人很不利。

② 按"累计 24 小时好天气工作日"（weather working days of 24 hours）计算。

③ 按"连续 24 小时好天气工作日"（weather working days of 24 consecutive hours）计算。这是普遍的规定方法。

④ 按"港口习惯速度尽快装卸"（to load/discharge in Customary Quick Despatch，CQD）计算。

（二）装卸率

买卖大宗商品时，交易双方在约定装卸时间的同时，还应约定装卸率。所谓装卸率，是指每日装卸货物的数量。装卸率的高低关系到运费水平，从而在一定程度上影响货价，所以装卸率规定偏高或偏低都不合适。装卸率应根据货物品种和有关港口的正常装卸速度来确定。

（三）滞期费、速遣费条款

买卖双方在大宗交易中，除约定装卸时间和装卸率外，还应相应规定滞期费、速遣费条款，以明确货物装卸方的责任。负责装卸货物的一方，如果未按照约定的装卸时间和装卸率完成装卸任务，则需要向船方交纳延误船期的罚款，这项罚款称为滞期费（demurrage money）；反之，如果负责装卸货物的一方在约定的装卸时间内提前完成装卸任务，有利于加快船舶的周转，则可以从船方取得奖金，这项奖金称为速遣费（despatch money）。按一般惯例，速遣费通常为滞期费的一半。在规定合同的滞期费、速遣费条款时，应注意其内容与将要订立的租船合同的相应条款保持一致，以免造成不应有的损失。

六、OCP 条款

在与美国和加拿大进行贸易时，有时出口商为了取得运费优惠，要求采用 OCP 条款。OCP 是 Overland Common Points 的缩写，意为内陆地区或陆上公共点。根据美国运费率的规定，以美国西部 9 个州为界，也就是以落基山脉为界，其以东地区，北起北达科他州南至新墨西哥州直到东海岸均划为 OCP 地区。凡太平洋彼岸的货物经美国西岸各港口向东运往 OCP 地区的铁路运费率均较本地费率低3%~5%。这就使美国经营远东航运业的商人可订立较一般运费低廉的 OCP 费率。例如，从我国口岸至美国西岸的 OCP 运费每吨约低 3~4 美元。受美国的影响，加拿大也划有 OCP 地区和类似的运费优惠方法。因此，在签 CFR 或 CIF 出口到美国和加拿大 OCP 地区的物资合同时，应注明目的港为美国、加拿大西岸的港口且货物最终目的地必须属于 OCP 地区。提单上也必须注明 OCP 字样，并且在提单目的港栏内除填写美国、加拿大西海岸港口的名称外，还要加注内陆地区的城市名称。

例如，我方与美商按 CIF Los Angeles 成交一批出口货物，而后国外来证要求所有装运单据上要注明 CIF Los Angeles OCP New Orleans，则我方在了解上述情况后完全可以在制单、包装等方面照办。

实训练习

实训目的

1. 通过实训，了解国际货物运输的基本形式，熟悉海洋运输的相关知识。
2. 通过实训，掌握集装箱的相关知识，掌握《公约》和《跟单信用证统一惯例》对装运条款的规定。
3. 通过实训，掌握合同装运条款的内容及主要运输单据的含义和作用；学会订立合同的装运条款。

实训内容

一、名词解释

班轮　　租船运输　　大陆桥运输　　集装箱运输　　海运提单　　分批装运

二、填空题

1. 海洋运输的特点：_____、_____、_____。
2. 按照船舶的经营方式来分类，海洋运输可分为_____和_____两种方式。
3. 班轮运输的特点是"四定""两管"："四定"是指_____、_____、_____和_____；"两管"是指_____和_____。
4. 世界主要港口有_____、_____、_____、_____、_____、_____、_____。
5. 根据收货人抬头的不同，提单可分为_____、_____和_____。
6. 在国际航运上运用集装箱的主要为_____和_____两种。
7. 明确规定具体的装运时间或装运期限有 3 种方法，即_____、_____、_____。

三、单项选择题

1. 在班轮运费的计收标准中，对高价值货物一般采用（　　）计收。
   A. 重量吨　　　B. 尺码吨位　　　C. 从价运费　　　D. 议价法
2. 某商品由上海港海运至美国洛杉矶港，托运人应查询（　　）航线的船期表和运价表。
   A. 远东—北美西岸　　　　　　B. 远东—北美东岸
   C. 远东—欧洲　　　　　　　　D. 远东—地中海

3. 目前世界最长的大陆桥是（　　）。
   A. 北美大陆桥　　　　　　　　B. 南美大陆桥
   C. 西伯利亚大陆桥　　　　　　D. 新亚欧大陆桥

4. 中国国际航空公司、中国南方航空公司、中国东方航空公司、中国北方航空公司的 2 位代码分别是（　　）。
   A. CA、CZ、FM、MU　　　　　B. CA、SZ、MU、CJ
   C. CZ、CA、MU、CJ　　　　　D. CA、CZ、MU、CJ

5. 美国联合航空公司、德国汉莎航空公司、新加坡航空公司、法国航空公司的 2 位代码分别是（　　）。
   A. UA、MH、SR、AF　　　　　B. UA、LH、SQ、AF
   C. UA、PK、SQ、AF　　　　　D. UA、LH、SR、AF

6. 我国对外贸易货物运输最常采用的运输方式是（　　）。
   A. 国际货物多式联运　　　　　B. 江海运输
   C. 铁路运输　　　　　　　　　D. 航空运输

7. 太平船务、日本邮船、马士基航运、东方海外这4家船东的英文缩写分别是（　　）。
   A. PIL、CMA、MSK、OOCL　　B. NYK、PIL、MSK、CSCL
   C. NYK、CMA、HJS、OOCL　　D. PIL、NYK、MSK、OOCL

8. 货物从广州南沙港出口至新西兰惠灵顿港，应该选择（　　）航线。
   A. 南太平洋航线　　　　　　　B. 北太平洋航线
   C. 北大西洋航线　　　　　　　D. 欧亚航线

9. 不属于班轮运费的是（　　）。
   A. 装卸费　　B. 速遣费　　C. 平舱费　　D. 理舱费

10. 按提单收货人分类，有记名提单、不记名提单、空白抬头提单和指示提单。经过背书才能转让的提单是（　　）。
    A. 空白抬头提单　　　　　　　B. 指示提单
    C. 记名提单　　　　　　　　　D. 不记名提单

11. 根据《跟单信用证统一惯例》的解释，如果信用证条款未明确规定是否"允许分期装运""允许转运"，则应理解为（　　）。
    A. 允许分期装运，但不允许转运　　B. 允许转运，但不允许分期装运
    C. 不允许分期装运，不允许转运　　D. 允许分期装运，允许转运

12. 海运提单的抬头是指提单的（　　）。
    A. shipper　　B. consignee　　C. notify Party　　D. title

13. 我国某公司向新加坡出口货物一批，信用证规定最后装运期为10月15日，则操作正确的是（　　）。
    A. 货物于10月15日送交船公司　　B. 货物于10月15日开始装船
    C. 货物于10月15日全部装完　　　D. 货物于10月15日抵达新加坡

14. 国际航空货物运输中，将货物的体积按一定的比例折合成的体积重量，其换算标准为（　　）折合为1千克。
    A. 3 000立方厘米　　　　　　B. 5 000立方厘米
    C. 6 000立方厘米　　　　　　D. 9 000立方厘米

15. 被称为集装箱标准箱的 TEU 是指（   ）集装箱。
    A. 8英尺×8英尺×10英尺   B. 8英尺×8英尺×20英尺
    C. 8英尺×8英尺×30英尺   D. 8英尺×8英尺×40英尺
16. 当发货人在出口地集装箱货运站拼箱交货，收货人在进口地集装箱货运站拼箱接货时，采用的方式为（   ）。
    A. CY-CY   B. CFS-CY   C. CY-CFS   D. CFS-CFS
17. 按照有关规定，对不同包装种类的货物混装在一个集装箱内，这时货物的总件数显示数字之和，包装种类用统称（   ）来表示。
    A. cartons   B. pieces   C. packages   D. pallets
18. 国外来证规定"尽速装运"。根据《跟单信用证统一惯例》的规定，银行对此将不予置理，则受益人应于（   ）装运。
    A. 合同签订之日起 30 天内   B. 信用证开立之日起 30 天内
    C. 信用证通知之日起 30 天内   D. 信用证有效期内任何一天
19. 国际货物买卖业务中，在对某些外汇管制比较严的国家和地区，或者专为买方制造的特定产品，为防止买方不履约或不按时履约而造成损失，合同中的装运期可采用（   ）。
    A. 规定具体的装运期   B. 合理时间为装运期
    C. 收到信用证后若干天内装运   D. "立即""尽速"装运
20. 国际多式联运是以两种或两种以上不同的运输方式，将货物从一国境内接收货物的地点运至另一国境内指定交付货物的地点的运输，它由（   ）。
    A. 一个联运经营人负责货物的全程运输，运费按全程单一费率一次计收
    B. 多个联运经营人实行分段责任制，运费按全程单一费率一次计收
    C. 一个联运经营人负责货物的全程运输，运费按不同运输方式分别计收
    D. 多种运输方式，各承运人分别经营，分别计费

四、多项选择题

1. 国际班轮运输具有（   ）的特点。
   A. 固定时间、固定航线、固定港口   B. 有相对稳定的运费费率
   C. 以运送大宗货物为主   D. 不规定速遣费和滞期费
   E. 船方负责货物的装卸，运费中包括装卸费
2. 哪些目的港口属于我国始发的地中海航线？（   ）
   A. Genova, IT   B. Istanbul, TK
   C. Barcelona, SP   D. Hamburg, GM
3. 哪些航空公司属于中国大陆的航空公司？（   ）
   A. BA, JL   B. KA, KE   C. CA, CZ
   D. LH, AF   E. MU, 4G
4. 哪些船东属于美国？（   ）
   A. COSCO   B. NYK   C. PIL
   D. APL   E. USL   F. HJS
5. 信用证中对装运期规定的表示方法有多种，符合《跟单信用证统一惯例》规定的有（   ）。
   A. immediately（立即装运）
   B. on or about（在或大概在）

第五章　国际贸易销售合同装运条款

  C. at the beginning of the month（月初）

  D. between（在……之间）

6. 在国际贸易中，合同规定了交货期，倘若卖方在规定的日期之前交付货物，按《公约》的规定，买方（　　　　）。

  A. 必须收取货物

  B. 可以收取货物，但需要承担已发生的额外费用

  C. 可以拒绝收取货物

  D. 收取货物，即改变了交货期

  E. 同意收取货物，并不意味改变了合同的交货期

7. 哪些提单会产生法律纠纷？（　　　　）

  A. 记名提单　　　B. 倒签提单　　　C. 已装船提单

  D. 清洁提单　　　E. 预借提单

8. 哪些提单会导致银行拒付？（　　　　）

  A. 预借提单　　　B. 倒签提单　　　C. 过期提单　　　D. 已装船提单

9. 集装箱的主要交接方式有（　　　　）。

  A. 整箱/整箱（FCL/FCL）　　　　B. 整箱/拼箱（FCL/LCL）

  C. 拼箱/整箱（LCL/FCL）　　　　D. 拼箱/拼箱（LCL/LCL）

10. 根据《公约》的定义，国际多式联运必须是两种或两种以上不同运输方式在各国间的连贯运输，同时还应具备哪几项条件？（　　　　）。

  A. 一个多式联运合同　　　　B. 一份多式联运单据

  C. 全程单一的运费费率　　　D. 各承运人实行分段责任制

  E. 由一个多式联运经营人对全程负责

11. 需要由托运人背书后才可以转让的指示提单是（　　　　）。

  A. to order　　　　　　　　　　B. to order of shipper

  C. to order of applicant　　　D. to order of issuing Bank

12. 有关滞期费与速遣费表述正确的是（　　　　）。

  A. 未按照约定的装卸时间和装卸率完成装卸任务，需要向船方交纳延误船期的罚款，这项罚款称为滞期费

  B. 负责装卸货物的一方在约定装卸时间内提前完成装卸任务，有利于加快船舶的周转，则可以从船方取得奖金，这项奖金称为速遣费

  C. 按一般惯例，滞期费通常为速遣费的一半

  D. 按一般惯例，速遣费通常为滞期费的一半

13. 装卸时间是指允许完成装卸任务所约定的时间，具体的规定方法有（　　　　）。

  A. 按"连续日"（running days, consecutive days）计算

  B. 按"累计24小时好天气工作日"（weather working days of 24 hours）计算

  C. 按"连续24小时好天气工作日"（weather working days of 24 consecutive hours）计算

  D. 按"港口习惯速度尽快装卸"（to load/discharge in Customary Quick Despatch, CQD）计算

14. 海运提单的作用有（　　　　）。
   A. 提单是承运人或其代理人签发的货物收据
   B. 提单是货物所有权的凭证
   C. 提单是承运人和托运人之间订立运输合同的证明
   D. 提单是出口商与进口商业务证明

15. 提单中的托运人栏，填写托运人的全称、街名等信息。托运人可以是（　　　　）。
   A. 货主　　　　　　　　　　　　B. 货主的贸易代理人
   C. 货主的货运代理人　　　　　　D. 信用证的受益人

五、判断题

1. 香港地区货物出口铁路运输的特点是：租车方式；两票运输。（　）
2. 《跟单信用证统一惯例》将运输单据分成 7 类，这 7 类单据都是承运人或其代理人签发给托运人的货物收据，都是承运人保证凭以交付货物的物权凭证。（　）
3. 我国航运业所指的近洋航线（local line）是指由我国沿海出发去往大西洋及印度洋部分水域的对外贸易海运航线。（　）
4. 集装箱运输的特点是：货损货差小；包装费用低；转运手续简单；装卸效率高；运输时间短；运输成本高。（　）
5. 在集装箱运输业务中，整箱货用 LCL 表示。（　）
6. 海运提单的签发日期是指货物全部装船完毕的日期。（　）
7. 指示提单和记名提单同样可以背书转让。（　）
8. 根据《跟单信用证统一惯例》的规定，如果信用证中没有明确规定是否允许转运，则应该理解为允许。（　）
9. 如果某出口合同中规定装运期为"2024 年 7/8 月装运"，那么我方出口公司必须在 7 月、8 月两个月内每月各装一批。（　）
10. free in and out 是定程租船合同中有关装卸费用负担的规定，它是指船方管装又管卸。（　）
11. W/M plus A.V. 表示按重量吨或尺码吨或从价运费计收，即选择较高的一种作为计算运费的标准。（　）
12. 不清洁提单是指承运人在提单上加注货物表面、包装状况有不良或存在缺陷等批注的提单。（　）
13. 航空运单与海运提单一样，也是物权凭证，可以凭以提取货物。（　）
14. 某信用证规定在指定的时间段内分期发运，如果有任意一期未按信用证规定期限发运，信用证对该期及以后各期均告失效。（　）
15. 我方某出口公司海运出口货物一批，信用证规定最迟装运期为 5 月 10 号，信用证有效期为 5 月 24 号。我方出口公司业务员于 5 月 15 号装船完毕，16 号取得提单，要求船务公司显示提单日期为 5 月 10 号，这种做法叫作预借提单。（　）
16. 在租船货物运输中，租船人与船东双方的权利、义务和责任是以租船提单为依据的。（　）
17. 按照国际航运界惯例，速遣费通常是滞期费的一半。（　）
18. 运输合同中约定采用"班轮条件"，则运输公司必须派出班轮船只来装运货物。（　）

19. 对于FOB合同，由于是买方负责租船订舱，所以出口方无须向买方发出装船通知。
（　）

20. 凡装在同一艘船只或同一架飞机上的货物，即使装运时间或地点不同，也不能视为分期装运。
（　）

六、技能操作题

按下列要求制定进出口合同中的装运条款。

1. 2024年10月装运，允许分批，允许转运。
2. 不迟于6月15日装运，不允许分批，不允许转运。

七、案例分析

1. 广东某进出口公司向南太平洋岛国瓦努阿图TARAWA港出口食品一批，客户开来信用证注明transhipment prohibited。在执行装运时，业务员发现从广州港没有直达班轮到达Tarawa港，无奈之下只好通过香港转船。请问：我方向银行提交的单据是否会遭到拒付？为什么？

2. 我国某出口企业与美国A公司达成出口合同，A公司开来信用证的装运期规定为on or about September 10,2024。我方业务人员于2024年9月15日完成装货取得提单，提单日期为9月15日，我方业务员将全套单据送交银行时遭拒付。请问：银行拒付是否有理？为什么？

第六章
国际贸易销售合同保险条款

学习目标

- 掌握海洋运输货物保险的保障范围及险别。
- 理解并熟悉中国人民保险公司《海洋运输货物保险条款》和英国伦敦保险协会《协会货物保险条款》。
- 掌握保险单据的种类和用途。
- 熟悉国际贸易海运货物投保的操作过程,能够在实际业务中正确、灵活地订立保险条款。
- 增强学生对我国外贸事业的信心、责任感与使命感。
- 养成诚信经营、精益求精的优良品质。

导入案例

我方A公司按CIF条件向美国B公司出口一批服装,双方约定用信用证方式支付。A公司交货并向中国人民保险公司投保了一切险,通过银行完成议付。第2天接到客户来电,称装货的海轮在海上沉没,要求A公司出面向中国人民保险公司索赔,否则要该公司退回全部货款。请问:对客户的要求A公司该如何处理?

第一节 海运货物保险保障范围

海运货物保险保障范围

海运货物保险保障的范围,主要由海上风险、海上损失与费用及外来原因所引起的风险损失3个部分构成。

一、风险

在国际贸易中,货物在海上运输、装卸和储存的过程中,可能会遭遇各种不同的风险,而海上货物运输保险人主要承保的风险有海上风险和外来风险。

（一）海上风险

海上风险（perils of sea）在保险界又称为海难，包括海上发生的自然灾害和意外事故。

自然灾害（natural calamities）是指由于自然界的变异引起的破坏力量所造成的灾害。海运保险中，自然灾害仅指恶劣气候、雷电、海啸、地震、洪水、火山爆发等人力不可抗拒的灾害。

意外事故（fortuitous accidents）是指由于意料不到的原因所造成的事故。海运保险中，意外事故仅指搁浅、触礁、沉没、碰撞、火灾、爆炸和失踪等。

① 搁浅是指船舶与海底、浅滩或堤岸在事先无法预料到的情况下发生触碰并搁置，使船舶无法继续航行，无法按计划完成运输任务。规律性的潮汐涨落所造成的搁浅不属于保险搁浅的范畴。

② 触礁是指载货船舶触及水中岩礁或其他阻碍物（包括沉船）。

③ 沉没是指船体全部或大部分已经没入水面以下，并已失去继续航行的能力。如果船体部分入水，但仍具航行能力，则不视为沉没。

④ 碰撞是指船舶与船或其他固定的、流动的坚固物体猛力接触，如船舶与冰山、桥梁、码头、灯标等相撞等。

⑤ 火灾是指船舶本身、船上设备及运载的货物失火燃烧。

⑥ 爆炸是指船上锅炉或其他机器设备发生爆炸和船上货物受气候条件（如温度）影响产生化学反应引起的爆炸。

⑦ 失踪是指船舶在航行中失去联络、音讯全无，持续一定时间后仍无下落和消息。

（二）外来风险

外来风险（extraneous risk）一般是指由于海上风险以外的其他外来原因引起的风险。它可分为一般外来风险、特别外来风险和特殊外来风险。

① 一般外来风险是指货物在运输途中由于偷窃、下雨、短量、渗漏、破碎、受潮、受热、霉变、串味、沾污、钩损、生锈、碰损等所导致的风险。

② 特别外来风险是指交货不到、黄曲霉素、舱面货物损失、进口关税、拒收等特别外来原因引起的风险。

③ 特殊外来风险是指由于战争、罢工等政治、军事、国家禁令及管制措施所造成的风险与损失。例如，因政治或战争因素，运送货物的船只被敌对国家扣留而造成交货不到；进出口国家颁布的新政策、新的管制措施及国际组织的某些禁令，可能造成货物无法实现进出口而造成损失。

二、损失

损失由海上损失和外来风险损失两部分构成。

（一）海上损失

海上损失（loss of sea）简称海损，是指被保险货物在海洋运输途中因遭受海上风险而直接造成的任何损失。海损按损失程度的不同，可分为全部损失和部分损失。

1. 全部损失

全部损失（total loss）简称全损，是指运输途中整批货物或不可分割的一批货物全部灭失或损失。从损失的性质看，全损又可分为实际全损和推定全损两种。

(1) 实际全损

实际全损 (actual total loss) 又称绝对全损,是指被保险货物在运输途中全部灭失或等同于全部灭失。

在保险业务上构成实际全损的主要有以下 4 种。

① 保险标的物全部灭失。例如,载货船舶遭遇海难后沉入海底,保险标的物实体完全灭失。

② 保险标的物的物权完全丧失已无法挽回。例如,载货船舶被海盗抢劫,或者船货被敌对国扣押等。虽然标的物仍然存在,但被保险人已失去标的物的物权。

③ 保险标的物已丧失原有商业价值或用途。例如,水泥受海水浸泡后变硬、面粉被海水浸泡后已失去原有价值。

④ 载货船舶失踪,无音讯已达相当长一段时间 (一般为 4~6 个月)。在国际贸易实务中,一般根据航程的远近和航行的区域来决定时间的长短。

(2) 推定全损

推定全损 (constructive total loss) 是指被保险货物在运输途中受损后,实际全损已经不可避免,或者进行施救、恢复、修理、复原的费用已超过将货物运抵目的港的价值,或者已超出保险补偿的价值,这种损失即为推定全损。构成被保险货物推定全损的情况有以下 4 种。

① 保险标的物受损后,其修理费用超过货物修复后的价值。

② 保险标的物受损后,其整理和继续运往目的港的费用,超过货物到达目的港的价值。

③ 保险标的物的实际全损已经无法避免,为避免全损所需的施救费用,将超过获救后标的物的价值。

④ 保险标的物遭受保险责任范围内的事故,使被保险人失去标的物的所有权,而收回标的物的所有权,其费用已超过收回标的物的价值。

2. 部分损失

部分损失 (partial loss) 是指被保险货物的损失没有达到全部损失的程度。部分损失按其性质,可分为共同海损和单独海损。

(1) 共同海损

2004 年国际海事委员会修订的《约克·安特卫普规则》规定:"共同海损 (general average) 是指载货船舶在海运上遇难时,船方为了共同安全,以使同一航程中的船货脱离危险,有意而合理地做出的牺牲或引起的特殊费用,这些损失和费用被称为共同海损。"

以下条件构成共同海损。

① 共同海损的危险必须是实际存在的,或者是不可避免的,而非主观臆测的,因为不是所有的海上灾难、事故都会引起共同海损。

② 必须是自愿地和有意识地采取合理措施所造成的损失或发生的费用。

③ 必须是为船货共同安全采取的谨慎行为或措施时所做的牺牲或引起的特殊费用。

④ 必须是属于非常性质的牺牲或发生的费用,并且是以脱险为目的。

共同海损行为所做出的牺牲或引起的特殊费用,都是为使船主、货主和承运方不遭受损失而支出的。因此,不管其大小如何,都应由船主、货主和承运各方按获救的价值,以一定的比例分摊,这种分摊叫共同海损的分摊。在分摊共同海损费用时,不仅要包括未受损失的利害关系人,而且还需要包括受到损失的利害关系人。

(2) 单独海损

单独海损 (particular average) 是指保险标的物在海上遭受承保范围内的风险所造成的船舶

或货物所有人单方面的损失,即指除共同海损以外的部分损失。这种损失只能由标的物所有人单独负担。单独海损与共同海损的区别如下。

① 它不是人为有意造成的部分损失。

② 它是保险标的物本身的损失。

③ 单独海损由受损失的被保险人单独承担,但其可根据损失情况从保险人那里获得赔偿。根据英国《海商法》,货物发生单独海损时,保险人应赔金额的计算等于受损价值与完好价值之比乘以保险金。

(二)外来风险损失

外来风险损失(loss of extraneous risk)是指海上风险以外其他外来风险造成的损失。按照不同的原因,它可分为一般外来风险损失、特别外来风险损失和特殊外来风险损失。

各种风险与损失具体如表 6.1 所示。

表 6.1　各种风险与损失

风 险		损 失		
海上风险	自然灾害	海上损失	全部损失	实际全损
				推定全损
	意外事故		部分损失	共同海损
				单独海损
外来风险	一般外来风险	外来风险损失	一般外来风险损失	
	特别外来风险		特别外来风险损失	
	特殊外来风险		特殊外来风险损失	

三、费用

海上货物保险的费用是指为营救被保险货物所支出的费用。它主要有如下 4 种。

(一)施救费用

施救费用(sue and labour expenses)是指被保险货物在遭受保险责任范围内的灾害事故时,被保险人、船方或其他有关人员为避免和减少损失,采取各种措施而支付的合理费用。

(二)救助费用

救助费用(salvage charge)是指当被保险货物在遭遇承保范围内的灾害事故时,被保险人以外的第三者采取救助措施所产生的费用。该费用由被保险人支付。

(三)特别费用

特别费用(special charge)是指货物的运载工具遭遇海上灾害或意外事故不能继续航行,必须把货物卸下存仓,再由原船装载续运,或者由他船受载代运等所产生的费用。

(四)额外费用

额外费用(extra charge)是为索赔举证等而支付的必要费用。这项费用只有在保险标的物的确有损失、赔偿确实成立的情况下,保险人才予以负责。

同步案例 6–1

某货轮从上海港驶往纽约港途中,A 舱突然失火,船长误以为 B 舱也同时失火,命令对 A、

B 两舱同时注水施救。A 舱中共有两批货物，甲批货物全部焚毁，乙批货物为牛皮纸，全部遭受水浸；B 舱货物为茶叶，也全部遭受水浸。试问：A 舱中的甲批货物、乙批货物牛皮纸及 B 舱中的茶叶，哪些属于共同海损？哪些属于单独海损？分别由谁承担损失？

第二节　海运货物保险条款

中国人民保险公司分别对海运、陆运、空运、邮包运输等方式制定了系列保险条款，做出了相应的规定。

中国人民保险公司于 1981 年 1 月 1 日修订并正式生效的《海洋运输货物保险条款》(Ocean Marine Cargo Clauses) 规定了海运货物保险的责任范围、责任起讫、除外责任、被保险人的义务和索赔期限等内容。

一、海洋运输货物保险的责任范围

海洋运输货物保险险别分为基本险别（主险）和附加险别两种。附加险别包括一般附加险、特别附加险和特殊附加险。

（一）基本险别

中国人民保险公司规定的基本险别（主险）包括平安险、水渍险和一切险，在实际业务中可以单独投保和承保。

1. 平安险

平安险（Free from Particular Average，FPA）这一名称在我国保险行业中沿用甚久，其英文原意是指单独海损不负责赔偿。根据国际保险界对单独海损的解释，它是指部分损失。因此，平安险的原来保障范围只赔全损，但在长期实践过程中对平安险的责任范围进行了补充和修订。当前，平安险的责任范围已经超出只赔全损的限制。概括起来，这一险别的责任范围主要包括以下几种。

① 在运输过程中，由于地震、洪水、雷电、海啸等自然灾害造成整批货物的全损（实际全损或推定全损）。例如，用驳船载货时，每一驳船货物视为一整批。

② 由于运输工具遭搁浅、触礁、沉没、互撞、与流冰或其他物体碰撞，以及失火、爆炸等意外事故造成被保险货物的全部或部分损失。

③ 运输工具曾经发生搁浅、触礁、沉没、焚毁等意外事故，不论在这个意外事故发生之前或之后是否在海上遭受恶劣气候、雷电、海啸等自然灾害所造成的被保险货物的部分损失。

④ 在装卸转船过程中，被保险货物一件或数件，甚至整批落海所造成的全部或部分损失。

⑤ 被保险人在保险标的物遭受承保责任内的风险时，采取抢救、防止或减少货损措施所支付的合理、额外费用，但以不超过保险标的物的保险金额为限。

⑥ 运输工具遭自然灾害或意外事故，需要在中途的港口或避难港口停靠，因而引起的卸货、装货、存仓及运送货物所产生的特别费用。

⑦ 发生共同海损所引起的牺牲、公摊费和救助费用。

⑧ 运输契约订有船舶互撞责任条款，根据该条款规定应由货方偿还船方的损失。

第六章 国际贸易销售合同保险条款

同步案例 6-2

1. We will have the goods covered against Free from Particular Average.

我们将为货物投保平安险。

2. The goods are to be insured FPA.

这批货需要投保平安险。

2．水渍险

水渍险（With Particular Average，WPA）的英文原意是负责单独海损，责任范围除包括上列平安险的各项责任之外，还负责被保险货物由于恶劣气候、雷电、海啸、地震、洪水等自然灾害所造成的部分损失。

同步案例 6-3

1. The coverage is WPA.

投保的险别为水渍险。

2. A WPA policy covers you against partial loss in all cases.

水渍险在任何情况下都给保部分损失险。

同步案例 6-4

我方某出口企业出口装饰纸 1 000 卷，根据中国人民保险公司《海洋运输货物保险条款》投保了水渍险。货物到达目的港后，进口商发现 500 卷装饰纸有水渍，经实验室化验确定其中 200 卷的水渍为海水，另外 300 卷的水渍为淡水。试问：保险公司是否会对这 500 卷装饰纸做出赔偿？为什么？

3．一切险

一切险（All Risks，AR）的责任范围除包括上列平安险和水渍险的所有责任外，还包括货物在运输过程中因各种外来原因所造成保险货物的损失。不论是全部还是部分损失，除对某些运输途耗的货物经保险公司与被保险人双方约定，在保险单上载明的免赔率外，保险公司都给予赔偿。

被保险人可以单独从上述 3 种货物运输基本险中选择一种投保。

同步案例 6-5

1. We'd like to cover the porcelain ware against All Risks.

我们想为这批瓷器投保一切险。

2. Generally, the term all marine risks is liable to be misinterpreted and its use should be avoided in L/C.

一般地，一切海洋运输货物险容易被误解，应该避免在信用证中使用。

（二）附加险别

1．一般附加险

一般附加险（general additional risk）对应一般外来风险，包括以下 11 种。

① 偷窃、提货不着险（Theft Pilferage and Non-Delivery，TPND）。在保险有效期内，保险货物被偷走或窃走，以及货物运抵目的地以后整件未交的损失，由保险公司负责赔偿。

② 淡水雨淋险（Fresh Water Rain Damage，FWRD）。货物在运输中，由于淡水、雨水乃至雪融所造成的损失，保险公司都应负责赔偿。淡水包括船上淡水舱、水管漏水及船汗等。

③ 短量险（risk of shortage）。该险负责保险货物数量短少和重量的损失。通常包装货物的短少，保险公司必须查清外包装是否出现异常现象，如破口、破袋、扯缝等。如果属于散装货物，则往往用装船和卸船重量之间的差额作为计算短量的依据，但不包括正常的途耗。

④ 混杂、沾污险（risk of intermixture & contamination）。混杂、沾污是指被保险货物在运输过程中，混进了杂质所造成的损坏。例如，小麦等商品混进了泥土、草屑等而使质量受到影响。此外，保险货物因为与其他物质接触而被沾污，如食物、服装、布匹、纸张等被油类或带色的物质污染因而引起的经济损失，也在本险内。

⑤ 渗漏险（risk of leakage）。这是指流质、半流质的液体物质和油类物质，在运输过程中因为容器损坏而引起的渗漏损失由保险公司负责赔偿。例如，以液体装存的湿肠衣，因为液体渗漏而使肠衣发生腐烂、变质等损失，均由保险公司负责赔偿。

⑥ 碰损、破碎险（risk of clash & breakage）。碰损主要针对金属、木质等货物，破碎则主要针对易碎性物质。前者是指在运输途中，因为受到震动、颠簸、挤压而造成货物本身的损失；后者是在运输途中由于装卸野蛮、粗鲁，运输工具的颠震造成货物本身的破裂、断碎的损失。这些损失由保险公司负责赔偿。

⑦ 串味险（taint of odour risk）。这是指某些商品易挥发气味，而某些商品则易吸收其他商品的气味。例如，茶叶、香料、药材等在运输途中受到一起堆储的大蒜、樟脑等异味的影响使品质受到损失，由保险公司负责赔偿。

⑧ 受热、受潮险（heating & sweating risks）。船舶在航行途中，由于气温骤变，或者因为船上通风设备失灵等使舱内水汽凝结、发潮、发热引起货物的损失，由保险公司负责赔偿。

⑨ 钩损险（hook damage）。这是指保险货物在装卸过程中因为使用手钩、吊钩等工具所造成的损失由保险公司负责赔偿。例如，粮食包装袋因吊钩钩坏而造成粮食外漏所造成的损失，保险公司在承保该险的情况下，应予赔偿。

⑩ 包装破裂险（breakage of packing risk）。这是指因为包装破裂造成物资的短少、沾污等损失由保险公司负责赔偿。此外，对于因被保险货物在运输过程中续运安全需要而产生的候补包装、调换包装所支付的费用，保险公司也应负责。

⑪ 锈损险（risks of rust）。这是指保险公司负责被保险货物在运输过程中因为生锈造成的损失。不过这种生锈必须在保险期内发生，如果原装时就已生锈，则保险公司不负责任。

在实际业务中上述 11 种附加险不能独立承保，必须附属于基本险。也就是说，只有在投保了基本险以后，投保人才允许投保附加险。投保一切险后，上述 11 种险别均自动包括在内。

同步案例 6-6

我方某出口企业出口茶叶一批，在办理保险业务时，外贸业务员根据中国人民保险公司《海洋货物保险条款》投保一切险。试问：外贸业务员为什么这样操作？是否可以投保水渍险并附加串味险？两者有何区别？

国贸常识

在实际进出口业务中，一切险的承保范围是在水渍险的基础上加 11 种附加险。当然也可以在投保时，选择以平安险或水渍险为主险，再根据货物的特征选择加保 11 种附加险中的一种或几种。很显然，前者比后者支付的保费要高一些。

第六章　国际贸易销售合同保险条款

2．特别附加险

特别附加险（special additional risk）对应特别外来风险。目前，中国人民保险公司承保的特别附加险有交货不到险（failure to delivery risk）、进口关税险（import duty risk）、黄曲霉素险（aflatoxin risk）、舱面险（on deck risk）、拒收险（rejection risk）和出口货物到香港（包括九龙在内）或澳门储存仓火险责任扩展条款（Fire Risk Extention Clause for storage of cargo at destination HongKong, including Kowloon or Macao, FREC）。

3．特殊附加险

特殊附加险对应特殊外来风险，包括战争险（war risk）和罢工险（strikes risk）等。

特别附加险和特殊附加险均不能单独投保。在实际业务中，只有投保了基本险之后，保险承保人才允许加保一种或数种特别附加险、特殊附加险。

二、海洋运输货物保险的责任起讫

（一）基本险的责任起讫

根据国际保险业务惯例，中国人民保险公司《海洋运输货物保险条款》规定的承保责任起讫或称保险期限，采用的是仓至仓条款（Warehouse to Warehouse clause，W/W clause）。

仓至仓条款是指保险责任自被保险货物运离保险单所载明的起运地仓库或储存处开始，包括正常运输中的海上、陆上、内河和驳船运输在内，直至该项货物运抵保险单所载明的目的地收货人的最后仓库或储存处所，或者被保险人用作分配、分派或非正常运输的其他储存处所为止。当货物从目的港卸离海轮时起算满60天，不论被保险货物有没有进入收货人仓库，保险责任均告终止。如果上述保险期限内被保险货物需要转运到非保险单所载明的目的地，则保险责任于该保险货物开始转运时终止。

国贸常识

在实际业务中，选择不同的贸易术语，保险公司承保的责任起讫是不同的。例如，CIF贸易术语成交，由出口方办理投保，其保险责任适用仓至仓条款——从出口方的仓库至进口方的仓库；如果以FOB、CFR贸易术语成交，由进口方办理投保，则保险公司只负责货物在装上海轮后至货物运抵目的港的收货人的仓库。

（二）战争险的责任起讫

海运货物战争险的责任起讫是自被保险货物装上起运港的海轮或驳船时开始，直到该货物运抵保险单所载明的目的港卸离海轮或驳船时为止。如果货物到达目的港不卸离海轮或驳船，则保险责任最长延至货轮到达目的港当日午夜12时起满15天即告终止。

同步案例 6-7

我方某出口公司以FOB汉堡向德国出口货物一批，由进口方在德国投保一切险，适用仓至仓条款。我方在交货时，从工厂到装运港途中拖车侧翻，货柜掉入河中。试问：进口方是否可以向保险公司提出索赔？能否得到赔偿？为什么？

三、海运货物基本险的除外责任

除外责任是指保险不予负责的损失或费用，一般都有属非意外的、非偶然性的或需要特约承保的风险。为了明确保险人承保海运保险的责任范围，中国人民保险公司《海洋运输货物保险条款》中对海运基本险别的除外责任有下列5项。

① 被保险人的故意行为或过失所造成的损失。
② 各地发货人责任所引起的损失。
③ 在保险责任开始前，被保险货物已存在的品质不良或数量短差所造成的损失。
④ 被保险货物的自然损耗、本质缺陷、特性及市价跌落、运输延迟所引起的损失和费用。
⑤ 战争险和罢工险条款规定的责任及其险外责任。

同步案例 6-8

我方A公司以CIF价出口午餐肉罐头一批，投保一切险。货物到达目的港，卸货后发现罐头胀罐，并且马口铁严重生锈，无法销售。后经过调查发现，在生产加工时消毒不严格，并且生产商为了降低生产成本，使用了不合格的马口铁。试问：保险公司是否应赔偿这项损失？

四、英国伦敦保险协会海运货物保险条款

英国伦敦保险协会的《协会货物保险条款》(Institute Cargo Clause，ICC)，在国际保险市场上有着重要的影响。该条款有以下6种保险险别。

① 协会货物(A)险条款，即 Institute Cargo Clause (A)，简称 ICC (A)。
② 协会货物(B)险条款，即 Institute Cargo Clause (B)，简称 ICC (B)。
③ 协会货物(C)险条款，即 Institute Cargo Clause(C)，简称 ICC (C)。
④ 协会战争险条款（货物），即 institute war clauses-cargo。
⑤ 协会罢工险条款（货物），即 institute strikes clauses-cargo。
⑥ 恶意损害险条款，即 malicious damage clauses。

其中，除恶意损害险不能单独投保外，其余5种险别都可以单独投保。

保险公司的承保范围：ICC (A)相当于我国海运货物保险的一切险；ICC (B)相当于我国海运货物保险的水渍险；ICC (C)相当于我国海运货物保险的平安险。以上3种险别，保险公司的承保责任起讫适用仓至仓条款。我方保险公司可根据客户的要求，酌情按ICC的有关规定承保。

（一）ICC (A)险的责任范围和除外责任

1. 责任范围

ICC (A)险的责任范围是如下除外责任以外的一切风险所造成的保险标的物的损失。

2. 除外责任

（1）一般除外责任
① 由于被保险人故意的不法行为引起的损失或费用。
② 自然损耗、自然渗漏、自然磨损、包装或准备不足或不当导致的损失或费用。
③ 保险标的物的内在缺陷或特性导致的费用。
④ 直接由于延迟引起的损失或费用。
⑤ 由于船舶所有人、租船人经营破产，或者不履行债务引起的损失或费用。
⑥ 由于使用任何原子弹或其他核武器引起的损失或费用。

（2）不适航、不适货除外责任

这是指被保险人或其雇用人，在保险标的装船时已经知道船舶不适航，以及船舶装运工具、集装箱等不适货引起的损失或费用。例如，违反适航、适货的默示保证为被保险人或其雇用人

所熟悉。

（3）战争除外责任

这主要是指战争、内战、敌对行为等导致的损失或费用，捕获、拘留、扣留等（海盗除外）导致的损失或费用，漂流水雷、鱼雷等导致的损失或费用。

（4）罢工除外责任

这主要是指罢工者、被迫停工工人导致的损失或费用，以及由于罢工、被迫停工引起的损失或费用；任何恐怖主义者或出于政府动机而行动的人所致的任何损失或费用。

（二）ICC (B)险的责任范围和除外责任

1．责任范围

ICC (B)险对承保风险的规定采用列明风险的方法，即在条款的首部把保险人所承保的风险一一列出。保险标的物的灭失或损坏可合理地归因于下列任何之一者，保险人予以赔偿：火灾或爆炸；船舶或驳船搁浅、触礁、沉没或颠覆；陆上运输工具的倾覆或出轨；船舶、驳船或运输工具同除水以外的任何外界物体碰撞；在避难港卸货；地震、火山爆发、雷电；共同海损；抛货；浪击落海；海水、湖水或河水进入船舶、驳船、运输工具、集装箱、大型海运箱或储存处所；货物在装卸时落海或摔落造成整件的全损。

2．除外责任

ICC (B)与 ICC (A)险的除外责任基本相同，但有如下两点区别。

① ICC (A)险只对被保险人的故意不法行为导致的损失、费用不负赔偿责任，但对于被保险人之外的任何个人或数人故意损害和破坏标的物或其他任何部分的损害要负赔偿责任。但在 ICC (B)险下，保险人对此也不负赔偿责任。

② ICC (A)险把海盗行为列入保险范围，而 ICC (B)险对海盗行为不负保险责任，属于除外责任。

（三）ICC (C)险的责任范围和除外责任

1．ICC (C)险的责任范围

ICC (C)险对承保风险的规定也采用列明风险的方法，但承保的风险比 ICC (A)、ICC (B)险要小得多——只承保重大意外事故，而不承保自然灾害及非重大意外事故。其具体承保的风险有：火灾、爆炸；船舶或驳船触礁、搁浅、沉没或倾覆；陆上运输工具倾覆或出轨；船舶、驳船或运输工具同除水以外的任何外界物体碰撞；在避难港卸货；共同海损；抛货。

2．ICC (C)险的除外责任

ICC (C)险的除外责任与 ICC (B)险完全相同。

由上可见，ICC (A)险承保的风险类似我国的一切险；ICC (B)险类似我国的水渍险；ICC (C)险则类似我国的平安险，但比平安险的责任范围要小。

至于战争险、罢工险和恶意损坏险则不同于中国保险条款的规定，即不一定要在投保 3 种基本险别的基础上才能加保，而是战争险、罢工险可以作为独立险别投保，恶意损坏险则不能单独投保。恶意损坏险是新增的附加险别，它所承保的是被保险人以外的其他人（如船长、船员等）的故意破坏行为所致被保险货物的灭失和损害。它属于 ICC (A)险的责任范围，但在 ICC (B)和 ICC (C)险中，则被列为除外责任。

英国伦敦保险协会的《协会货物保险条款》新条款中有关保险期限的规定：被保险货物在最后卸载港全部卸离海轮后满 60 天为止。

我国外贸所使用的保险条款，绝大部分是使用中国人民保险公司于 1981 年 1 月 1 日修订的《海洋运输货物保险条款》。部分国家开来的信用证使用的是英国伦敦保险协会的新的《协会货物保险条款》，目前中国人民保险公司也接受办理英国伦敦保险协会的新的《协会货物保险条款》。

国际上还有《联合国海上货物保险条款》、《法国海上货物保险单条款》（French Marine Cargo Insurance Policy Terms）和《美国协会货物保险条款》（American Institute Cargo Clauses）等。这几种保险条款在国际贸易中很少使用。

英国劳合社是当今世界上规模和影响较大的保险组织之一，包括数百个承保各类风险的组合。它的会员多达数万人，来自世界 50 多个国家。2000 年 11 月，英国劳合社正式在北京设立办事处。

中国人民保险公司《海洋运输货物保险条款》（节选）
1981 年 1 月 1 日修订

一、责任范围

本保险分为平安险、水渍险及一切险三种。被保险货物遭受损失时，本保险按照保险单上订明承保险别的条款规定，负赔偿责任。

（一）平安险

本保险负责赔偿：

1. 被保险货物在运输途中由于恶劣气候、雷电、海啸、地震、洪水自然灾害造成整批货物的全部损失或推定全损。当被保险人要求赔付推定全损时，须将受损货物及其权利委付给保险公司。被保险货物用驳船运往或运离海轮的，每一驳船所装的货物可视作一个整批。

推定全损是指被保险货物的实际全损已经不可避免，或者恢复、修复受损货物及运送货物到原定目的地的费用超过该目的地的货物价值。

2. 由于运输工具遭受搁浅、触礁、沉没、互撞、与流冰或其他物体碰撞及失火、爆炸意外事故造成货物的全部或部分损失。

3. 在运输工具已经发生搁浅、触礁、沉没、焚毁意外事故的情况下，货物在此前后又在海上遭受恶劣气候、雷电、海啸等自然灾害所造成的部分损失。

4. 在装卸或转运时由于一件或数件整件货物落海造成的全部或部分损失。

5. 被保险人对遭受承保责任内危险的货物采取抢救、防止或减少货损的措施而支付的合理费用，但以不超过该批被救货物的保险金额为限。

6. 运输工具遭遇海难后，在避难港由于卸货所引起的损失及在中途港、避难港由于卸货、存仓及运送货物所产生的特别费用。

7. 共同海损的牺牲、分摊和救助费用。

8. 运输契约订有"船舶互撞责任"条款，根据该条款规定应由货方偿还船方的损失。

（二）水渍险

除包括上列平安险的各项责任外，本保险还负责被保险货物由于恶劣气候、雷电、海啸、地震、洪水自然灾害所造成的部分损失。

（三）一切险

除包括上列平安险的各项责任外，本保险还负责被保险货物在运输途中由于外来原因所致的全部或部分损失。

二、除外责任

本保险对下列损失不负赔偿责任：

（一）被保险人的故意行为或过失所造成的损失。

（二）属于发货人责任所引起的损失。

（三）在保险责任开始前，被保险货物已存在的品质不良或数量短差所造成的损失。

（四）被保险货物的自然损耗、本质缺陷、特性及市价跌落、运输延迟所引起的损失或费用。

（五）本公司海洋运输货物战争险条款和货物运输罢工险条款规定的责任范围和除外责任。

三、责任起讫

（一）本保险负"仓至仓"责任，自被保险货物运离保险单所载明的起运地仓库或储存处所开始运输时生效，包括正常运输过程中的海上、陆上、内河和驳船运输在内，直至该项货物到达保险单所载明目的地收货人的最后仓库或储存处所或被保险人用作分配、分派或非正常运输的其他储存处所为止。如未抵达上述仓库或储存处所，则以被保险货物在最后卸载港全部卸离海轮后满六十天为止。如果在上述六十天内被保险货物需转运到非保险单所载明的目的地时，则以该项货物开始转运时终止。

（二）由于被保险人无法控制的运输延迟、绕道、被迫卸货、重行装载、转载或承运人运用运输契约赋予的权限所做的任何航海上的变更或终止运输契约，致使被保险货物运到非保险单所载明目的地时，在被保险人及时将获知的情况通知保险人，并在必要时加交保险费的情况下，本保险仍继续有效，保险责任按下列规定终止。

1. 被保险货物如在非保险单所载明的目的地出售，保险责任至交货时为止，但不论任何情况，均以被保险货物在卸载港全部卸离海轮后满六十天为止。

2. 被保险货物如在上述六十天期限内继续运往保险单所载明原目的地或其他目的地时，保险责任仍按上述第（一）款的规定终止。

四、被保险人的义务

被保险人应按照以下规定的应尽义务办理有关事项，如因未履行规定的义务而影响保险人利益时，本公司对有关损失，有权拒绝赔偿。

（一）当被保险货物运抵保险单所载明的目的港（地）以后，被保险人应及时提货。当发现被保险货物遭受任何损失，应即向保险单上所载明的检验、理赔代理人申请检验，如发现被保险货物整件短少或有明显残损痕迹，应即向承运人、受托人或有关当局（海关、港务当局等）索取货损货差证明。如果货损货差是由于承运人、受托人或其他有关方面的责任所造成的，应以书面方式向它们提出索赔，必要时还须取得延长时效的认证。

（二）对遭受承保责任内危险的货物，被保险人和本公司都可迅速采取合理的抢救措施，防止或减少货物的损失，被保险人采取此项措施，不应视为放弃委付的表示，本公司采取此项措施，也不得视为接受委付的表示。

（三）如遇航程变更或发现保险单所载明的货物、船名或航程有遗漏或错误时，被保险人应在获悉后立即通知保险人并在必要时加交保险费，本保险才继续有效。

（四）在向保险人索赔时，必须提供下列单证：

保险单正本、提单、发票、装箱单、磅码单、货损货差证明、检验报告及索赔清单。如涉及第三者责任，还须提供向责任方追偿的有关函电及其他必要单证或文件。

（五）在获悉有关运输契约中"船舶互撞责任"条款的实际责任后，应及时通知保险人。

五、索赔期限

本保险索赔时效，从被保险货物在最后卸载港全部卸离海轮后起算，最多不超过两年。

第三节　其他运输方式的货物保险

在国际贸易中，货物运输除主要采用海洋运输方式之外，还有陆上运输、航空运输、邮政包裹运输及由海运、陆运、空运等两种或两种以上运输方式衔接起来所组成的多式联运方式。随着国际贸易的发展，陆上、航空、邮政包裹运输的保险，在整个保险业务中的重要性也日益凸显。

一、陆上运输货物保险

陆上运输货物保险是货物运输保险的一种，分为陆运险和陆运一切险两种。

（一）陆运险的责任范围

保险公司对陆运险的承保范围大致相当于海运险中的水渍险。

陆运险（overland transportation risks）是指保险公司负责被保险货物在运输途中遭受暴风、雷电、地震、洪水等自然灾害，或者由于陆上运输工具（主要是指火车、汽车）遭受碰撞、倾覆或出轨，或者在驳运过程中因驳运工具搁浅、触礁、沉没、碰撞，或者由于遭受隧道坍塌、崖崩或火灾、爆炸等意外事故所造成的全部或部分损失。此外，还包括被保险人对遭受承保责任内风险的货物采取抢救、防止或减少货损措施而支付的不超过这批被救助货物保险金额的合理费用。

（二）陆运一切险的责任范围

保险公司对陆运一切险的承保范围大致相当于海运险中的一切险。

陆运一切险（overland transportation all risks）的承保责任范围除包括上述陆运险的责任外，保险公司对被保险货物在运输途中由于外来原因造成的短少、短量、偷窃、渗漏、碰损、破碎、钩损、雨淋、生锈、受潮、发霉、串味、沾污等造成的全部或部分损失也负责赔偿。

（三）陆上运输货物保险的除外责任

① 被保险人的故意行为或过失所造成的损失。
② 属于发货人所负责任或被保险货物的自然消耗所引起的损失。
③ 由于战争、工人罢工或运输延迟所造成的损失。

（四）陆上运输货物保险责任的起讫期限

陆上运输货物保险责任的起讫期限与海洋运输货物保险的仓至仓条款基本相同，是从被保险货物运离保险单所载明的起运地发货人的仓库或储存处所开始运输时生效，包括正常陆运和有关水上驳运在内，直至该项货物送交保险单所载明的目的地收货人仓库或储存处所，或者被保险人用作分配、分派或非正常运输的其他储存处所为止。但如果未运抵上述仓库或储存处所，则以被保险货物到达最后卸载的车站后，保险责任以60天为限。

不过在陆上运输货物保险中，被保险货物除保陆运险和陆运一切险外，经过协商还可以加保陆上运输货物保险的附加险，如陆运战争险（仅以铁路运输为限）。其责任起止不是仓至仓，而是以货物置于运输工具为限。陆运战争险与海运战争险,由于运输工具有其本身的特点,具体责任有一些差别,但就战争险的共同负责范围来说基本上是一致的,即对直接由于战争、类似战争行为及武装冲突所导致的损失,如货物由于捕获、扣留、禁制和扣押等行为引起的损失应负责赔偿。

二、航空运输货物保险

保险公司承保通过航空运输的货物,保险责任是围绕飞机作为主体来加以规定的。航空运输货物保险分为航空运输险和航空运输一切险两种。

(一)航空运输险

保险公司对航空运输险的承保范围大致相当于海运险中的水渍险。

航空运输险(air transportation risks)是指保险公司负责赔偿被保险货物在运输途中遭受雷电、火灾、爆炸,或者由于飞机遭受恶劣气候或其他危难事故而被抛弃,或者由于飞机遭遇碰撞、倾覆、坠落或失踪等意外事故所造成的全部或部分损失;负责被保险人对遭受承保责任内的事故所采取的抢救、防止或减少货损的措施而支付的合理费用,但以不超过被抢救货物的保险金额为限。

(二)航空运输一切险

保险公司对航空运输一切险的承保范围大致相当于海运险中的一切险。

航空运输一切险(air transportation all risks)是指除上述航空运输险的各项责任外,还包括被保险货物由于一般外来原因所造成的全部或部分损失。

(三)航空运输货物保险的除外责任

航空运输险、航空运输一切险的除外责任与《海洋运输货物保险条款》基本险的除外责任基本相同。

(四)航空运输货物保险责任的起讫期限

航空运输货物保险的责任起讫期限也采用仓至仓条款,但与海运险条款中的仓至仓条款有所不同:从被保险货物运离保险单所载明起运地仓库或储存处所开始运输生效,在正常运输过程中继续有效,直至该货物抵运保险单所载明目的地,交到收货人仓库或储存处所,或者被保险人用作分配、分派或非正常运输的其他储存处所,被保险货物在最后卸载地卸离飞机后满30天为止。如果在上述30天内被保险货物需要转送到非保险单所载明的目的地,则从该货物开始转运时终止。

该保险索赔期限从被保险货物在最后卸载地卸离飞机起算,最多不超过2年。

与上述陆上运输货物保险一样,被保险货物在投保航空运输险和航空运输一切险后,还可经协商加保航空运输货物战争险等附加险。航空运输货物战争险条款包括:直接由于战争、类似战争及敌对行为、武装冲突所致的损失;各种常规武器,如地雷、炸弹等所致的损失;因特殊附加险中引起的拘留、扣留、禁制、捕获、扣押损失。因敌对行为使用原子武器或热核武器所致的损失和费用,以及由于执政者、当权者或其他武装集团的扣留、扣押引起的航程的丧失和挫折而提出的索赔要求不予负责。

航空运输货物战争险的保险责任自被保险货物装上保险单所载起运地飞机时开始,到卸离保险单所载目的地飞机时为止。如果被保险货物不卸离飞机,则最长期限以飞机到达目的地的当日午夜起满 15 天为止；如果需中途转运，则保险责任以飞机到达转运地的当日午夜起满 15 天为止，待货物在上述期限内重新装机续运，本保险恢复有效。

航空运输货物保险的附加险，除战争险外，还可加保罢工险。

三、邮包保险

保险公司承保通过邮局邮包寄递的货物在邮递过程中发生保险事故所致的损失。以邮包方式将货物发送到目的地可能通过海运，也可能通过陆上或航空运输，或者经过两种或两种以上的运输工具运送。不论通过何种运送工具，凡是以邮包方式将贸易货物运达目的地的保险均属邮包保险。邮包保险按其保险责任分为邮包险和邮包一切险两种。前者与海洋运输货物保险水渍险的责任相似，后者与海洋运输货物保险一切险的责任基本相同。

（一）邮包险

邮包险（parcel post risks）的承保责任范围是被保险货物在运输途中由于恶劣气候、雷电、海啸、洪水、自然灾害，或者由于运输工具遭受搁浅、触礁、碰撞、沉没、倾覆、出轨、坠落、失踪，或者由于失火、爆炸等意外事故所造成的全部或部分损失。另外，还负责被保险人对遭受保险责任范围内的货物采取抢救、防止或减少货损的措施而支付的合理费用，但以不超过该批被抢救货物的保险金额为限。

（二）邮包一切险

邮包一切险（parcel post all risks）的承保责任范围除上述邮包险的各项责任外，还负责被保险的邮包在运输途中由于外来原因所致的全部或部分损失。

（三）邮包保险的除外责任

邮包险、邮包一切险的除外责任与《海洋运输货物保险条款》中基本险的除外责任相同。

（四）邮包保险责任的起讫期限

邮包保险责任的起讫期限是自被保险邮包离开保险单所载明的起运地点寄件人的处所运往邮局时开始生效，直至被保险邮包运达保险单所载明的目的地邮局，自邮局签发到货通知书当日午夜起算，满 15 天终止。但在此期限内，邮包一经递交至收件人的处所时，保险责任即行终止。

此外，在附加险方面，除战争险外，海洋运输货物保险中的一般附加险和特殊附加险险别和条款均可适用于陆、空、邮运输货物保险。

综上所述，中国人民保险公司承保的险种如表 6.2 所示。

表 6.2 中国人民保险公司承保险种

保险种类	保险责任	保险险别
海洋运输 货物保险	承保海洋运输的货物，保险责任以海上运输工具为主要考虑对象	1. 海洋运输货物保险。承保海运途中因自然灾害或意外事故造成的货物损失。它分为平安险、水渍险和一切险 3 种，是海运险中的主要险种 2. 海洋运输货物战争险。属于特殊附加险，承保海上发生战争等行为造成的货物损失 3. 海洋运输冷藏货物保险。属于海洋运输专门保险，承保海运冷藏货物，因灾害事故造成的货物损坏。它分为水渍险和一切险两种 4. 海洋运输散装桐油险。它负责不论任何原因造成的短少、渗漏、沾污和变质等损失

第六章　国际贸易销售合同保险条款

(续表)

保险种类	保险责任	保险险别
陆上运输货物保险	承保陆上运输的货物，保险责任以火车、汽车为主要考虑对象	1. 陆上运输货物保险。承保陆运途中因自然灾害或意外事故造成的货物损失。它分为陆运险、陆运一切险，是陆运险中的主要险种 2. 陆上运输冷藏货物险。属于陆上运输中的专门保险，承保冷藏货物因自然灾害或意外事故造成的货物损失
航空运输货物保险	承保航空运输的货物，保险责任以飞机为主要考虑对象	1. 航空运输货物保险。承保航空运输中因自然灾害或意外事故造成的货物损失。它分为航空运输险和航空运输一切险，是航空运输险中的主要险种 2. 航空运输货物战争险。属于特殊附加险，承保空运途中发生战争等行为所造成的损失
邮包保险	承保通过邮局递运的货物。因邮包的邮运用海、陆、空 3 种运输方式，所以保险责任的考虑兼顾了海、陆、空 3 种运输工具	1. 邮包保险。承保邮递途中因自然灾害或意外事故造成的货物损失。不论邮包采用何种运输工具，保险公司对海、陆、空的邮包都负责，3 种联运也负责。它分为邮包险和邮包一切险 2. 邮包战争险。属于特殊附加险，承保邮运途中发生战争等行为造成的货物损失

说明：① 自然灾害是指由于自然力量造成的灾害，如恶劣气候（暴风雨）、雷电、海啸、地震、洪水等。
　　　② 意外事故是指由于意外原因造成的事故，如船舶搁浅、触礁、沉没、互撞、与流冰或其他物体相撞，以及失火和爆炸等。
　　　③ 附加险是指由于外来原因所引起的风险，如偷窃、碰损、破碎、钩损、短少、短量、渗漏、生锈、受潮、发霉、串味、沾污等。此外，还有一些由于特殊外来原因造成的风险，如战争、罢工、交货不到等。

第四节　保险单据

保险单据是由保险公司出具，规定保险公司和投保人双方权利和义务的承保证明，也是被保险人凭以向保险公司索赔和保险公司进行理赔的依据。它分为保险单、保险凭证、联合凭证、预约保险单和批单 5 种。

一、保险单

保险单（insurance policy）又称为大保单，是保险单据中最正规的保险合同，除载明正面内容（被保险人名称，保险货物项目、数量或重量、唛头，运输工具，保险的起讫点，承保险别，保险金额、期限）之外，还在背面列有保险公司的责任范围及保险公司与被保险人双方各自的权利、义务等方面的详细条款。保险单的样式如图 6.1 所示。

目前，我国出口业务使用的保险单大多是由中国人民保险公司、中国平安保险公司等出具的海洋货物运输保险单及保险凭证，也有部分贸易使用英国伦敦保险协会海运货物保险条款的保险单。

二、保险凭证

保险凭证（insurance certificate）又称为小保单，是简化的保险单。其正面内容与保险单基本一致，背面没有列出详细保险条款，但是与保险单具有同样的法律效力。在实际业务中，如果信用证要求提供保险单，就必须提供保险单；如果信用证要求提供保险凭证，则既可以提供保险凭证也可以提供保险单。近年来，我国保险公司为了实现单据的规范化，已逐渐废弃这类保险凭证而统一采用大保单。

图6.1 保险单的样式

三、联合凭证

联合凭证（combined certificate）是一种更为简化的保险凭证，我国保险公司只在出口公司的商业发票上加注保险编号、险别、金额，并加盖保险公司印戳作为承保凭证，其他项目以发票所列为准。这种凭证不能转让，目前仅适用于中国香港、澳门地区的托收业务及部分香港的银行由华商开来的信用证。

四、预约保险单

预约保险单（open policy）是一种在合同中规定了承保范围、险别、费率、责任、赔款处理等项目的长期性货物运输保险合同，凡属合同约定的运输货物在合同有效期内自动承保。它在我国的进出口业务中广泛使用，我国进口货物基本上都采用预约保险单。

用于出口货物的预约保险单，要求出口公司在将预约保险合同范围内的出口货物装船出运之前填制出口货物装运通知，将这批出口货物的保险项目通知保险公司，中国人民保险公司据此签发保险凭证。如果出口公司因疏漏而未通知，则应补办保险。补办时货物如果已受损，则保险公司仍予赔偿。

用于进口货物的预约保险单，要求进口公司在收到出口商的装船通知后填制国际运输起运通知书给保险公司，中国人民保险公司据此自动承保。如果进口公司未通知，但是只要不是出于恶意，应予补报，则仍自货物装船时开始享受保险公司的保险保障。

五、批单

批单（endorsement）是在保险单已经出立后，因保险内容有所变动，保险公司应被保险人要求所签发的批改保险内容的凭证。它具有补充、变更原单内容的作用。保险单一经批改，保险公司就需要按批改后的内容来承担责任。

批改内容如果涉及保险金额的增加和保险责任范围的扩大，则保险公司只有在证实货物未出现事故的情况下才同意办理。批单一般在保险单已寄往国外的情况下，作为保险单的变更或补充凭证使用。

第五节　国际贸易海运货物投保

一、进出口货物投保的方式

（一）出口货物投保的方式

按 CIF 和 CIP 价格成交的出口货物，货运保险由卖方办理投保。具体步骤如表 6.3 所示。

按我国保险公司的有关规定，出口货物的投保，一般采取逐笔投保和预约保险单的方式。逐笔投保是指每发生一笔出口货物业务，出口方就向保险公司办理一次投保手续。在投保时，出口方向保险公司提出书面申请，在空白投保单上据实填写其中的有关项目，如货物名称、数量、保险金额、装货船只名称等，并附有关单据（如信用证、提单等）一并交给保险公司。投保单经保险公司接受后，由保险公司签发保险单。

表 6.3　投保步骤

步　骤	完成任务
1	确定装运日期和装运工具
2	填写投保单
3	投保
4	交纳保险费
5	取得保险单据

如果时间仓促，则也可采用口头或电话方式向保险公司申请投保。如果获得批准，则保险也可生效，但随后一定要补填投保单。

货物运输保险投保单如图 6.2 所示。

货物运输保险投保单

投保人：宏昌国际股份有限公司　　　　　　　　　　　　　　投保日期：2024-08-25

发票号码	STINV000001	投保条款和险别	
被保险人	客户抬头 宏昌国际股份有限公司 过户 Carters Trading Company，LLC	(　) PICC CLAUSE (√) ICC CLAUSE (　) ALL RISKS (　) W.P.A./W.A. (　) F.P.A (√) WAR RISKS (　) S.R.C.C (　) STRIKE (√) ICC CLAUSE (A) (　) ICC CLAUSE (B) (　) ICC CLAUSE (C)	(　) AIR TPT ALL RISKS (　) AIR TPT RISKS (　) O/L TPT ALL RISKS (　) O/L TPT RISKS (　) TRANSHIPMENT RISKS (　) WTOW (　) T.P.N.D. (　) F.R.E.C. (　) R.F.W.D. (　) RISKS OF BREAKAGE (　) I.O.P.
保险金额	[USD]　[12320]		
起运港	Nanjing		
目的港	Toronto		
转内陆			
开航日期	2024-09-10		
船名航次	zaandam, DY105-09		
赔款地点	Canada		
赔付币别	USD		
保单份数			
其他特别条款			
以下由保险公司填写			
保单号码		签单日期	

图 6.2　货物运输保险投保单

（二）进口货物投保的方式

按 FOB、FCA、CFR 和 CPT 价格成交的进口货物，货物的运输保险由国内买方办理投保，投保的方式有两种。

1. 订立预约保险合同

在我国的实际保险业务中，为了简化保险手续，并防止进口货物在国外装运后因信息传送不及时而发生漏保或来不及办理投保等情况，专营进口业务的公司可与保险公司签订海运进口货物运输预约保险合同。与保险公司签有预约保险协议的各进口公司，对每批进口货物无须填制投保单，只需要在获悉所投保的货物在国外某港口装运时，将装运情况通知保险人即可。通知的内容包括装运货物的船名、货物名称和数量、货物价值和保险金额等。

目前，国内保险业务的通常做法是：国际运输预约保险起运通知书由投保人填写，保险公司依据该通知书签发保险单。由于是预约保险，所以国内保险公司也往往不再出具保险单，仅以上述通知书作为投保人投保的依据，代替保险单。如果被保险人要求依据预约保险合同为分批装运的货物签发保险单证，保险人应当照办。如果分别签发的保险单证内容与预约保险单内容不一致，则应以分别签发的保险单为准。

2．逐笔办理投保

逐笔办理投保的方式适用于不经常进口货物的单位。采用这种投保方式时，货主必须在接到国外的发货通知后，立即向保险公司申请办理海运货物保险手续，即填写投保单，并交纳保险费。保险人根据投保单签发保险单。

二、选择适当的保险险别

买卖双方根据价格术语，明确办理投保的责任方；由投保的责任方根据合同或信用证选择保险险别。货物运输保险有不同的保险险别，包括基本险和各种附加险。基本险如平安险、水渍险、一切险等。投保人在选择时应将货物在运输中可能面临的各种损失及所需获得的保障作为考虑的主要因素。

三、确定保险金额

保险金额又称投保金额，是指保险人承担赔偿或给付保险金责任的最高限额，是保险人计算保险费的基础。投保人在投保货物运输保险时应向保险人申报保险金额，保险金额是根据保险价值确定的。保险价值一般包括货价、运费、保险费及预期的利润等。《跟单信用证统一惯例》第 28 条规定："如果信用证对投保金额未做规定，投保金额或类似金额的某一比例的要求，将被视为最低保额要求。如果信用证对投保金额未做规定，投保金额需至少为货物的 CIF 或 CIP 价格的 110%。如果从单据中不能确定 CIF 或 CIP 价格，则投保金额必须基于要求承付或议付的金额，或者基于发票上显示的货物总值来计算，两者之中取金额较高者。"

保险金额的计算公式为：

$$保险金额 = CIF（或 CIP）价 \times （1 + 投保加成率）$$

同步案例 6-9

CIF 价为 105 美元，加成率为 10%。求保险金额。

保险金额 = CIF 价 × （1 + 投保加成率）= 105×(1 + 10%) = 115.50（美元）

由于保险金额一般是以 CIF 或 CIP 价格为基础加成确定的，因此在仅有货价与运费（即已确定 CFR 或 CPT 价）的情况下，CIF 或 CIP 价可按下列公式计算。

$$CIF（或 CIP）价 = CFR（或 CPT）价 \div [1 - 保险费率 \times （1 + 投保加成率）]$$

四、支付保险费

保险费是投保人向保险公司交纳的转移风险的代价，是保险公司经营保险业务的收入和用作经济补偿的后备资金的主要来源。因此，投保人在向保险公司办理了投保手续，并被保险公司接受后，必须交纳保险费。

保险费的计算公式如下。

$$保险费 = 保险金额 \times 保险费率$$

在已知 CFR 价的条件下，保险费还可按下列方法计算。

$$保险费 = CIF 价 - CFR 价$$

📖 同步案例 6-10

我方某外贸公司进口成交一批价值为 CFR 12 000.00 美元的货物。现按 CIF 价格加成 10% 投保一切险和战争险，则计算如下。

① 查保险费率表得出一切险和战争险费率分别为 0.5% 和 0.04%，则总费率为：
0.5% + 0.04% = 0.54%

② 将 CFR 价转换为 CIF 价，即：
CIF 价 = 12 000.00÷(1 - 0.54%×1.1)≈12 072.00（美元）

③ 保险金额 = 12 072.00×110% = 13 279.20（美元）。

④ 保险费 = 13 279.20×0.54%≈72.00（美元）。

📖 同步案例 6-11

某出口商品 CFR 天津新港价为 1 200 美元，投保一切险，保险费率为 0.63%，客户要求加一成投保。求保险金额和保险费。

CIF 价 = 1 200÷(1 - 0.63%×110%)≈1 208.37（美元）

保险金额 = 1 208.37×110%≈1 329.21（美元）

保险费 = 1 329.21×0.63%≈8.37（美元）

或者　　　 = CIF 价 - CFR 价 = 1 208.37 - 1 200 = 8.37（美元）

因此，该保险业务的保险金额为 1 329.21 美元，保险费为 8.37 美元。

五、进出口合同中的保险条款

保险条款是进出口合同的重要组成部分。保险条款所涉及的内容，一般包括投保险别、保险金额、保险单证、适用条款、由哪方负责投保等。

（一）FOB、FCA、CFR、CPT 贸易术语下的保险条款

由于按 FOB、FCA、CFR、CPT 贸易术语成交合同，货物分别以装运港船舷和货交承运人为风险、费用划分界限，所以由进口方负责投保并交纳保险费。合同中的保险条款可以订立为："Insurance to be effected by the buyers."（保险由买方负责办理。）

（二）CIF 或 CIP 贸易术语成交合同中的保险条款

在 CIF 或 CIP 贸易术语成交的合同中，由卖方在出口国装运港船舷或货交承运人完成交货义务，卖方负责投保并支付保险费，将保险单据转移给买方，运输途中的风险损失由买方承担。合同中的保险条款可订立为："Insurance to be covered by the sellers for 110% of total invoice value against all risks and war risk as per ocean marine cargo clause of the People's Insurance Company of China Dated 01/01/1981."（由卖方按发票金额的 110% 投保一切险和战争险，以中国人民保险公司 1981 年 1 月 1 日的《海洋运输货物保险条款》为准。）

但是有时买方委托卖方代为投保，这时在合同中除规定上述条款外，还应加入规定："Insurance to be covered by the sellers on behalf of the buyers, premium to be for buyers' account."（保险由卖方替买方投保，由买方负担。）

实训练习

实训目的

1. 通过实训，掌握《公约》及《跟单信用证统一惯例》对国际贸易保险业务的规定。
2. 通过实训，掌握中国人民保险公司《海洋运输货物保险条款》的规定。
3. 通过实训，在实际业务中准确订立合同的保险条款。

实训内容

一、名词解释

保险单　自然灾害　一般外来风险　平安险　水渍险　一切险　仓至仓条款

二、填空题

1. 海上风险有_____和_____；外来风险有_____、_____和_____。
2. 根据货物受损程度不同，可以将海损分为全部损失和部分损失：全部损失可以分为_____和_____；部分损失可以分为_____和_____。
3. 中国人民保险公司规定的基本险别是_____、_____和_____。
4. 中国人民保险公司规定的一般附加险包括11种险种：_____，_____，_____，_____，_____，碰损、破碎险，串味险，受热、受潮险，钩损险，包装破裂险，锈损险。
5. 陆上运输货物保险是货物运输保险的一种，分为_____和_____两种。
6. 英国伦敦保险协会的《协会货物保险条款》中制定了 6 种保险险别，分别是：_____、_____、_____、_____、_____和_____。

三、单项选择题

1. 对于共同海损所做出的牺牲和支出的费用，应由（　　）。
   A. 船方承担
   B. 货方承担
   C. 保险公司承担
   D. 所有与之有利害关系的受益人按获救后，运费的价值比例分摊

在线测试

2. 在海洋运输货物保险业务中，共同海损（　　）。
   A. 是部分损失的一种　　　　B. 是全部损失的一种
   C. 有时为部分损失，有时为全部损失　D. 是推定全损
3. 平安险不赔偿（　　）。
   A. 自然灾害造成的实际全损
   B. 自然灾害造成的推定全损
   C. 意外事故造成的全部损失和部分损失
   D. 自然灾害造成的单独海损
4. 偷窃、提货不着险属于（　　）的承保范围。
   A. 平安险　　　B. 水渍险　　　C. 一般附加险　　　D. 特别附加险

5. 我方某公司以CIF条件与国外客户订立出口合同。根据《2020通则》的解释，买方对投保无特殊要求，我方公司只需要投保（　　）。
   A. 平安险　　　　B. 水渍险　　　　C. 一切险　　　　D. 一切险加战争险

6. 按中国人民保险公司《海洋运输货物保险条款》的规定，在3种基本险别中保险公司承担赔偿责任的范围（　　）。
   A. 平安险最大，其次是一切险，再次是水渍险
   B. 水渍险最大，其次是一切险，再次是平安险
   C. 一切险最大，其次是水渍险，再次是平安险
   D. 一切险最大，其次是平安险，再次是水渍险

7. 仓至仓条款是（　　）。
   A. 承运人负责运输起讫的条款　　　B. 保险人负责保险责任起讫的条款
   C. 出口人负责交货责任起讫的条款　　D. 进口人负责付款责任起讫的条款

8. 按照中国人民保险公司保险条款的规定，一切险的责任范围是（　　）。
   A. 水渍险的责任范围加上一般外来原因所致的全部和部分损失
   B. 平安险的责任范围加上一般外来原因所致的全部和部分损失
   C. 平安险和水渍险的责任范围加上一切外来原因所致的全部和部分损失
   D. 在履约期间内，所有外来原因造成的全部损失

9. 根据《跟单信用证统一惯例》的规定，投保金额需至少为货物的CIF或CIP价格的（　　）。
   A. 105%　　　　B. 110%　　　　C. 120%　　　　D. 130%

10. 一批货物在海上运输途中受损，修理费用超过货物修复后的价值，这种损失应为（　　）。
    A. 实际全损　　B. 推定全损　　C. 共同海损　　D. 单独海损

11. 保险公司承保海上风险和一般外来风险，使被保险人得到保障最少的险别是（　　）。
    A. 一切险　　　B. 水渍险　　　C. 平安险　　　D. 附加险

12. 保险险别中，不适用仓至仓条款的是（　　）。
    A. 平安险　　　B. 水渍险　　　C. 一切险　　　D. 战争险

13. ICC(A)险承保的风险类似我国的（　　）。
    A. 平安险　　　B. 水渍险　　　C. 一切险　　　D. 罢工险

14. 预约保险单（open policy）又称为开口保险单，它（　　）。
    A. 是保险人签发正式保单前所出立的临时证明
    B. 是保险单出立后，根据投保人的需要，对保险内容补充或变更而出具的一种凭证
    C. 一般适用于经常有相同类型货物需要陆续装运的保险
    D. 是投保人与保险人订立保险合同时，在还有一些条件尚未确定而投保人又急需保险凭证的情况下，由保险人先行开立的证明文件

15. （　　）是不包括在一切险的承保范围内的。
    A. 串味险　　　B. 短量险　　　C. 渗漏险　　　D. 战争险

16. （　　）是一种权利凭证，与提单一样可以背书转让。
    A. 发票　　　　B. 装箱单　　　C. 产地证　　　D. 保险单

17. 根据《跟单信用证统一惯例》的规定，保险金额是以发票的（　　）价格为基数，再加上适当的保险加成率计算得出的。

A. FOB B. CFR C. CPT D. CIF

18. 航空运输险和航空运输一切险相当于海运中的（　　）。
    A. 一切险和水渍险 B. 水渍险和一切险
    C. 一切险和平安险 D. 水渍险和平安险

19. 在保险人所承保的海上风险中，搁浅、触礁属于（　　）。
    A. 意外事故 B. 自然灾害 C. 一般外来风险 D. 特别外来风险

20. （　　）属于完整独立的正式保险合同。
    A. 保险单 B. 保险凭证 C. 小保单 D. 联合凭证

四、多项选择题

1. 在国际货物运输保险中，保险公司承保的风险包括（　　）。
   A. 自然灾害 B. 意外事故
   C. 外来风险 D. 运输延迟造成损失的风险

2. （　　）构成实际全损。
   A. 保险标的物完全灭失
   B. 保险标的物受损后的修理费用将超过保险标的物本身的价值
   C. 保险标的物物权完全丧失已无法挽回
   D. 保险标的物受损后经整理并继续运往目的港的费用，超过其抵港的价值

3. 一般附加险包括（　　）。
   A. 淡水雨淋险 B. 包装破裂险 C. 拒收险 D. 舱面险

4. 为防止海上运输途中货物渗漏，可以投保（　　）。
   A. 平安险加保渗漏险 B. 水渍险加保渗漏险
   C. 一切险加保渗漏险 D. 一切险

5. 中国人民保险公司《海洋运输货物保险条款》规定的基本险别包括（　　）。
   A. 平安险 B. 战争险 C. 水渍险 D. 一切险

6. 出口茶叶，为防止运输途中串味，办理投保时，应该投保（　　）。
   A. 串味险 B. 平安险加串味险 C. 一切险
   D. 水渍险加串味险 E. 一切险加串味险

7. 根据我国现行《海洋运输货物保险条款》的规定，（　　）险种可以独立投保。
   A. 平安险 B. 水渍险 C. 一切险 D. 战争险 E. 罢工险

8. 海上风险中属于自然灾害的是（　　）。
   A. 雷电 B. 触礁 C. 失火 D. 地震
   E. 海啸 F. 洪水

9. 在海运保险业务中，构成共同海损的条件是（　　）。
   A. 共同海损的危险必须是实际存在的
   B. 消除船货共同危险而采取的措施是有意、合理的
   C. 属于非常性质的损失
   D. 费用支出是额外的
   E. 承保风险直接导致的船、货损失

10. 我国保险险别分为（　　）。

A. 主险　　　　B. 一般附加险　　C. 特别附加险　　D. 特殊附加险

11. 中国人民保险公司《海洋运输货物保险条款》中的一般附加险包括（　　　　）。
　　A. 偷窃、提货不着险　　　　B. 舱面险　　　　C. 渗漏险
　　D. 水渍险　　　E. 钩损险　　　F. 淡水雨淋险

12. 中国人民保险公司《海洋运输货物保险条款》的特别附加险有（　　　　）。
　　A. 黄曲霉素险　　B. 拒收险　　　C. 短量险　　　D. 平安险

13. 在我国海洋运输货物保险业务中，（　　　　）险别可适用仓至仓条款。
　　A. all risks　　B. WA or WPA　　C. FPA　　　　D. war risk

14. 根据英国伦敦保险协会制定的《协会货物保险条款》的规定，ICC (A)险的除外责任包括（　　　　）。
　　A. 一般除外责任　　　　　　B. 不适航、不适货的除外责任
　　C. 战争除外责任　　　　　　D. 意外事故除外责任
　　E. 罢工除外责任

15. 保险单据有（　　　　）种类。
　　A. 保险单　　　B. 保险凭证　　C. 联合凭证　　D. 预约保险单　　E. 批单

五、判断题

1. 一般外来风险是指货物在运输途中由于偷窃、下雨、短量、渗漏、破碎、受潮、受热、霉变、串味、沾污、钩损、生锈、碰损等原因所导致的风险。（　　）

2. 全部损失（total loss）简称全损，是指运输途中整批货物或不可分割的一批货物全部灭失或损失。（　　）

3. 共同海损属于全部损失范畴。（　　）

4. 施救费用（sue and labour expenses）是指当被保险货物在遭遇承保范围内的灾害事故时，被保险人以外的第三者采取救助措施所产生的费用，此费用由被保险人支付。（　　）

5. 投保一切险意味着保险公司为一切风险承担赔偿责任。（　　）

6. 基本险别中，保险公司责任最大的险别是水渍险。（　　）

7. 仓至仓条款是指船公司负责将货物从装运地发货人仓库运送至目的地收货人仓库的运输条款。（　　）

8. 按照我国保险条款的规定，3种基本险和战争险均适用仓至仓条款。（　　）

9. 淡水雨淋险属于平安险中的承保范围。（　　）

10. 根据中国人民保险公司的保险条款，航运战争险的责任起止是从货物装上海轮或驳船开始，至货物到达目的港卸离海轮或驳船时为止。（　　）

11. 我国某公司按FOB贸易术语进口时，在国内投保了一切险，保险公司的保险责任起讫应为仓至仓。（　　）

12. 某货船舶航行途中搁浅，船长为了使船只继续航行至目的港，有意识地、合理地将部分货物抛入大海。上述搁浅和抛货损失均属于共同海损。（　　）

13. 英国伦敦保险协会的ICC(A)险与我国海运货物保险的一切险基本一致，ICC(B)险与水渍险大致相当，ICC(C)险比平安险范围稍小。（　　）

14. 某出口公司出口服装一批，运输途中部分纸箱受潮，服装上出现水渍，由于向保险公司投保了水渍险，所以进口商凭保险单向保险公司索赔，保险公司应该赔偿。（　　）

15. 出口茶叶最大的问题是在装运途中串味。因此，在实际投保业务中，在投保一切险的

基础上还应加保串味险。（　）

16. 英国伦敦保险协会的《协会货物保险条款》有 6 种险别，其中 ICC(A)、ICC(B)、ICC(C) 3 种险别可以单独投保，战争险、罢工险和恶意损坏险这 3 种险别则不能单独投保。
（　）

17. 在投保了一切险后，保险公司对于货物在海运途中由于任何外来原因造成的货损货差都应该负赔偿责任。（　）

18. 共同海损是部分海损的一种。（　）

19. 按国际保险市场惯例，大保单与小保单具有同等法律效力。（　）

20. 如果信用证要求提供保险凭证，则既可以提供保险凭证也可以提供保险单。（　）

六、技能操作题

1. 计算题

（1）我方某出口企业向美国出口服装一批，USD 12.00/件 CIF 纽约，共 5 000 件。由我方向中国人民保险公司投保水渍险、淡水雨淋险、战争险，保险费率分别是 0.45%、0.12%、0.5%，按发票金额 110% 投保。求这批货物的投保金额和保险费分别是多少。

（2）某出口商品 CFR 价格为 1 500 美元，投保一切险，保险费率为 0.6%，客户要求加一成投保。求保险金额和保险费。

2. 实际操作题

用英文填写合同保险条款：由卖方按发票金额的 110% 投保水渍险和战争险，以中国人民保险公司 1981 年 1 月 1 日的《海洋运输货物保险条款》为准。

七、案例分析

1. 出口企业以 CIF 汉堡条件向德国出口针棉织品一批，投保了中国人民保险公司的水渍险。在运输途中船舱淡水管道漏水，部分货物受到浸泡，德国进口商向中国人民保险公司的代理提出索赔。请问：中国人民保险公司是否会赔偿德国进口商的损失？为什么？

2. 某公司以 CIF 贸易术语出口货物 2 000 箱。该公司向中国人民保险公司投保了平安险。货船开行后不久，200 箱货物遭受飓风灭失。3 天后，货船触礁，另外 300 箱货物遭受损失。请问：对于上述损失保险公司是否会赔偿？为什么？

3. 货轮满载货物从上海港驶往阿联酋迪拜港（Dubai），在航行途中第 3 舱失火，大火迅速蔓延至轮机舱。船长为了船货的安全，下令对第 3 舱灌水施救。经过抢救大火被扑灭，轮机舱严重受损，轮船无法继续航行，船长决定雇拖船将货轮拖进香港修理，得以继续完成航行任务。事后保险公司上船调查，发现以下损失。

（1）第 3 舱有 500 箱货物被大火焚毁。

（2）第 3 舱有 800 箱货物被水浸泡。

（3）轮机舱设备被火焚烧报废，产生修理费用。

（4）拖船费用。

（5）船员额外工资与费用。

请问：以上哪些费用是单独海损？哪些费用是共同海损？

第七章
国际贸易销售合同价格条款

学习目标

- 认识国际贸易销售合同价格的构成。
- 掌握《公约》对价格条款的规定。
- 掌握各种术语价格换算及佣金和折扣的计算。
- 学会正确对外报价,订立合同中的价格条款。
- 增强学生对我国外贸事业的信心、责任感与使命感。
- 养成诚信经营、精益求精的优良品质。

导入案例

我方某出口公司希望扩大其产品在非洲 A 国的市场份额,该国 B 中间商主动来函与我方出口公司联系,表示愿意为我方出口公司推销产品,并提出按成交总额收取 5% 的佣金。很快我方出口公司通过 B 中间商与当地 C 客户签订 CIFC5 总金额 50 000 美元的合同,双方约定订立合同后 2 个月执行装运。合同签订后,B 中间商来邮件要求我方出口公司 3 天内支付佣金 2 500 美元,我方出口公司则表示,佣金需要等待货物装运并收到全部货款后才能支付,双方发生争议。请问:这个争议发生的原因是什么?我方是否有失误?应该接受哪些教训?

第一节 合同价格条款构成

在国际贸易中,正确掌握进出口商品的价格,选择合理的作价方法及有利的计价货币,适当运用与价格有关的佣金与折扣,并订立好合同中的价格条款是非常重要的。

一、价格条款的基本内容

合同中的价格条款一般分为单价和总值或总价(total amount)两

价格条款的基本内容

第七章 国际贸易销售合同价格条款

部分。合同中所确定的作价方法,以及佣金折扣的运用也构成价格条款的组成部分。

(一) 单价条款的构成要素

国际贸易中的价格,除个别交易按总值达成外,通常是指商品的单价(unit price)。它由计价数量单位、单位价格金额、计价货币和贸易术语4个部分构成。

1. 计价数量单位

计价数量单位简称计量单位。一般来说,计价数量单位应该与合同数量条款中所用的计量单位相一致。如果数量用"公吨(metric ton)"表示,单价也应以"公吨"表示,而不应用"长吨(long ton)"或"短吨(short ton)"。切忌使用易造成混淆的计价单位,如"吨(ton)"。

2. 单位价格金额

如果说价格条款是合同的中心,那么单位价格金额就是价格条款的核心。在交易磋商过程中,进出口双方应慎重报价,避免报错价格造成被动。价格经双方协商一致后,应正确填写在合同中。

3. 计价货币

在国内贸易活动中,商品的价格通常用人民币,表示为"××元"。但国际贸易中的"元"有美元、欧元、日元、加拿大元、港元等多种。因此,具体使用哪种货币,在合同中必须有明确的规定。国际主要货币代码如表7.1所示。

表7.1 国际主要货币代码

货币名称	ISO 国际标准	编 号	习惯表示
美元	USD	502	US$
欧元	EUR	300	€
英镑	GBP	303	£
港币	HKD	110	HK$
日元	JPY	116	JP¥
加拿大元	CAD	501	CA$
新加坡元	SGD	132	S$
澳大利亚元	AUD	601	AU$
人民币	CNY	142	RMB(¥)

通常买卖双方愿意选择汇率稳定的货币作为计价货币。但是在汇率不稳定的情况下,出口方倾向于选用硬币,即币值坚挺、汇率看涨的货币;而进口方则倾向于选用软币,即币值疲软、汇率看跌的货币。合同中采用何种货币要由双方自愿协商决定。

国贸常识

可自由兑换货币主要是指美元、日元、欧元、加拿大元、英镑等。自2002年1月1日起,当时的欧盟十五国除英国、瑞典、丹麦三国外,其他十二国货币被统一货币欧元取代,欧元正式进入流通领域。目前,国际贸易中的计价货币主要是美元、欧元、日元、英镑等。从2008年下半年开始,我国政府开始加速推进人民币国际化。迄今为止,我国已经与韩国、马来西亚、白俄罗斯、印度尼西亚、阿根廷等国家及我国香港等地区签署了总额6 500亿元人民币、期限3年的双边本币互换协议。2008年12月,中国国务院常务会议明确表示,将对广东和长江三角洲地区与港澳地区、广西和云南与东盟的货物贸易进行人民币结算试点。2009年4月8日召开的国务院常务会议推出了第1批跨境贸易人民币试点结算城市,包括上海市和广东省广州、深圳、珠海、东莞四城市。2009年7月6日,香港与内地跨境贸易人民币结算业务正式开展,中国银行宣布完成首笔跨境贸易人民币结算业务。但是目前在我国的进出口贸易中,大多数业务仍然使用美元作为计价货币。

4. 贸易术语

贸易术语是进出口单价构成的要素,用来说明该成交价格的构成。例如,某公司以每箱20美元 CIF 汉堡价格出口货物。"20美元每箱"这一价格是怎样制定出来的?它包含卖方应支出哪些成本和费用?买方如何得知这一价格水平是否合理?这些问题,都可以通过 CIF 贸易术语来说明。

综上所述,假如我方向美国出口,商品的单价表述如下。

USD	300	per metric ton	CIF New York
计价货币	单位价格金额	计量单位	贸易术语

同步案例 7-1

下面为我方出口公司对外报价条款,请予改正,并说明理由。

① 每码3元 CIFC2 香港。
② 每箱50英镑 CIF 净价英国减1%折扣。
③ 每打15欧元 FOB 净价。
④ 每打1 000美元 FOB 伦敦。
⑤ 2 000日元 CFR 上海包括佣金2%。
⑥ 每公吨500元 CIF 美国主要港口。

(二)货物的总值

货物总值是单价与成交货物数量的乘积,也就是一笔交易货款的总金额。总值除用阿拉伯数字填写外,还需要用文字大写。总值所使用的货币必须与单价使用的货币相一致。有时,在总值下还列有贸易术语。填写总值时,要认真细致,计算准确,防止差错。

同步案例 7-2

单价条款举例如下。

① 单价:每箱0.70美元 FOB 天津   总值:14 850美元

Unit Price: at USD 0.70 per box FOB Tianjin

Total Value: USD 14,850.00(Say US Dollars fourteen thousand eight hundred and fifty only)

② 单价:CIF 哥本哈根每公吨97英镑   总值:14 550英镑

Unit Price: at GBP 97 per metric ton CIF Copenhagen

Total Value: GBP 14,550.00(Say Pounds sterling fourteen thousand five hundred and fifty only)

二、作价原则

我国进出口商品的作价原则是:在贯彻平等互利的原则下,根据国际市场价格水平,结合国别(地区)政策,并按照企业的购销意图确定适当的价格。

国际贸易中的商品价格是受多种因素影响的,进出口作价除应遵循上述基本的作价原则外,还应考虑下列因素。

第七章　国际贸易销售合同价格条款

（一）商品的质量和档次

"一分价格一分货""优质优价，劣质劣价，同质同价"，这些俗语都反映出了在对进出口商品作价时应该充分考虑商品的质量和档次。

（二）运输距离

"物以稀为贵"，在实际业务中，即使相同质量的商品，由于与进出口市场的距离不同，所以往往所报出的价格也是有差别的。

（三）交货地点和贸易术语

由于买卖双方在实际业务中承担的风险、责任、费用不同，所以同样的商品在使用不同的贸易术语时价格明显是不一样的。例如，CIF 价＞CFR 价＞FOB 价。

（四）成交数量

在实际进出口业务中，国际买家往往会凭借手中的大额订单，要求出口商给予特别折扣或佣金，导致成交数量越大价格往往越低。

（五）季节性需求的变化

对于一些供求关系受季节影响的商品，根据淡旺季节的不同，所制定的价格也是有差异的。一般来说，在金秋十月丰收的时刻，农副产品的出口价格往往会比三四月份价格低。同样的农副产品，丰收年份的价格比歉收年份的价格往往要低。

（六）支付条件和汇率变动的风险

在国际贸易中有现金、汇付、托收、信用证等多种付款方式，由于每一种付款方式的交易成本、交易风险有一定的差异，所以在实际从事国际贸易时，根据不同的支付条件制定的进出口报价也是有所区别的。一般来说，客户采用现金、预付电汇付款方式时，价格可以优惠一些；采用付款交单、承兑交单、信用证等付款方式时，价格应该稍微高一些，因为银行会收取较高的费用。

（七）国际期货市场价格动态

在国际市场上一些大宗商品，如原油、贵金属、橡胶等商品的期货交易价格受供求关系的影响，经常会发生波动。另外，一些以这些大宗商品为原料的进出口商品，如塑料产品、电线电缆、汽车轮胎等的进出口价格，会跟随这些大宗商品的期货价格而出现变化。

此外，交货期的长短、市场销售特点和消费者爱好、产品所处生命周期的不同阶段，均对价格有不同程度的影响。

三、作价方法

作价方法是在掌握作价原则的前提下，在合同中规定价格的方法。国际贸易中的商品种类成千上万，行情变化各自不一，有的商品行情变化剧烈，从双方签约到履约价格往往波动较大，而有的商品行情平稳，从订约到履约过程中商品价格少有变化。针对商品行情变化的不同特点，采用不同的作价方法，也是外贸业务员必备的技能。进出口商品的作价方法主要有以下几种。

(一)固定价格

买卖双方明确约定成交价格,履约时按此价格结算货款。这既是我国国际贸易中最常见的作价方法,也是国际上常用的方法。但由于国际市场行情多变,采用固定价格方式会使买卖双方承担从订约到交货乃至销售期间价格变动的风险。有时,在价格剧烈波动下,还会影响到合同的顺利执行。为了减少价格风险,在采用固定价格时,应事先认真确定市场供求关系变化的趋势,并对价格前景做出判断,以此作为定价的依据。另外,还应对客户的资信进行了解和研究,慎重选择交易对象。

采用固定价格,买卖双方在协商一致的基础上明确规定货物的价格,一般是货物的单价,如每公吨 300 美元 CIF 纽约(USD 300 per metric ton CIF New York)。这种定价,即双方履约时必须遵守的价格,即使在订约后市价发生重大变化,任何一方也不得擅自变更原定价格。有的合同甚至对此做出明确规定,如每公吨 300 美元 CIF 纽约,合同成立后不得提高或降低(调整)价格。

(二)非固定价格

这是指一般业务上所说的活价,适用于行情频繁变动、价格涨落不定且交货期较长的合同,可以使买卖双方避免承担市价变动的风险。从我国国际贸易销售合同的实际看,主要有以下几种做法。

1. 具体价格待定

这是指在价格条款中不规定出具体价格,而是规定定价时间和定价方法或只规定定价时间而不规定定价方法。例如,以装船时的国际市场价格为准等。

2. 暂定价格

在合同中先订立一个初步价格,作为开立信用证和初步付款的依据,在双方确定最后价格后再进行清算。

3. 滑动价格

为了照顾买卖双方的利益,解决在定价方法上可能存在的分歧,可以采用部分固定价格、部分非固定价格的方法。尤其是分期交货的合同,可以在订约时将交货期近的价格固定下来,其余的在交货前一定期限内由双方议定价格。在国际贸易中,成套设备、大型机械等商品从合同订立到合同履行完毕需要较长时间,在执行合同过程中受通货膨胀影响,原材料、工人工资等会发生很大变化,为了减少价格风险,保证合同的顺利执行,往往会采用滑动价格作价方法。

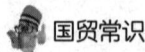
国贸常识

固定价格与非固定价格作价方法的优缺点如表 7.2 所示。

表 7.2 固定价格与非固定价格作价方法的优缺点

作价方法	优 点	缺 点
固定价格	明确、具体、肯定、便于核算	交易者要承担从订约到交货付款直至转售时价格变动的风险。当行情变动剧烈时,信用不好的商人可能会寻找借口撕毁合同从而影响合同的履行
非固定价格	可暂时解决交易双方在价格方面的分歧;可解除客户对价格问题的顾虑;可使交易双方排除价格风险	先订约后定价的做法易导致合同的不稳定性。如果双方在作价时无法达成一致意见,则合同就会面临无法履行的风险

四、规定价格条款的注意事项

① 合理确定商品的单价,防止作价偏高或偏低。
② 根据企业国际贸易战略和实际情况,在权衡利弊的基础上选用适当的贸易术语。
③ 争取选择有利的计价货币,以免遭受币值变动带来的风险。如果采用不利的计价货币时,则应当加订保值条款。
④ 灵活运用各种不同的作价办法,以避免价格变动风险。
⑤ 参照国际贸易的习惯做法,注意佣金和折扣的合理运用。
⑥ 如果交货品质和数量约定有一定的机动幅度,则对机动部分的作价也应一并规定。
⑦ 如果包装材料和包装费另行计价,则对其计价办法也应一并规定。
⑧ 单价中涉及的计量单位、计价货币、装卸地名称必须书写正确、清楚,以利于合同的履行。

同步案例 7-3

我方某出口公司对西欧甲商出口货号为 A101、B201、C301 的商品各 5 公吨,2 至 4 月份每月分别装 5 公吨,D/P 即期付款。2 月份 A101 按约如数装运出口,并顺利收汇。但 3 月份的装运,因 B201 缺货,短少的 2 公吨拟用较低等级的同类产品 B202 代替。该出口公司在与甲商洽谈替代货物 B202 的数量和价格时,在电传中将应为每公吨 USD 27 000 的价格少打一个 0,错打成 2 700 美元。随后甲商曾两次在电传中重复确认 2 700 美元的价格,但我方有关人员不仔细阅读电传,始终未察觉这一重大错误。3 月间 B201 和部分替代货物 B202 装运出口,替代部分的价格我方按 27 000 美元开发票,经银行向甲商托收,遭甲商拒付。试分析案例,并指出我方应从中得到什么样的教训。

第二节 价格的构成与换算

国际贸易中商品价格的表述有别于国内贸易,一般由成本、费用和利润 3 个部分组成。

一、商品价格的构成

(一) 出口商品价格的组成

① 成本。成本指进货成本(含税)、生产成本或加工成本。

实际采购成本 = 进货成本(含税) - 出口退税收入

出口退税收入 = 进货成本(含税) × 出口退税税率 ÷ (1 + 增值税税率)

同步案例 7-4

某公司采购 A 产品的含税进货成本为人民币 1 500 元,所含增值税税率为 13%。如果 A 产品的出口退税税率为 13%,则该产品的实际采购成本为:

实际采购成本 = 1 500 - 1 500 × 13% ÷ (1 + 13%) ≈ 1 327.43(元)

② 费用。费用包括国内费用(包装费、仓储费、内陆运费、认证费、港区港杂费、商检报关费、出口捐税、资金利息、企业经营管理费、银行费用等)和国外费用(出口运费、出口保

险费、佣金等)。例如,我方某出口企业向欧洲出口服装 1×20 FCL,需要支付国内运杂费 800 元、商检费 650 元、报关费 300 元、港区港杂费 600 元、其他费用 2 000 元。

③ 利润。利润就是企业预期收入,通常有 3 种计算方法,即以生产成本、出口成本和出口价格为基数计算。

同步案例 7-5

某公司出口 B 商品,生产成本为每单位 600 元,出口的总费用为每单位 100 元。如果公司预期利润率为 6%,公司对外报 FOB 价,则以生产成本、出口成本、出口价格为基数计算的利润额分别如下。

以生产成本为基数计算:利润额 = 600×6% = 36(元)
以出口成本为基数计算:利润额 = (600 + 100)×6% = 42(元)
以 FOB 价(出口价格)为基数计算:利润额 = (600 + 100)×6%÷(1 - 6%)≈44.68(元)
提示:FOB 价 = 出口成本 + 利润,以 FOB 价为基数计算利润,则利润 = FOB 价×利润率。
所以:

$$FOB 价 = 出口成本 + FOB 价 \times 利润率$$

求得:

$$FOB 价 = 出口成本 \div (1 - 利润率)$$

最后得出:

利润 = [出口成本÷(1 - 利润率)]×利润率 = 出口成本×利润率÷(1 - 利润率)

(二)进口商品价格的组成

① 成本,如进口货物的 FOB 价。
② 费用,如海运或其他运费、保险费、进口税费、目的港码头捐税、卸货费、检验费、银行费用、报关提货费、仓储费、国内运杂费、佣金等。
③ 利润,即预期收入。进出口商品使用的贸易术语不同,其价格也不同。表 7.3 反映了不考虑折扣和佣金时 3 种常用贸易术语下出口商品价格的组成及其相互关系。

表 7.3 FOB、CFR、CIF 三种贸易术语下出口商品价格的组成及其相互关系

CIF 价	CFR 价	FOB 价			
			实际成本	生产成本	自产自销的投入
				加工成本	进料或半成品加工的投入
				采购成本	也称进货成本
			国内总费用	国内运输费	从工厂到仓库的运输
				认证费	部分进口国家要求认证所支付的费用
				仓储费	按货物数量和储存天数付
				港口杂费	不同港口规定不同
				报关费	报关行有按出口金额收费和按每票出口收费两种。按每票出口收费时一般为 300~500 元/票
				检验费	占出货金额的 0.1%左右
				贷款利息	企业从银行借贷费用
				业务费用	房租、工资、参展、差旅等
				银行费用	结汇时银行收汇费用和 L/C 不符点费用
				其他费用	代理费、集装箱的装箱费等
			预期利润	各企业自行规定,一般为货价的 8%~10%	
		国际运费(出口企业支付给货代公司)			
	出口保险费(出口企业支付给保险公司)				

二、FOB、CFR、CIF 三种贸易术语的价格构成

FOB、CFR、CIF 价的计算公式为：

FOB 价 = 进货成本价 + 国内费用 + 预期利润 =（实际成本 + 国内总费用）÷（1 – 利润率）

CFR 价 = 进货成本价 + 国内费用 + 国外运费 + 预期利润 = FOB 价 + 国际运费

CIF 价 = 进货成本价 + 国内费用 + 国外运费 + 出口保险费 + 预期利润 = CFR 价 + 出口保险费

同步案例 7-6

某公司出口某种商品，进货成本为每台 165 元，出口各项费用共计每台 12.8 元。公司所定的利润率为 10%（出口成本为基础），对外报出的 FOB 价应为多少美元？（汇率：1 美元 = 6.3 元人民币）

解：FOB 价 = 进货成本 + 国内费用 + 净利润

$$= \frac{165 + 12.8 + (165 + 12.8) \times 10\%}{6.3}$$

$$\approx 31.04（美元）$$

同步案例 7-7

某进出口公司出口甲商品到美国。甲商品实际成本每件 1 000 元、国内总费用每件 20 元、国际运费每件 5 元、出口保险费每件 1 元，预期利润为出口成本的 5%，则每件甲商品的 FOB 价、CFR 价、CIF 价分别是多少？

解：FOB 价 = (1 000 + 20) ÷ (1 – 5%) ≈ 1 073.68（元）

CFR 价 = 1 073.68 + 5 = 1 078.68（元）

CIF 价 = 1 078.68 + 1 = 1 079.68（元）

在国际贸易中，不同的贸易术语表示的价格构成因素不同，如 FOB 价不包括从装运港至目的港的运费和保险费；CFR 价包括从装运港至目的港的运费，但不包括保险费；CIF 价包括从装运港至目的港的正常运费和保险费等。当一方按某种贸易术语报价，而另一方要求按其他贸易术语报价，如上例那样将 FOB 价改报 CFR 价或 CIF 价，这就涉及价格换算的问题。作为外贸业务员，一定要熟练掌握每种贸易术语代表的价格构成及不同价格的换算方法。

三、FOB、CFR、CIF 贸易术语的价格换算

从以上各种贸易术语的价格构成可知：

CIF 价 = CFR 价 + 出口保险费（I）

= FOB 价 + 国外运费（F）+ 出口保险费（I）

3 种价格之间的换算关系如下。

① 已知 FOB 价时

CFR 价 = FOB 价 + 国外运费

CIF 价 =（FOB 价 + 国外运费）÷（1 – 投保加成 × 保险费率）

② 已知 CFR 价时

FOB 价 = CFR 价 – 国外运费

CIF 价 = CFR 价 ÷（1 – 投保加成 × 保险费率）

③ 已知 CIF 价时

$$FOB 价 = CIF 价 \times (1 - 投保加成 \times 保险费率) - 国外运费$$

$$CFR 价 = CIF 价 \times (1 - 投保加成 \times 保险费率)$$

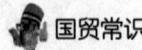
国贸常识

保险金额又称投保金额，是指货物发生保险范围内的损失时，保险公司向被保险人赔付的最高金额。按保险市场的习惯做法，保险金额一般按照 CIF 或 CIP 价的 110% 计算，即在 CIF 或 CIP 金额上再加 10%。这 10%（一成）被称为保险加成率，主要作为买方的预期利润，110% 即所谓的投保加成。

同步案例 7-8

我方某公司出口货物 1 000 公吨，出口价格为每公吨 1 200 美元 CIF 釜山，现客户要求改报 FOB 广州价。已知该种货物每公吨出口运费为 80 美元，原报 CIF 价中投保险别为一切险，保险费率为 1%，按 CIF 价的 110% 投保。求应报的 FOB 广州价。

解：FOB 价 = CIF 价 × (1 - 投保加成 × 保险费率) - 国外运费
    = 1 200 × (1 - 110% × 1%) - 80
    = 1 106.80（美元）

应报 FOB 广州价为每公吨 1 106.80 美元。

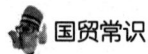
国贸常识

含佣金的 3 种价格换算公式

1. FOB 价换算成其他价格

$$CFRC 价 = (FOB 价 + 国外运费) \div (1 - 佣金率)$$

$$CIFC 价 = (FOB 价 + 国外运费) \div (1 - 佣金率 - 投保加成 \times 保险费率)$$

2. CFR 价换算成其他价格

$$FOBC 价 = (CFR 价 - 国外运费) \div (1 - 佣金率)$$

$$CIFC 价 = CFR 价 \div (1 - 佣金率 - 投保加成 \times 保险费率)$$

3. CIF 价换算成其他价格

$$FOBC 价 = [CIF 价 \times (1 - 投保加成 \times 保险费率) - 国外运费] \div (1 - 佣金率)$$

$$CFRC 价 = [CIF 价 \times (1 - 投保加成 \times 保险费率)] \div (1 - 佣金率)$$

同步案例 7-9

我方服装出口公司某业务员第 1 次参加广交会，准备出口报价单，其中出口 A 款服装 FOB 厦门价为每件 15 美元。由于该商品主要销往美国，所以只准备 FOB 报价是不够的，根据业务特点应该再准备 CIFC3 洛杉矶价。请你帮助他计算 CIFC3 洛杉矶价格。（经查该商品每件运费 1.5 美元，加一成投保，保险费率为 1%）

解：CIFC3 = (15 + 1.5) ÷ (1 - 3% - 1% × 110%) = 16.5 ÷ 0.959 ≈ 17.21（美元）

四、FCA、CPT、CIP 贸易术语的价格换算

CIP 价的计算公式为：

$$CIP 价 = CPT 价 + 出口保险费$$

$$= FCA 价 + 国外运费 + 出口保险费$$

3 种价格之间的换算关系如下。

① 已知 FCA 价时：

$$CPT 价 = FCA 价 + 国外运费$$

$$CIP 价 = （FCA 价 + 国外运费）÷（1 - 投保加成 × 保险费率）$$

② 已知 CPT 价时：

$$FCA 价 = CPT 价 - 国外运费$$

$$CIP 价 = CPT 价 ÷（1 - 投保加成 × 保险费率）$$

③ 已知 CIP 价时：

$$FCA 价 = CIP 价 ×（1 - 投保加成 × 保险费率）- 国外运费$$

$$CPT 价 = CIP 价 ×（1 - 投保加成 × 保险费率）$$

同步案例 7-10

某公司按每公吨 1 200 美元 FCA 大连对外报价某出口商品，国外客户要求改报 CIP 旧金山。试问：应报价多少？（设运费为每公吨 130 美元，加一成投保，保险费率为 1%）

解：CIP =（FCA 价 + 国外运费）÷（1 - 投保加成 × 保险费率）= (1200 + 130)÷(1 - 110% × 1%)
= 1 330÷0.989≈1 344.80（美元）

五、含佣金、利润率的价格换算公式

FOBC 价 =（实际成本 + 国内总费用）÷（1 - 佣金率 - 利润率）

CFRC 价 =（实际成本 + 国内总费用 + 国际运费）÷（1 - 佣金率 - 利润率）

CIFC 价 =（实际成本 + 国内总费用 + 国际运费）÷[1 - 佣金率 - 利润率 -
（1 + 投保加成率）× 保费率]

同步案例 7-11

吉信贸易公司收到爱尔兰公司求购 6 000 双牛粒面革腰高 6 英寸军靴（一个 40 英尺集装箱）的询盘。经了解每双军靴的进货成本为人民币 90 元（含增值税 13%），进货总价为 90 × 6 000=540 000（元）；出口包装费每双 3 元，国内运杂费共计 12 000 元，出口商检费 350 元，报关费 150 元，港区港杂费 900 元，其他各种费用共计 1 500 元。吉信贸易公司从银行贷款的年利率为 8%，贷款时间为 2 个月。出口军靴的退税率为 13%。海运费：大连—都柏林，一个 40 英尺集装箱的包箱费率是 3 800 美元，客户要求按成交价的 110%投保，保险费率为 0.85%。若人民币对美元的汇率为 6.88，试报每双军靴的 CIF 价格。

解：① 实际成本=进货成本×[1 - 退税率÷（1+增值税税率）]
=90×[1 - 13%÷(1+13%)]≈79.646（元/双）

国内费用=包装费+（运杂费+商检费+报关费+港区港杂费+其他费用）+
进货总价×（贷款利率÷12）×贷款月份
=3×6 000+(12 000+350+150+900+1 500)+540 000×(8%÷12)×2
=18 000+14 900+7 200=40 100（元）

单位货物所分摊费用=40 100÷6 000≈6.683 3（元/双）（贷款利息通常以进货成本为基础）

海运费=3 800÷6 000×6.88=4.357 3（元/双）

② CIF 的核算过程。

每双鞋的成本与费用=实际成本+国内费用+国外运费

$$=79.646+6.683\ 3+4.357\ 3$$
$$=90.686\ 6（元/双）$$

CIF价＝（FOB价＋国外运费）÷（1－投保加成×保险费率－预期利润率）
$$=90.686\ 6÷(1-110\%×0.85\%-10\%)≈101.821（元/双）$$

CIF（美元价）＝101.821÷6.88≈14.80（美元/双）

第三节　成本核算

为了实现企业的经济效益，避免亏损，应对每笔进出口交易进行成本核算。尤其在国际贸易业务中，为了确保盈利，应该在签订合同前确定出口总成本、出口外汇净收入、出口人民币净收入等数据，然后进行业务盈亏核算。

国贸常识

出口总成本是指出口企业为出口商品支付的国内总成本，包括两部分：进货成本和国内费用（出口前的一切费用和税金）。

进货成本即出口商品购进价，其中包含增值税。例如，企业自营出口，进货成本即其生产成本。

国内费用通常由贸易型企业按进货成本的5%～10%不等的定额费率自行核定。

出口总成本＝出口商品购进价（含增值税）＋定额费用－出口退税收入

出口退税收入＝出口商品购进价（含增值税）÷（1＋增值税税率）×退税率

出口成本价格是指以出口总成本为基础计算出来的单位成本价格。它不涉及任何国外费用，是出口报价的基础。

出口外汇净收入是指从出口外汇总收入中扣除劳务费用，如运费、保险费、佣金等非贸易外汇后的外汇收入，即以FOB价成交所得的外汇收入。如果以CFR或CIF贸易术语成交，则价格中扣除国外运费、保险费后，为出口外汇净收入。以含佣价成交的，还要扣除佣金。

出口人民币净收入是指出口外汇净收入按当时外汇牌价折算的人民币数额。

根据出口商品的这些数据，可以计算得出出口换汇成本和出口盈亏率。

一、出口换汇成本

出口换汇成本是指出口商品净收入1单位外汇所需的人民币成本。在我国，一般是指出口商品每净收入1美元所耗费的人民币成本，即用多少元人民币换回1美元。其计算公式为：

出口换汇成本＝出口总成本（人民币）÷出口销售外汇净收入（美元）

同步案例 7-12

出口某商品1 000件，每件17.30美元CIF纽约，总价为17 300美元，其中运费2 160美元、保险费112美元。进价每件人民币117元，共计117 000元（含增值税13%），费用定额率为10%，出口退税率为13%。当时银行美元买入价为8.18元。求该笔业务的出口换汇成本。

解：出口换汇成本＝出口总成本（人民币）÷出口销售外汇净收入（美元）
$$=（进货成本＋定额费用－出口退税收入）÷FOB出口外汇净收入$$

$$= \frac{117\,000+(117\,000 \times 10\%) - 117\,000 \div (1+13\%) \times 13\%}{17\,300-2\,160-112}$$

$$\approx 7.668\,(人民币/美元)$$

思考：如果按现行美元兑人民币的中间价 1 美元约等于 6.88 元人民币，则以上交易是什么结果？

国贸常识

出口换汇成本是衡量外贸企业和进出口盈亏的重要指标，与外汇牌价相比较能直接反映出商品出口是否盈利。换汇成本如果高于银行外汇买入价，则说明出口为亏损；换汇成本如果低于银行外汇买入价，则说明出口盈利。在同步案例 7-12 中，出口换汇成本为 7.668 人民币换 1 美元，比当时银行外汇牌价低 0.512 元，表明该商品每出口 1 美元能取得 0.512 元人民币盈利，这笔出口业务总的盈利额为 7 694.34 元人民币。

二、出口盈亏率

出口所得人民币净收入扣除出口总成本，即为出口盈亏额。出口盈亏率是指出口盈亏额与出口总成本的比例，用百分比表示。它是衡量出口盈亏程度的重要指标，其计算公式为：

$$出口盈亏率 = \frac{出口盈亏额}{出口总成本} \times 100\% = \frac{出口销售人民币净收入 - 出口总成本}{出口总成本} \times 100\%$$

同步案例 7-13

出口某商品 1 442 250 只，出口总价为 USD 90 000 FOB 上海。商品进价为 CNY 574 980（含增值税 13%），费用定额率为 6%，出口退税率为 13%。若银行汇价美元买入价为 6.80 元人民币，求该笔业务出口盈亏率。

解：出口盈亏额 = 出口销售人民币净收入 - 出口总成本
= 90 000×6.80 - [574 980×(1+6%) - 574 980÷(1+13%)×13%]
= 612 000 - 543 330.66 = 68 669.34（元人民币）

$$出口盈亏率 = \frac{出口盈亏额}{出口总成本} \times 100\% = \frac{68\,669.34}{543\,330.66} \times 100\% \approx 12.64\%$$

在实际定价时，必须以出口成交价为基础，认真核算出口换汇成本和出口盈亏率。2023 年我国货物进出口总值 41.76 万亿元，与 2022 年同比增长 0.2%。其中，出口 23.77 万亿元，位居世界第一。我国已经逐渐从世界出口大国向出口强国转型，从出口初级产品和劳动密集型产品向机电产品转型，核心竞争力逐渐提升，但出口利润仍需提升。这就要求外贸业务员在从事出口贸易时，必须在确保盈利的前提下达成交易，纠正不计成本、不算盈亏和不讲效益的做法。片面强调出口数量，不计成本，削价竞销，不仅会使自身效益下降甚至亏损，而且会使一些国家找到借口对我国出口产品采取各种限制措施。随着我国外销出口商品品种、数量不断扩大，出口金额不断增加，许多国家纷纷对来自中国"价廉物美"的商品亮出红灯，针对中国出口商品的反倾销、反补贴及非关税壁垒层出不穷，不仅使我国失去了一些传统出口市场，也使中国商品被阻挡在一些新兴市场之外。

第四节 佣金与折扣

一、佣金

佣金（commission，或者用 C 表示）是指代理人或经纪人为委托人服务而收取的报酬。在国际贸易中，有些交易是通过中间商进行的，中间商因介绍生意或代买代卖而需要收取一定的佣金。例如，出口商支付佣金给销售代理人，进口商支付佣金给采购代理人。因此，凡是进出口商与中间商订立的合同，通常都会涉及佣金的支付。

（一）佣金的表示方法

凡成交价格中含有需要支付给中间商佣金的价格，即为含佣价。不含佣金的价格为净价（net price）。佣金既可以明确表示在价格条款中（明佣），也可以不在合同中表示出来，而由当事人按约定另行私下交付（暗佣）。国外的一些中间商或买主，为了赚取"双头佣"（从买卖双方处都获取佣金），或者为了达到逃汇或逃税的目的，往往提出使用"暗佣"。

① 规定佣金率。例如，每套 36 美元 CIF 热那亚包括佣金 5%。

USD 36 per set CIF Geneva including 5% commission.

也可以在贸易术语后直接加注佣金的英文缩写 C 并注明百分比。例如，每公吨 2 000 美元 CIFC3%香港。

USD 2,000 per metric ton CIFC3% HongKong.

② 以绝对数表示佣金。例如，每公吨支付佣金 30 美元。

在实践中，规定佣金率的做法比较常见。给予中间商佣金会提高其与我方出口企业成交的积极性，增加我方出口商品在国际市场上的竞争力，有效地扩大出口规模。但这也意味着出口方费用的增加。因此，佣金率影响商品的成交价格，故应合理规定佣金幅度，一般掌握在 1%～5%。

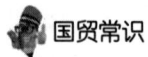 **国贸常识**

销售合同价格（含佣价）条款举例

① 单价：每公吨 1 000 美元 CIFC1 德班　　总值：100 000 美元

Unit Price: at USD 1,000 per metric ton CIFC1 Durban

Total Value: USD 100,000（Say US Dollars one hundred thousand only）

② 单价：每打 12 加元 CFRC2 温哥华　　总值：24 000 加元

Unit Price: at CAD 12 per dozen CFRC2 Vancouver

Total Value: CAD 24,000（Say Canadian Dollars twenty-four thousand only）

③ 单价：每箱 100 澳大利亚元 CIF 新加坡含 3%佣金　　总值：50 000 澳大利亚元

Unit Price: at AUD 100 per carton CIF Singapore including 3% commission

Total Value: AUD 50,000（Say Australian Dollars fifty thousand only）

（二）佣金的计算方法

在国际贸易中，佣金的计算方法各不相同，主要体现在以佣金率的方法规定佣金时计算佣金的基数怎样确定,常用的方法是将成交金额(发票金额)作为计佣基数。例如,按 CIFC5 成交,发票金额为 10 000 美元,则应付佣金为 500 (10 000×5%) 美元。也有人认为价格中的运费、保险费不属于出口商本身收益,不应该作为计佣的基数,应按 FOB 价计算佣金。如果按这种方法计算佣金,则在以 CIF、CFR 等术语成交时,要将其中的运费、保险费扣除,求得 FOB 价之后计算佣金。

在实际业务中,按交易金额(发票金额)还是 FOB 价作为计佣基数,并没有统一的规定,而是由买卖双方协商确定的。但前者因计算方便,操作上比较简便,实践中使用较多。

佣金的计算公式为:

$$单位货物佣金额 = 含佣价 \times 佣金率$$

$$净价 = 含佣价 - 单位货物佣金额 = 含佣价 \times (1 - 佣金率)$$

$$含佣价 = 净价 \div (1 - 佣金率)$$

同步案例 7-14

某出口公司对外报价某商品每公吨 2 000 美元 CIF 纽约,外商要求 5%佣金,则在保持我方净收入不变的情况下,应该报含佣价为多少?

解:CIFC5 = CIF 净价 ÷ (1 - 5%) = 2 000 ÷ (1 - 5%) ≈ 2 105.26 (美元)

同步案例 7-15

对外报价为每公吨 2 000 美元 CIFC2 纽约,外商要求将佣金率提高至 4%,则在保持我方净收入不变的情况下,应报含佣价为多少?

解:CIFC4 = CIF 净价 ÷ (1 - 4%) = 2 000 × (1 - 2%) ÷ (1 - 4%)
≈ 2 041.67 (美元)

(三) 佣金的支付

佣金的支付要按中间商提供服务的性质和内容而定,有以下几种做法。

1. 出口企业收到全部货款后将佣金另行支付给中间商

这种做法有利于合同的圆满履行,因为中间商为了取得佣金,不仅会尽力促成交易,还会负责联系、督促实际买主履约,协助解决履约过程中可能发生的问题。但为了避免中间商的误解,应在与其确立业务关系时就明确这种做法,并最好达成书面协议。

2. 中间商在付款时直接从货价中扣除佣金

中间商负责收取货款时,扣除其应得的佣金,出口企业收到的是除去佣金后的价款。采用这种做法时,应注意防止重复付佣。

3. 有的中间商要求出口企业在签订合同后就支付佣金

这种情况下,由于只是签订合同,业务不一定能顺利完成,因此出口商一般不能接受。

我国出口业务中常用的是第 1 种方法,即收到全部货款后再另行支付佣金。既可以在合同履行后逐笔支付,也可以与中间商或代理商签订协议,按月、按季、按半年甚至一年汇总支付。

为了发挥佣金的作用,充分调动外商的积极性,应按约支付佣金,防止错付、漏付。

二、折扣

折扣 (discount, rebate, allowance, 或用 R、D 表示) 是指买方从卖方得到一定的价格减让,即在原价基础上给予适当的优惠。在我国对外贸易中,使用折扣主要是为了照顾老客户、确保销售渠道、扩大对外销售等。在实际业务中，应根据具体情况，针对不同客户，灵活运用各种折扣方式，如为了扩大销售而使用数量折扣、为发展客户关系而使用特别折扣等。

（一）折扣的规定方法

折扣一般在合同的价格条款中明确规定（明扣），也有双方私下就折扣问题达成协议而不在合同中表示出来的（暗扣或回扣）。

① 用百分比表示折扣比例。例如，每公吨1 200美元CIF横滨折扣2%。

USD 1,200 per metric ton CIF Yokohama including 2% discount.

或写成：每公吨1 200美元CIF横滨减2%折扣。

USD 1,200 per metric ton CIF Yokohama less 2% discount.

② 用绝对数表示折扣。例如，每公吨折扣16美元。

国贸常识

合同条款中运用折扣举例

① 单价：每件45英镑CIF汉堡折扣2%　　总值：44 100英镑

Unit Price: at GBP 45 per piece CIF Hamburg less 2% discount

Total Value: GBP 44,100.00（Say Pounds sterling forty-four thousand one hundred only）

② 单价：每码1 000日元FOB青岛减2%折扣　　总值：998 000日元

Unit Price: at JPY 1,000 per yard FOB Qingdao including 2% discount

Total Value: JPY 998,000（Say Japanese Yen nine hundred and ninety-eight thousand only）

（二）折扣的计算与支付

折扣通常是以成交额或发票金额为基础计算出来的。其计算公式为：

单位货物折扣额＝原价（或含折扣价）×折扣率
卖方实际净收入＝原价（含折扣价）－折扣额
原价（含折扣价）＝净价÷（1－折扣率）

折扣一般可在买方支付货款时预先扣除。如果是暗扣，则在合同中并不表示出来，而且按双方私下达成的协议，由卖方另行支付给买方。

同步案例 7-16

出口报价每公吨1 000美元CIF加尔各答，折扣2%。求单位货物折扣额和卖方实际净收入。

解：单位货物折扣额＝原价（或含折扣价）×折扣率＝1 000×2%＝20（美元）

卖方实际净收入＝原价（含折扣价）－折扣额＝1 000－20＝980（美元）

实训练习

实训目的

1. 学会出口价格计算及出口成本的核算。
2. 能够熟练进行FOB、CFR、CIF等贸易术语下的价格换算。
3. 能对合同含佣价、折扣进行正确计算。

4. 学会制定合同中的价格条款。

实训内容

一、名词解释

单价　　总值　　出口总成本　　出口外汇净收入　　出口换汇成本

出口盈亏率　　佣金　　折扣

二、填空题

1. 合同中的价格条款一般分为_____和_____。
2. 单价条款的构成要素有_____、_____、_____和_____。
3. 进出口商品的作价方法主要有两种：_____和_____。
4. 国际贸易中商品价格的表述有别于国内贸易，一般由_____、_____和_____三部分组成。
5. 出口换汇成本是指_____。
6. 出口盈亏率是指_____。
7. 佣金分为_____和_____。

三、单项选择题

1. 出口方在核算价格时，（　　）表示由进货成本加上国内费用和净利润形成的价格。
    A. CIF价　　　　B. FOB价　　　　C. CFR价　　　　D. CIP价
2. 在我国进出口合同中，商品的价格一般采用（　　）作价方法。
    A. 滑动价格　　B. 暂定价格　　C. 固定价格　　D. 具体价格待定
3. 我国企业在从事进出口业务时，选择计价货币的原则是（　　）。
    A. 进出口均选择硬币　　　　　　B. 进出口均选择软币
    C. 进口采用软币，出口选择硬币　　D. 进口采用硬币，出口选择软币
4. 我方外贸企业出口合同中的价格条款表示准确的是（　　）。
    A. 每箱20.00美元CIF上海　　B. 每箱18.00元CIF日本
    C. 每箱12.00美元CIF美国　　D. 每箱16.00美元CIF汉堡
5. 对于大型机械设备买卖合同，可以采取（　　）作价方法。
    A. 滑动价格　　B. 暂定价格　　C. 固定价格　　D. 具体价格待定
6. 在国际贸易中，支付给中间商的报酬是（　　）。
    A. 折扣　　　　B. 佣金　　　　C. 定金　　　　D. 利润
7. 在国际贸易中佣金的表示法是（　　）。
    A. 用A表示　　B. 用B表示　　C. 用C表示　　D. 用D表示
8. 在国际贸易中，（　　）表示含佣价的计算公式。
    A. 含佣价=净价÷(1-佣金率)　　B. 含佣价=净价÷(1+佣金率)
    C. 含佣价=净价×(1-佣金率)　　D. 含佣价=净价×(1+佣金率)
9. 在实际出口业务中，（　　）正确表示含佣价。
    A. FOBR　　　　B. FOBT　　　　C. FOBC　　　　D. FOBS
10. 国际标准化组织和欧洲经济委员会协作制定的各国货币标准代码，其中人民币、美元、欧元的英文代码分别是（　　）。
    A. RMB、USD、EUR　　　　B. CNY、USD、EUR
    C. RMB、USD、GBP　　　　D. CNY、USD、GBP

11. 某出口企业向美国客商出口服装一批,换汇成本为6.50人民币/美元,结汇当天人民币对美元牌价是1美元＝6.28人民币,则该商品出口（　　）。
    A. 盈利　　　　　B. 亏损　　　　　C. 不亏不赚　　　　D. 无法判断
12. 出口换汇成本的核算,正确的计算方法是（　　）之比。
    A. 出口商品采购成本与出口外汇总收入
    B. 出口商品总成本与出口外汇总收入
    C. 出口销售人民币总收入与出口外汇净收入
    D. 出口商品总成本与出口外汇净收入
13. 我方出口商品的价格条款表示正确的是（　　）。
    A. 850加元/台 FOBC2 北京
    B. 15英镑/箱 CIF 英国
    C. 150欧元/件 FCA 鹿特丹
    D. 180美元/打 CFR 纽约
14. 我方某企业从加拿大进口货物,单价表示正确的是（　　）。
    A. USD 10.00/PC FOB Guangzhou
    B. USD 10.00/PC CIF Toronto
    C. USD 10.00/PC CIF Guangzhou
    D. USD 10.00/PC CFR Toronto
15. 我方A企业出口某商品,对外报价净价USD 100/件,中间商要求3%的佣金,为保证我方实际收入不变,我方所报含佣价是（　　）。
    A. USD 103.00/件
    B. USD 103.90/件
    C. USD 103.09/件
    D. USD 104.02/件
16. 我方某出口企业达成一笔出口合同,以CFRC2对外成交,合同总金额为USD 10 000.00。该批货物的总运费为USD 1 200.00,则该笔业务的外汇净收入为（　　）。
    A. USD 10 000.00
    B. USD 8 800.00
    C. USD 9 000.00
    D. USD 8 600.00
17. 我方A企业出口某商品总成本是人民币57 000.00元,出口后外汇净收入为10 000.00美元。结汇当日外汇买入价100美元折合人民币683.27元,则该笔业务的出口盈亏率是（　　）。
    A. 17%　　　　　B. 20%　　　　　C. 19%　　　　　D. 21%
18. 我方A企业出口机械一台,原报价CFRC3大阪 USD 6 000.00/台,日本客户要求报CFRC5大阪。在不减少我方外汇净收入的情况下,A公司的报价应为（　　）。
    A. USD 6 315.79/台
    B. USD 6 253.63/台
    C. USD 6 126.32/台
    D. USD 6 235.82/台
19. 在国际货物买卖中,收取佣金的通常是（　　）。
    A. 买方　　　　　B. 卖方　　　　　C. 船方　　　　　D. 中间商
20. 在国际货物买卖中,得到折扣的通常是（　　）。
    A. 买方　　　　　B. 卖方　　　　　C. 船方　　　　　D. 中间商

四、多项选择题

1. 在国际贸易销售合同中,商品的单价通常包括的内容有（　　）。
    A. 贸易术语　　B. 计价货币　　C. 单位价格金额　　D. 计价数量单位
2. 由中间商参与交易的出口业务,构成出口商品价格的国外费用一般包括（　　）。
    A. 进货成本　　B. 出口海运费　　C. 出口保险费　　D. 货物包装费　　E. 佣金

3. 我方某出口企业对外报价,单价表示不正确的是(　　　　)。
   A. 每件 23.00 美元 FOB 广州　　　　B. 每箱 16.00 欧元 CFR 上海
   C. 每台 7 800.00 港元 FCA 香港　　　D. 每打 280 元人民币 DDP 北京
   E. 每桶 1 200.00 日元 CIF 东京
4. 在我国进出口合同中,商品的作价方法有(　　　　)。
   A. 固定价格　　　B. 具体价格待定　　C. 滑动价格　　D. 暂定价格
5. 在用贸易术语表示的价格中,属于外汇净收入的是(　　　　)。
   A. CIF　　　　B. CFR　　　　C. FOB　　　　D. FCA
   E. CIP　　　　F. CPT
6. (　　　　)费用在计算外汇净收入时必须扣除。
   A. 采购成本　　B. 海外运费　　C. 出口保险费　　D. 佣金
   E. 折扣　　　　F. 银行议付手续费
7. (　　　　)指标可以体现出口盈亏状况。
   A. 佣金　　　　B. 折扣　　　　C. 出口盈亏率　　D. 出口换汇成本
8. FOB、CFR、CIF 三种价格换算表示正确的是(　　　　)。
   A. CIF 价 = FOB 价 + F + I
   B. CFR 价 = CIF 价 − F − I
   C. CIFC 价 = (实际成本 + 国内总费用 + 国际运费) ÷ [1 − 佣金率 − 利润率 − (1 + 投保加成率) × 保费率]
   D. FOB 价 = CIF 价 − F − I
9. 计算公式正确的是(　　　　)。
   A. 含佣价 = 净价 ÷ (1 − 佣金率)　　B. 含佣价 = 净价 × (1 − 佣金率)
   C. 折扣价 = 净价 ÷ (1 − 折扣率)　　D. 折扣价 = 净价 × (1 − 折扣率)
10. 衡量出口企业经济效益的重要指标是(　　　　)。
    A. 出口总成本　　B. 出口盈亏率　　C. 换汇成本　　D. 外汇净收入
    E. 出口退税收入
11. 有关折扣的表述中,正确的是(　　　　)。
    A. USD 20.00/CTN CIF Hamburg less 2% discount
    B. USD 15.00/CTN CIF Hamburg including 5% discount
    C. USD 16.00/CTN CIFD 3% Hamburg
    D. USD 19.00/CTN CIF Hamburg time 4% discount
    E. USD 25.00/CTN CIF Hamburg plus 4% discount
12. 佣金的表示方法有(　　　　)。
    A. 在价格中表明所含佣金的百分比　　B. 用字母 C 来表示
    C. 用字母 R 来表示　　　　　　　　　D. 用字母 D 来表示
13. 折扣的表示方法有(　　　　)。
    A. 在价格中表明所含佣金的百分比　　B. 用字母 C 来表示
    C. 用字母 R 来表示　　　　　　　　　D. 用字母 D 来表示
14. 关于出口商品成本核算,表述不正确的是(　　　　)。
    A. 在出口业务中,如果换汇成本高于银行外汇买入价,则表明盈利

B. 在出口业务中，如果换汇成本低于银行外汇买入价，则表明盈利
C. 在出口业务中，如果换汇成本高于银行外汇卖出价，则表明盈利
D. 在出口业务中，如果换汇成本低于银行外汇卖出价，则表明盈利

15. 业务员在对外报价时，有关佣金的理解正确的是（　　　　）。
    A. 给予中间商佣金会增加我方出口成本
    B. 给予中间商佣金会提高其与我方出口企业成交的积极性
    C. 给予中间商佣金可以有效地扩大出口规模
    D. 给予中间商佣金的幅度应该控制在1%～5%

五、判断题

1. 国际贸易销售合同价格条款包括单价和总值，也包括佣金与折扣。（　）
2. 给予中间商佣金能提高其经营我方出口商品的积极性，佣金率越高效果越好，所以应尽量满足中间商对佣金率的要求。（　）
3. 一欧洲客户和一美国客户同时向我方某公司询购某商品，为体现公平原则，应对他们报同样的价格。（　）
4. USD 87.00 CFR Barcelona表示出口价格是正确的。（　）
5. 凡是价格中不含佣金的称为净价。（　）
6. 价格条款包括计量单位、单位价格金额、计价货币和价格术语。（　）
7. 佣金和折扣都是在收到全部货款之后再支付的。（　）
8. 使用固定价格，在合同中明确规定之后，均按合同确定的价格结算货款，任何一方不得擅自变更原价格。（　）
9. FOB、CFR和CIF三种贸易术语的价格构成的主要不同点在于国外费用不同。（　）
10. 佣金是卖方给予买方的价格减让。（　）
11. 出口换汇成本与外汇净收入成反比，换汇成本越高，外汇净收入越少，反之则外汇净收入越多。（　）
12. 出口外汇净收入是指不包含佣金和折扣的外汇收入，如CFR价、CIF价。（　）
13. 在进出口业务中，计价货币应选择可自由兑换货币。（　）
14. 含佣价＝净价÷（1－佣金率），其中的净价是指FOB价。（　）
15. 我方某出口企业对外报价，每箱10美元FOBC2广州，现客户要求将佣金增加到4%，在我方出口企业外汇净收入不变的情况下，应对外报价为每箱10.21美元 FOBC4广州。（　）
16. 我方某公司对外报价"每公吨580美元CIFC3广州"，这个出口报价是错误的。（　）
17. 出口货物总成本是指外贸企业为商品出口所支付的用外币计算的总成本，包括出口运费和保险费。（　）
18. 买卖双方在合同中规定："按提单日期的国际市场价格计算。"这是固定作价的一种规定方法。（　）
19. 佣金和折扣都可分为"明佣（扣）"和"暗佣（扣）"两种。（　）
20. 不论在任何情况下，固定作价都比非固定作价有利。（　）

第七章 国际贸易销售合同价格条款

六、技能操作题

1. 计算题

（1）某出口公司对外报价午餐肉罐头 2.50 美元/听 CIF 古晋，按发票金额加成 10% 投保一切险，保险费率 0.3%。客户要求改报 CFR 价格。求应报的 CFR 价。

（2）出口箱装货物一批，报价为每箱 35 美元 FOB 上海，客户要求改报 CIF 伦敦价。已知该货至伦敦的海运费为每箱 5 美元，按 CIF 金额的 110% 投保海运一切险，费率为 0.8%。求应报的 CIF 价。

（3）某公司以每公吨 1 000 美元 CIF 价格出口商品。已知该笔业务每公吨需要支付国际运输费用 100 美元，保险费率为 0.1%，国内商品采购价格为 5 000 元人民币，其他商品管理费为 500 元。试计算该笔业务的出口盈亏率。（汇率为 1∶6.80。）

（4）某公司以每公吨 1 000 美元 CIF 价格出口商品。已知该笔业务每公吨需要支付国际运输费用 100 美元，保险费率为 0.1%，国内商品采购价格为 5 000 元人民币，其他商品管理费为 500 元。试计算该笔业务的出口换汇率。

（5）出口某商品报价 "USD 100.00/件 FOB 大连含 2% 佣金"，试计算佣金和货物的净价各是多少。如果所报价格 USD 100.00 是净价，要改成含 2% 佣金的价格，结果会是 USD 102.00 吗？

（6）某公司出口一批商品，原报价 CFRC3 孟买每公吨 8 000 美元，外商要求改报 CFRC5 孟买。在净价不变的条件下，该公司报价为多少？

（7）某外贸企业与英商达成一笔交易，合同规定我方出口某商品 500 公吨，每公吨 450 美元 CFRC2 利物浦，海运运费每公吨 29 美元，出口收汇后出口企业向该英商汇付佣金。试计算：

① 该出口企业向中国银行购买支付佣金的美元共需多少人民币？

② 该出口企业的外汇净收入为多少美元？

（中行外汇卖出价：100 美元 = 680.00 元人民币）

（8）某出口公司向英国某商出口商品，对外报价为 FOBC2 宁波每箱 800 英镑，客户要求将佣金增至 5%。出口公司考虑后同意，但为使净收入不减少，价格应改报多少？

（9）某出口公司向新加坡某公司出售一批货物，出口总价为 10 万美元 CIF 新加坡，其中从天津港至新加坡的海运运费为 4 000 美元。保险按 CIF 总价的 110% 投保一切险，保险费率为 1%。这批货物的出口总成本为 72 万元人民币。结汇时，银行外汇买入价为 1 美元折合人民币 6.80 元。试计算这笔交易的换汇成本和盈亏率。

2. 实际操作题

（1）根据以下资料，试草拟合同中的价格条款各一则。

净价：每箱 18.00 美元 FOB 大连/每打 35.00 欧元 CFR 热那亚

含佣价：每套 12.00 美元 FOB 青岛包括佣金 5%/每件 45.00 欧元 CFRC5 鹿特丹

含折扣价：每箱 23.00 美元 FOB 广州折扣 3%/每打 18.50 美元 CIFD4 东京

（2）辽宁某乡镇企业 Haitian 公司与韩国一进口商订立了长期供应某种蔬菜的合同。合同中规定：每到交货时间，由进口方指派的承运人前来该企业所在地收取货物，Haitian 公司只负责在规定时间按规定方式将蔬菜包装好即可。这种蔬菜每箱价格为 7.20 美元，在大连港装船。请你为该企业拟一则单价条款。

（3）某公司以 CFR 条件向国外出口一批货物，承租船运输。国外买方所在的目的港（纽约港）费用较高，我方不愿承担卸货费用。已知这批出口货物每公吨 CFR 价格 500 美元。请代该公司拟一单价条款。

七、案例分析

1. 2024年5月，美国某贸易公司（以下简称进口方）与我国江西某进出口公司（以下简称出口方）签订合同购买一批日用瓷具，价格条件为CIF旧金山，出口方需要提供已装船提单等有效单证。出口方随后与宁波某运输公司（以下简称承运人）签订运输合同。8月初出口方将货物备妥，装上承运人派来的货车。途中由于驾驶员的过失发生了车祸，耽误了时间，错过了合同规定的装船日期。得到发生车祸的通知后，我出口方即刻与进口方洽商要求将合同的有效期和装船期延展半个月，并本着诚信原则告知进口方两箱瓷具可能受损。美国进口方回电称同意延期，但要求货价降5%。我出口方回电据理力争，同意受震荡的两箱瓷具降价1%，但认为其余货物并未损坏，不能降价，但进口方坚持要求全部降价。最终我出口方还是做出让步，受震荡的两箱降价2.5%，其余降价1.5%，为此受到货价、利息等有关损失共计达15万美元。后经与承运人交涉，承运人赔偿损失计5.5万美元，出口方实际损失9.5万美元。请问：造成巨额损失虽是承运人过错引起的，但我出口方有无值得吸取的教训？怎样可以避免此类损失的发生？

2. 某德国客商对我方某项出口商品出价为每公吨300欧元CIF汉堡，而我方公司对该商品内部掌握价为FOB上海每公吨人民币1980元。当时中国银行外汇牌价为每1欧元的人民币买入价9.2809元、人民币卖出价9.3028元。我方公司备有现货，只要不低于公司内部掌握价即可出售。现该商品自中国某口岸至汉堡港的运费为每公吨人民币600元，保险费为每公吨人民币100元。请问：我方能否接受？为什么？

第八章
国际贸易销售合同支付条款

学习目标

- 掌握国际结算工具的种类、概念和特点。
- 掌握汇票的使用程序。
- 熟悉汇付、托收、信用证支付方式的概念、特点和业务流程。
- 掌握《公约》《跟单信用证统一惯例》《托收统一规则》对支付条款的规定。
- 能够在实际业务中正确、灵活地选择合适的结算工具和支付方式。
- 增强学生对我国外贸事业的信心、责任感与使命感。
- 养成诚信经营、精益求精的优良品质。

导入案例

某国 A 公司与我方 B 公司洽谈一笔交易,其他条款均已取得一致意见,唯独支付条款我方坚持预付电汇,对方坚持使用不可撤销的 60 天远期信用证。为达成交易,双方各做让步,最后以预付电汇、60 天远期信用证各占合同金额的 50%签订合同。试问:货物出运后货运单据和汇票如何处理?

根据各国的法律和《公约》,按照合同规定支付货款是买方的基本义务,收取货款则是卖方的主要权利。因此,支付条款就构成了国际贸易销售合同的一个重要组成部分。国际贸易中货款收付涉及信用、收付时间、方式、币种及票据类型,这些都直接关系到买卖双方的切身利益,需要买卖双方经过磋商取得一致意见后在销售合同中做出明确的规定。

国际贸易结算不同于国内结算:第一,使用的货币不同,国内结算一般使用本国货币,而国际贸易结算则需要使用外币,且经常需要进行货币兑换;第二,货币的流通范围不同,国内结算时货币不会跨越国界,而国际贸易结算时,货币必然会跨越国界;第三,运用的法律不同,国内结算时,如果出现纠纷仅使用本国法律,而在国际贸易及结算中,如果产生纠纷则使用双方事先约定的法律,或者根据国际惯例与规则加以解决。但因各国法律不同,即使同一问题,有时结果也差异较大,难以就争议或纠纷问题达成一致。

随着国际贸易的快速发展,银行国际结算业务量成倍增加。为了保证国际贸易的顺利进行、国际贸易结算功能的充分发挥,国际社会逐渐发展和形成了国际结算的统一做法和规范,以消除各国在此问题上的分歧。这种统一做法和规范就是国际结算中的国际惯例与规则,如《跟单信用证统一惯例》、《税收统一规则》、ISBP、ISP98、《日内瓦统一汇票本票公约》及英国《票据法》等。上述国际贸易结算的惯例与规则,是指导国际银行之间、贸易商之间处理国际贸易结算争议或纠纷的主要依据。

第一节 结算票据

国际贸易货款的支付工具包括货币(现金)和票据。现金结算方式的不便利导致其应用范围不广泛,在国际贸易中只限于少量、零星费用的支付,而大多使用的是作为信用工具的票据,用它代替现金作为流通手段和支付手段清算各国之间的债权、债务。

国际贸易中使用的票据主要有汇票、本票和支票,并以汇票为主。

一、汇票

汇票(bill of exchange,简称 draft 或 bill)在国际贸易中广泛使用,由于其最能反映票据的性质、特征和规律,所以最集中地体现了票据所具有的信用、支付和融资等各种经济功能,从而成为票据的典型代表。

(一)汇票的定义

根据各国广泛引用或参照的英国《票据法》的规定,汇票是一个人(出票人)向另一个人(付款人)签发的,要求付款人立即、定期或在可以确定的将来的时间,对某人(收款人)或其指定人、持票人支付一定金额的无条件的书面支付命令。[A bill of exchange is defined as an unconditional in writing signed by the person (drawer), and addressed to another person (drawee), ordering the drawee to pay a stated sum of money to another person (payee), on demand or at a fixed or determinable future time.]

《中华人民共和国票据法》(以下简称《票据法》)第十九条定义了汇票:"汇票是指出票人签发的,委托付款人在见票时或者在指定日期无条件支付确定的金额给收款人或者持票人的票据。"

汇票的3个基本当事人:出票人、付款人和收款人。

① 出票人(drawer)即签发票据的人。出票人第1个在汇票上签名,是汇票的债务人,他用签发票据的形式创设了一种债权并将其赋予持票人,出票人自身也相应地承担起债务。

② 付款人(drawee,payer)即接受出票人委托而无条件支付票据金额的人。在进出口业务中,付款人通常是进口人或指定的银行。远期汇票中付款人在承兑之后,就成为主债务人。

③ 收款人(payee)是从出票人手中获得汇票的当事人,也是基本当事人中唯一的债权人。收款人的权利包括付款请求权、转让权和追索权。汇票的收款人既可以是记名的特定的人或其指定人,也可以是无记名的任何持票人。

汇票在转让时,一般要由作为转让人的收款人或持票人背书后交给受让人,这样就出现了汇票的背书人和被背书人。

(二)汇票的主要内容

① 出票人名称。

② 受票人名称。

第八章 国际贸易销售合同支付条款

③ 收款人名称。

④ 汇票金额。汇票的大写金额和小写金额要完全一致。汇票金额不许涂改或盖核对章。

⑤ 出票日期和地点。出票地点应该是议付地点，它的位置一般在汇票上方并与"出票日期"连在一起。

⑥ 付款期限。这是付款人履行付款义务的日期，有即期和远期之分。

⑦ 付款地点。这是汇票金额支付地，也是请求付款地，或者表示拒绝做出地。

⑧ 出票条款。出票条款也就是出票根据。它的一般内容是：开证行名称、信用证号码和开证日期。一般形式是：Drawn under（填开证行名称）、L/C No.（填信用证号）、Dated（填开证日期）。

⑨ 票据上应有"汇票"（exchange）字样。

⑩ 无条件支付命令。汇票必须有无条件支付委托的文句，而且不应受任何限制。

⑪ 出票人签字。汇票要有出票人签字才能生效。

⑫ 汇票一般一式两份。银行汇票实行"付一不付二"，如果一份付讫，则另一份自动失效。

同步案例 8-1

汇票的样式如图 8.1 和图 8.2 所示。

```
① BILL OF EXCHANGE
                    ⑨ Shanghai China  ⑥ MARCH 5,2024
Exchange for ③USD 15,272.00
⑧ At ×××sight of this SECOND of Exchange（FIRST of the same tenor and date unpaid）.
② Pay to ⑤the order of BANK OF CHINA the sum of ③US DOLLARS FIFTEEN THOUSAND TWO HUNDRED AND
SEVENTY TWO ONLY
④ To HABIB BANK LIMITED
    P.O.BOX 888
⑩ DUBAI,U.A.E
                                            SHANGHAI TEXTILES COMPANY LIMITED
                                                   ⑦王丁
                                                （Authorized Signature）
```

注：①"汇票"字样；②无条件的书面支付命令；③汇票金额；④付款人；⑤收款人；⑥出票日期；⑦出票人签章；⑧付款日期；⑨出票地点；⑩付款地点。

图 8.1 汇票的样式（一）

```
凭
Drawn under. . . . . . . . . . . . . . . . . . . . . . . . . . . . . .
信用证      第      号
L/C No. . . . . . . . . . . . . . . . . . . . . . .
日期
Dated. . . . . . . . . . . . . . .
按        息        付款
Payable with interest @. . . . . . . . .% per annum
号码         汇 票 金 额                 中国，广州    年   月   日
No. ;. . . . . . . Exchange for             1              Guangzhou,
China. . . . . . . .
见票                  日 后（本 汇 票 之 副 本 未 付）
At. . . . . . . . . . . . . . Sight of this FIRST of Exchange（Second of exchange being unpaid）
pay to the order of BANK OF CHINA , TIANJIN BRANCH 或其指定人付金额
The sum of
To. . . . . . . . . .
         . . . . . . . . . . . . . . . . .
```

图 8.2 汇票的样式（二）

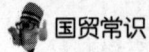 国贸常识

采用托收与信用证结汇时,在大部分情况下,汇票金额与发票金额完全一致。在实际出口业务中,客户可能会提出部分合同金额采用信用证付款,部分合同金额采用托收付款。对此,我方出口业务员应该分别制作两套汇票,分别对应不同的付款方式填写相应金额——对应信用证的汇票以银行为付款人、对应托收的汇票以进口人为付款人,两套汇票金额相加之和为出口发票金额。出票地点一般是出口人所在地,出票日期一般填交单日,该日期不能早于跟单单据(发票、装箱单等)的签发日期,同时不得晚于信用证或《跟单信用证统一惯例》规定的交单期限,绝对不能超出信用证的有效期。日期不能全用阿拉伯数字,需要使用英文。

(三)汇票的种类

1. 按照有无附属单据,汇票可分为光票和跟单汇票

① 光票(clean draft)。光票是指不附带任何货运单据的汇票。光票的出票人和付款人既可以是工商企业或个人,也可以是银行。银行汇票大多是光票。在国际贸易结算中,光票一般仅限于贸易从属费用、货款尾数、佣金等款项的收取与支付。

② 跟单汇票(documentary draft)。跟单汇票是指附带有货运单据(主要是提单、发票、保险单等)的汇票。在国际贸易中,大多使用跟单汇票。跟单汇票一般多为商业汇票。

2. 按照出票人的不同,汇票可分为银行汇票和商业汇票

① 银行汇票(banker's draft)。银行汇票的出票人和付款人均是银行。在国际贸易结算中,银行汇票签发后,一般交汇款人,由汇款人寄交国外收款人,从指定的付款银行取款。出票行签发汇票后,必须将付款通知书寄给国外付款行,以便付款行在收款人持票取款时进行核对。

② 商业汇票(commercial draft)。商业汇票的出票人是商号或个人,付款人既可以是商号、个人,也可以是银行。在国际贸易结算中,使用商业汇票居多。商业汇票通常由出口人为了向国外进口人或银行收取货款而开立,在向国外进口人或银行收取货款时使用。商业汇票的出票人不必向付款人寄送付款通知书。

3. 按承兑人的不同,汇票可分为商业承兑汇票和银行承兑汇票

① 商业承兑汇票(commercial acceptance draft)。这是由工商企业或个人承兑的远期汇票。商业承兑汇票建立在商业信用的基础之上,其出票人也是工商企业或个人,如出口企业。如果承兑人拒付,则持票人的权利难以得到保障。这种汇票一般用于托收付款方式。

② 银行承兑汇票(banker's acceptance draft)。这是由银行承兑的远期商业汇票。它通常由出口人签发,银行对汇票承兑后即成为该汇票的主债务人,而出票人则成为从债务人。银行承兑汇票建立在银行信用的基础之上,是一种商业汇票。这种汇票一般用于远期信用证付款方式。

4. 按照付款时间的不同,汇票可分为即期汇票和远期汇票

① 即期汇票(sight draft, demand draft)。即期汇票是指在提示或见票时立即支付的汇票。

② 远期汇票(time draft, usance draft)。远期汇票是指在一定期限或特定日期付款的汇票。远期汇票的付款时间有如下几种规定方法。

- 见票后若干天付款(at...days after sight),如见票后 30 天、45 天、60 天等。
- 出票后若干天付款(at...days after date of draft)。
- 提单签发日后若干天付款(at...days after date of bill of lading)。
- 指定日期付款(fixed date)。

第八章 国际贸易销售合同支付条款

同步案例8-2

某出口企业与外商达成交易，用远期信用证付款，要求一个月后付款。单证员在制作汇票时填写的出票日期为1月31日。试问：这张汇票的付款日期为哪一天？如果要求两三个月内付款，那么汇票的付款日期又为哪一天？

国贸常识

在实际进出口业务中，远期汇票的时间计算必须遵循以下原则。①算尾不算头。例如，见票日为6月15日，付款期限为见票后30天，则应从6月16日起算30天，到期日为7月15日。②月为日历月。以月为单位计算付款期限时，不必考虑每月的具体天数，一律以相应月份的同一天为到期日，到期日无相同日期即为月末。例如，见票日为1月31日，分别见票后1个月、2个月、3个月付款，则到期日分别为2月28日（如遇闰年，则为29日）、3月31日、4月30日。③先算整月，后算半月，半月按15天计算。例如，出票日为6月25日，付款期限是出票后3个半月，则出票后3个月应为9月25日，再加半个月（15天），到期日为10月10日。④节假日顺延。如果到期日恰逢周末或节假日等非营业日，则付款期限应顺延到下一个银行营业日。

（四）汇票的使用

汇票使用过程中的各种行为主要有出票、背书、提示、承兑、付款、拒付、追索、保证等。其中，出票是主票据行为，其他行为都是以出票为基础而衍生的附属票据行为。

1．出票

出票（draw，issue）是指出票人签发票据并将其交付给收款人的票据行为。出票由3个动作组成：一是由出票人写成汇票，或者在事先印就的汇票上的空白部分将票据内容填上；二是在汇票上签字（sign）；三是由出票人将汇票交付给（deliver to）收款人。由于出票是设立债权债务的行为，所以只有经过交付汇票才开始生效。

出票人签发汇票后，即承担保证该汇票必然会被承兑和（或）付款的责任，在汇票得不到承兑或付款时，应当向持票人清偿被拒绝付款的汇款金额和自到期日或提示付款日起至清偿日止的利息，以及取得拒绝证明和发出通知等的费用。

2．提示

收款人或持票人将汇票提交付款人要求付款或承兑的行为叫作提示（presentation）。付款人见到汇票叫作见票（sight）。提示可分为以下两种。

① 提示承兑（presentation for acceptance）。提示承兑是指远期汇票持有人向付款人出示汇票，并要求付款人承诺到期付款的行为。

② 提示付款（presentation for payment）。提示付款是指汇票的持票人向付款人（或远期汇票的承兑人）出示汇票要求付款人（或承兑人）付款的行为。

不论是提示承兑还是提示付款，均应在规定的时间内进行，否则将丧失追索权。

3．承兑

承兑（acceptance）是远期汇票付款人在持票人做承兑提示时，明确表示同意按出票人的指示付款的行为。

承兑包括两个步骤：一是付款人在汇票上写"已承兑"（accepted）字样，并注上日期和签名；二是把承兑的汇票交还持票人或另制承兑通知书交给持票人。承兑的交付通常有两种做法：

一种是付款人在承兑后将汇票交还给持票人，这种做法称为实际交付（actual delivery）；另一种是付款人签发承兑通知书给持票人，以代替实际交付已承兑汇票给持票人。在承兑通知书上记载承兑日期，这一做法称为推定交付（constructive delivery）。目前，在国际银行结算业务中，使用第2种做法的比较多，承兑日即为见票日。

《票据法》第四十一条规定，汇票付款人应当自收到提示承兑的汇票之日起3日内承兑或拒绝承兑。如果未注明承兑日期，则以付款人收到汇票之日起的第3天为承兑日期。远期汇票一经承兑，付款人成为承兑人，是汇票的主债务人，而出票人则退居为从债务人。持票人可将汇票在市场上背书转让，使其流通。

《票据法》第四十三条明确指出：“承兑附有条件的，视为拒绝承兑。”

4．付款

付款（payment）是指汇票付款人向持票人支付汇票金额以消灭票据关系的行为。即期汇票在付款人见票时即付；远期汇票于到期日在持票人提示付款时由付款人付款。持票人获得付款时，应当在汇票上签收，并将汇票交给付款人作为收据存查。汇票一经付款，汇票上的一切债权债务即告消失或结束。

5．背书

背书（endorsement）是一种以转让票据权利为目的的票据行为，是票据转让的一种重要方式。

背书是转让汇票权利的一种手续，就是由汇票抬头人在汇票背面签上自己的名字，或者再加上受让人（被背书人 endorsee）的名字，并把汇票交给受让人的行为。经背书后，汇票的收款权利便转移给受让人。汇票经过背书可以不断转让下去。对于受让人来说，所有在他以前的背书人（endorser）及原出票人都是他的"前手"，而对于出让人来说，所有在他让与以后的后让人都是他的"后手"。"前手"对"后手"负有担保汇票必然会被承兑或付款的责任，"后手"对"前手"有追索权。

背书的方式有以下几种。

① 空白背书（endorsement in blank），又称无记名背书或不记名背书。在实际业务操作中，在汇票上不记载被背书人名称，只需要签上背书人的名字即可以交付转让。空白背书的汇票可以自由流通，无须再背书转让。我国《票据法》规定不允许持票人采用空白背书的方式转让票据权利。

② 记名背书（special endorsement），又称特别背书、正式背书或完全背书。做记名背书时，背书人先做被背书人记载，如"付给××公司或其指定人"（pay to the order of ××Co.），然后签字。

③ 限制性背书（restrictive endorsement）。背书人对支付给被背书人的指示带有限制性的词语，在实际业务中属于不可转让背书。例如，"仅付××公司"（pay to ××Co. only）、"付给××公司，不可转让"（pay to ××Co., not transferable）。限制性背书的汇票只能由指定的被背书人凭票取款，而不能把汇票再转让或流通。

6．贴现

贴现（discount）是指在国际市场上，一张远期汇票的持票人如果想在付款人付款前取得票款，则可以经过背书将汇票转让给银行、贴现行或金融公司，由它们扣除一定贴现息后将票款付给持票人的行为。银行贴现票款后,就成为汇票的持有人,或者在市场上继续转让,或者在到期日向付款人索取票款。

7. 拒付与追索

当汇票在提示时,遭到付款人拒绝付款或拒绝承兑,即称为拒付(dishonor),也称退票。无论即期汇票还是远期汇票,均有可能遭到拒付。除拒绝付款和拒绝承兑外,付款人不见汇票、死亡或宣告破产,导致付款事实上已不可能时,也称拒付。

按照有关法律的解释,汇票上所列付款人之所以有履行付款的义务,并不是由于出票人对其开立了汇票,而是由于在出票之前,付款人和出票人之间存在债权债务关系,并事先约定采用汇票付款的办法解决。因此,当付款人拒付汇票时,出票人要根据国际贸易销售合同,而不是根据拒付的汇票进行交涉。汇票经过转让,一旦被拒付时,最后的持有人有权向所有的前手追索(recourse),一直追索到出票人。持票人为了行使追索权(right of recourse),应及时到当地法院或公证机构做出拒付证书(prest),凭此作为向其前手进行追索的法律依据。有时汇票的出票人或背书人为了避免承担被追索的责任,可在出票或背书时加注"不受追索"(without recourse)字样。凡加注这种字样的汇票,在市场上一般很难转让流通。

📖 同步案例 8-3

我方某出口企业根据信用证规定签发即期汇票一套。试问:如果顺利结汇,则围绕这套汇票一定和可能会产生哪些票据行为?如果遭受拒付,则围绕这套汇票又一定和可能会产生哪些票据行为?如果签发的是一套45天远期汇票,则结果又会是怎样?

📖 同步案例 8-4

我方某出口企业根据信用证规定签发 60 天远期汇票一套,收款人为 Bank of China Guangdong Branch,付款人为 ABC Co.。收款人为了提前获得资金,将汇票背书转让给 HSG Co.,并写下"pay to the order of HSG Co."。试问:这种背书属于哪种性质的背书?HSG Co.是否也可以背书转让?

二、本票

本票作为一种票据,同样具有支付功能和信用功能。因此,它可以成为一种国际结算工具。

(一) 本票的定义

本票(promissory note)是出票人签发的,承诺自己在见票时无条件支付确定的金额给收款人或持票人的票据。简而言之,本票是出票人对收款人支付一定金额的无条件承诺。

本票只有两个当事人,即出票人与收款人。出票人就是付款人,处于债务人的地位,对收款人、背书人或持票人负有绝对清偿的责任;收款人一般是出口商或其指定的银行。

(二) 本票的主要内容

根据我国《票据法》第七十五条的规定,本票必须记载以下事项。

① 表明"本票"的字样。
② 确定的金额。
③ 出票人签名盖章。
④ 收款人名称。

⑤ 出票日期与地点。
⑥ 注明"无条件支付"的承诺。
本票上未记载以上规定事项之一的，本票无效。

📖 **同步案例 8-5**

本票样式如图 8.3 所示。

```
Promissory Note for USD 1, 000.00        New York, 5 Jan., 2024
        ①                                    ⑦        ⑤
At 60 days after date we promise to pay to A Co. or order the sum of
            ⑧              ②            ④
US DOLLARS ONE THOUSAND ONLY
                ③
                                         For Bank of America, New York,
                                         Signature⑥
```

说明：①"本票"字样；②无条件支付的承诺；③确定的金额；④收款人的名称 ⑤出票日期；⑥出票人签字；⑦出票地点；⑧付款期限。

图 8.3 本票样式

（三）本票的种类

1. 按出票人的不同，本票可分为银行本票和一般本票

① 银行本票（banker's promissory note，cashier's order）。银行本票是由银行签发的，或者是为了适应顾客的请求，代替现金解付，或者是银行为了节省现金的使用而发出的。银行本票都是即期的。

② 一般本票（general promissory note），也称商业本票，是指工商企业或个人在交易活动中签发的远期债务凭证。一般本票与借款契约类似，所不同的是借款契约不能背书流通，而本票经过背书可以流通。一般本票有即期和远期两种。

2. 按收款人的限制不同，本票可分为记名本票和不记名本票

① 记名本票，即收款人必须是票面上注明的特定人或其指定人的本票。

② 不记名本票，即收款人是持票人的本票。

3. 按付款期限的不同，本票可分为即期本票和远期本票

① 即期本票就是见票即付的本票。

② 远期本票是指必须到约定的时日方可付款的本票。远期本票又称期票，又可细分为定期本票、出票后若干日付款的本票和见票后若干日付款的本票 3 种。

（四）本票的票据行为

在本票的票据行为中，对于出票、背书、保证、付款行为和追索权的行使，适用《票据法》中对于汇票的相应行为和权利行使的规定，但对本票的特定规定除外。例如，我国《票据法》规定本票只能由银行或其他金融机构签发；出票人必须具有支付本票金额的可靠资金来源并保证支付；本票自出票之日起，付款期限最长不得超过 2 个月；本票持票人未按规定期限提示见票的，丧失对出票人以外前手的追索权。

第八章　国际贸易销售合同支付条款

 国贸常识

汇票与本票的比较如表 8.1 所示。

表 8.1　汇票与本票的比较

异同比较		汇　票	本　票
相同点	功能相同	都是国际贸易的结算票据	
	部分票据行为相同	都有出票、背书、付款、追索权、拒绝付款等票据行为	
不同点	当事人不同	出票人、收款人、付款人	出票人、收款人
	票据性质不同	委托式	允诺式
	是否需要承兑不同	远期汇票一般均需要经付款人承兑	远期本票的付款人就是出票人本身，无须承兑
	主债务人不同	远期汇票的主债务人在付款人承兑前是出票人，承兑后承兑人为主债务人，出票人退居为从债务人	始终是出票人

三、支票

支票（cheque，check）也是国际结算中使用的一种结算工具。

（一）支票的定义

支票是银行存款户对银行签发的授权银行对特定的人或其指定人、持票人在见票时无条件支付一定金额的书面命令。

支票的基本当事人共有 3 个：出票人、付款人和收款人。支票的出票人是在银行设有往来存款账户的存户，付款人必定是该存户设有户头的银行。

支票是以银行为付款人的即期汇票。支票的出票人必须是在付款银行设有存款的存户。出票人在签发支票时，应在付款银行存有不低于票面金额的存款。如果存款不足，则支票持有人在向付款银行出示支票要求付款时就会遭到拒付。这种支票叫作空头支票。开空头支票的出票人要负法律上的责任。

（二）支票的内容

根据我国《票据法》第八十四条的规定，支票必须记载以下事项。

① 表明"支票"字样。
② 无条件支付的委托。
③ 确定的金额。
④ 付款人名称。
⑤ 收款人名称。
⑥ 出票日期和地点。
⑦ 出票人签章。

支票上未记载以上规定事项之一的，支票无效。

同步案例 8-6

支票样式如图 8.4 所示。

	Cheque①	London,31 Jan., 2024 No.537890⑤				
31 Jan., 2024 Tianjin Economic &Development Corp. GBP 500.00 537890	BANK OF EUROPE LONDON③ Pay to Tianjin Economic & Development Corp.⑥ ② or order the sum of FIVE HUNDRED POUNDS ⑦ GBP 500.00 For Sino-ritish Trading Co. London signature④					
	537890 支票编号 磁性编码	60…2153 付款行代号 磁性编码	02211125 出票人在付款行的支票 专户账号磁性编码		0000500000 根据支票面额加编的 磁性编码	

注：①"支票"字样；②收款人；③付款人和付款地；④出票人签章；⑤出票日和出票地；⑥无条件支付的委托；⑦确定的金额。

图 8.4　支票样式

（三）支票的种类

我国《票据法》第九十条明确规定："支票限于见票即付，不得另行记载付款日期。另行记载付款日期的，该记载无效。"由此可见，支票都是即期的。

① 记名支票（check payable to order）。记名支票又称抬头人支票，在支票的"收款人"一栏写明具体收款人姓名，如"限付××人"（pay to ×× only），取款时需要由收款人签章。

② 不记名支票（check payable to bearer）。不记名支票又称空白支票或来人支票，支票上不记载收款人姓名，只写"付持票人"（pay to bearer）。取款时持票人无须在支票背后签章即可取款。

③ 划线支票（crossed check）。划线支票是在支票正面画两道平行线的支票，表示要按某种事先指定的用途或方式使用。划线支票与一般支票不同，一般支票既可以委托银行收款，也可由持票人自己提出现款，而划线支票只能委托银行收账。

④ 保付支票（certified check）。为了避免出票人开出空头支票，保证支票提示时付款，支票的收款人或持票人可以要求银行对支票"保付"（to certify）。

⑤ 旅行支票（traveler's check）。为了减少在旅途中携带现金，旅行者可以在出发地与银行协调，在银行存入一定金额的存款，然后在银行领取旅行支票。凭旅行支票，旅行者可以到约定的异地联络行支取现金。

⑥ 银行支票（banker's check）。银行支票是由银行签发，并由银行付款的支票，也是银行即期汇票（banker's demand draft）。银行代顾客办理票汇时，可以开立银行支票。

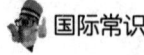
国际常识

汇票与支票的比较如表 8.2 所示。

表 8.2　汇票与支票的比较

异同比较		汇票	支票
相同点	功能相同	都是国际贸易的结算票据	
	部分票据行为相同	都具有出票、背书、付款、追索权、拒绝付款等票据行为	
	基本当事人相同	都有出票人、付款人和收款人	

(续表)

异同比较		汇　票	支　票
票据性质相同		都是委托式票据	
不同点	付款人不同	银行、企业、个人	银行
	用途不同	结算和押汇工具；信贷工具	只能是结算工具
	付款期限不同	汇票有即期和远期之分，远期汇票需要承兑	支票只能是即期，无须承兑
	提示期限不同	汇票的提示期限可以长达1年	日内瓦统一法规定，支票的出票人和付款人在同一国内其提示期限只有8天；我国《票据法》规定，支票的提示期限是自出票日起10天
	可否止付不同	即期汇票见票即付，远期汇票承兑人到期必须付款，不能止付	可以止付

第二节　汇　付

我国在对外贸易中使用的支付方式（mode of payment）主要有汇付、托收、信用证3种。

国际贸易支付方式又称国际贸易结算方式，是指各国之间通过结算工具办理因债权债务所引起的货币资金的收付所采取的方式。如果按资金流向和结算工具传递的方向划分，则国际贸易结算可分为顺汇法和逆汇法：顺汇是指资金的流动方向与支付工具的传递方向相同，如汇付；逆汇是指资金的流动方向与支付工具的传递方向相反，如托收和信用证。

一、汇付的定义

汇付（remittance）又称汇款，是最简单的国际货款结算方式，是指付款人主动通过银行将款项交给收款人。

二、汇付的当事人及其业务流程

（一）在汇付业务中，通常有4个基本当事人

① 汇款人（remitter），即付款人。在国际贸易结算中，汇款人通常是进口人、合同的买方或其他经贸往来中的债务人。

② 汇出行（remitting bank）。汇出行是受汇款人的委托汇出款项的银行。汇出行通常是进口地的银行。

③ 汇入行（receiving bank），又称解付行（paying bank）。汇入行是受汇出行的委托解付款项的银行。在对外贸易中，汇入行通常是出口地的银行。

④ 收款人（payee or beneficiary）。收款人是收取款项的人，在进出口交易中通常是出口人。

（二）汇付的业务流程

汇款人在委托汇出行办理汇款时，要填写并提交汇款申请书。汇出行在对汇款申请书审核并确定无误后，有义务按照汇款申请书的要求用某种方式（信汇、电汇或票汇）向汇入行发出通知。汇款人和汇出行之间是一种契约关系，而汇款申请书就是表明这种关系的契约。汇出行和汇入行一般是代理行关系，在订立代理协议时，要规定双方有互相代办汇款业务的义务。至于汇入行和收款人之间，并不存在契约关系。汇入行对收款人付款，只是为汇出行服务，并不

承担必须对收款人付款的绝对责任。如果情况发生变化,如汇出行中途要求撤销汇款等,则汇入行有权拒绝付款。

三、汇付的方式

(一) 汇付的形式

1. 电汇

电汇(Telegraphic Transfer,T/T)是汇出行应汇款人申请,通过加押电报或电传指示汇入行解付一定金额给收款人的汇款方式。目前银行一般都是采用 SWIFT(环球银行金融电信协会,Society for Worldwide Interbank Financial Telecommunication)电报操作汇款。采用电汇费用较信汇高,但收款人可以迅速收到货款。

2. 信汇

信汇(Mail Transfer,M/T)是指汇出行应汇款人的申请,将信汇委托书(M/T advice)或支付授权书(payment order)用航空邮寄方式寄给汇入行,授权其解付一定金额给收款人的一种汇款方式。采用信汇方式收汇比较慢,但费用较低。

电/信汇的业务流程如图 8.5 所示。

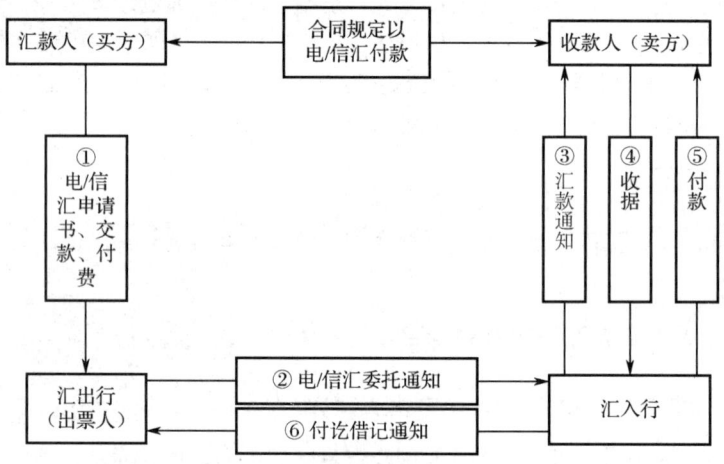

图 8.5　电/信汇的业务流程

3. 票汇

票汇(Demand Draft,D/D)是指汇出行应汇款人的申请,开立以其分行或代理行为付款行的银行票据(汇票、本票、支票)给汇款人,由汇款人自行携带出国或寄交给收款人,收款人凭此汇票到指定付款地银行(汇入行)取款的支付方式。

票汇与电汇、信汇相比,有两个特点:第一,票汇的汇入行不必通知收款人取款,收款人收到汇票后自行到银行提取款项;第二,票汇除有限制转让和流通的规定外,经收款人背书后可以转让,到银行领取汇款的,很可能不是汇票上列明的收款人本人而是其他人,票汇牵涉的当事人较多,而电汇、信汇的收款人则不能将收款权转让。

票汇的业务流程如图 8.6 所示。

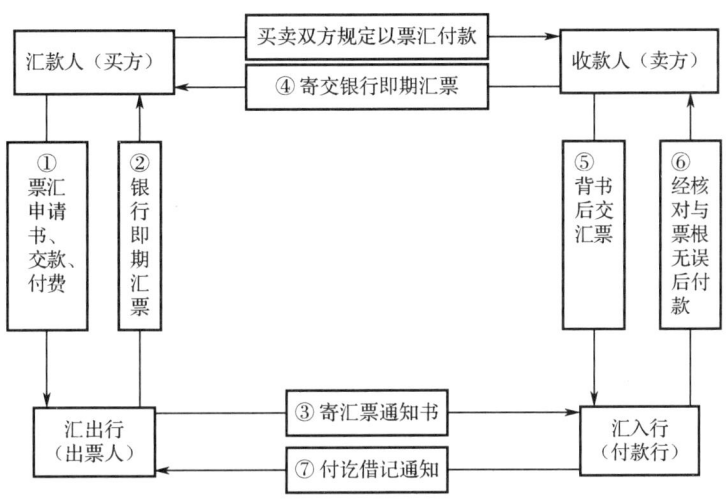

图 8.6 票汇的业务流程

无论采用何种汇付方式,货运单据都是由出口人自行寄交进口人的,银行并不经手,所以汇付又称为单纯支付。汇付是一种简便、快速的支付方式。在国际贸易中,使用汇付结算货款,银行只提供服务。汇付属于商业信用,交易完全取决于双方的商业信誉。

(二)汇付方式的业务种类

在国际贸易中,汇付方式通常用于预付货款(payment in advance)、订单付款(cash with order)、货到付款(payment after arrival of the goods)、交货付款(cash on delivery)和赊销(open account)等业务。

1. 预付货款或订单付款

在采用预付货款或订单付款时,买方先将货款汇给卖方。这种方式对卖方最为有利,可以在收妥货款后再采购原料、生产、出运,等于占用买方的资金做一笔无本生意;而对于买方来说,这种方式是最不利的,因为提前汇出货款,资金占用时间长。然而买方之所以愿意用这种方式,是表示对卖方的绝对信任,确信出口国的政治经济形势比较稳定。同时,也是因为卖方能提供非常抢手的货物,买方使用优惠的条件来吸引成交。

2. 货到付款、交货付款或赊销

在采用货到付款、交货付款或赊销方式时,交易的情况正好与预付货款相反,卖方先发货,买方收到货后或收货后一段时间再付款。因为是卖方先发货,所以卖方要承担较大的收款风险;对于买方来说,其不但掌握主动权,而且资金负担最轻,因此这是对买方最为有利的方式。

同步案例 8-7

我方某出口企业与非洲 A 客户有较长期的业务关系。受全球金融危机的影响,A 客户提出生意难做,要求我方出口企业给予优惠政策,其中一条是希望改变付款方式,由以前的预付 T/T,改为货到付款。我方出口企业负责人考虑再三后,同意了客户的请求。该客户马上下了 8 万美元的订单,我方按计划执行,客户提取货物后宣告破产。试问:我方从该事件中应该吸取哪些教训?

📖 **同步案例 8-8**

汇付方式的常见合同条款形式有以下两种。

1. The buyer shall pay 100% of the sales proceeds to the seller by D/D not later than Feb.14, 2024.
买方应最迟于 2024 年 2 月 14 日把全部货款用票汇方式预付给卖方。

2. The buyer shall pay 100% of the sales proceeds to the seller by T/T within 30 days after the arrival of the goods.
买方应在货物到达目的地之后的 30 天之内把全部货款用电汇方式付给卖方。

第三节 托 收

近些年来,由于国际市场竞争日趋激烈,所以托收方式作为一种灵活的支付方式在国际贸易中日益受到重视,使用得越来越多。

一、托收的定义

托收(collection)是出口人将开具的汇票交给所在地银行,委托该行通过它在进口人所在地的分行或代理行向进口人收取货款。

《托收统一规则》对托收的定义是:"托收是指银行根据所收到的指示处理金融单据和(或)商业单据,以便取得付款和(或)承兑,或者凭付款和(或)承兑交付单据,或者按其他条款和条件交单。"

二、托收方式的当事人

(一)委托人

委托人(consignor/principal)是在托收业务中委托银行向进口人收款的人,一般是出口人。如果委托时开立了汇票,则又是汇票的出票人。

(二)托收行

托收行(remitting bank)是接受出口人的委托,并转托国外银行代为收款的银行,又称出口方银行(exporter's bank)。

(三)代收行

代收行(collecting bank)是接受托收银行的委托,代向进口人收款的银行。如果代收银行原来是由进口人事先指定的,则又可称为进口方银行(importer's bank)。

(四)付款人

付款人(drawee/payer)就是债务人,也是汇票上的受票人,通常为进口人。

委托人与托收行是委托代理关系,是由委托书建立的;托收行与代收行也是委托代理关系,它们之间通常订有代理合同;付款人与代收行则不存在任何法律关系,付款人之所以向代收行付款,是由于国际贸易销售合同的规定。

（五）其他当事人

在其他托收业务中，有时还可能有以下当事人。

1. 提示行

提示行（presenting bank）的原意是指向付款人提示汇票和（或）单据并收取款项的银行。在一般情况下，提示行就是与托收行有代理关系的代收行。但有时如果付款人与该代收行不在同一城市或因无往来关系处理不便时，则需要转托与付款人在同一城市或有业务往来关系的银行代向付款人提示收款。此时，提示行就是付款人所在地的另一银行。

2. 需要时代理

需要时代理（principal's representative in case of need）是指委托人为了防止因付款人拒付发生货物无人照顾时，指定在付款地代为照料货物存仓、转售、运回或改变交单条件等事宜的代理人。

三、托收的种类

根据随附商业单据的不同，托收可分为光票托收和跟单托收。

（一）光票托收

光票托收（clean collection）是指不附有商业单据的金融票据的托收。银行汇票、商业汇票、本票、支票等金融票据均可用于光票托收。在实际业务中，光票托收方式通常用于收取出口货款尾款、样品费、佣金、代垫费用、其他贸易从属费用、进口索赔款及非贸易项目款项等。

（二）跟单托收

在国际贸易中，使用托收结汇时大多采用跟单托收。根据交付单据的条件不同，跟单托收又分为付款交单和承兑交单两种。

1. 付款交单

付款交单（Documents against Payment，D/P）是指代收行以进口人的付款为条件向进口人交单，即出口人将商业汇票连同货运单据交给银行托收时，指示银行只有在进口人付清货款时才能交出货运单据。付款交单按支付时间不同又可分为即期付款交单和远期付款交单两种。

① 即期付款交单（D/P at sight）是指由委托人向托收行提交即期汇票并随附各种商业单据，委托托收行寄交代收行并指示代收行提示即期汇票，要求付款人付款，付款人审核有关单据无误后立即付款赎单。

② 远期付款交单（D/P at ××days after sight）是指出口人通过代收行向进口人提示汇票和货运单据，进口人即在汇票上承兑，并在汇票到期日由代收银行再次向其提示，进口人付清货款后，取得全套单据。在汇票未到期、货款未支付之前，汇票和货运单据由代收行掌握。

2. 承兑交单

承兑交单（Documents against Acceptance，D/A）是指代收行以进口人的承兑为条件向进口人交单。进口人承兑汇票后，即可向银行取得货运单据，待汇票到期日才付款。

同步案例 8-9

广东某出口企业向美国 D 客户出口 1×20FCL 月饼，双方在签订合同时约定以 D/P 60 天结汇。货到纽约港后，客户打电话反映月饼发生变质无法销售，要求降价 30%。我方业务员马上与托收行联系，经托收行调查发现，包括正本提单在内的全套单据已由代收行交给进口人。试问：美国D客户是如何提取货物的？作为业务员应如何处理这个事件？

国贸常识

远期付款交单业务中，进口人承兑汇票后，可以凭信托收据向代收行借出单据，凭提单提取并出售货物，在付款到期日再将货款交付代收行，收回自己的信托收据。在这种情况下，代收行给予进口人以资金融通，在实际业务中，这种做法称为凭信托收据借单。通常决定权在代收行，即代收行通过审查进口人的资信情况，认为安全或要求进口人提供担保、抵押品后，同意进口人凭其信托收据借单。但是如果进口人提取了货物又拒绝偿付汇票，则代收行承担一切责任与后果。在实际业务中，也存在由出口人指示托收行、代收行向进口人借出单据，等远期汇票到期再由进口人偿付汇票的情况，这种做法称为付款交单凭信托收据借单（D/P T/R）。在这种情况下，进口人拒付汇票，一切后果由出口人自己负责。

四、跟单托收的一般业务程序

（一）即期付款交单的支付程序

即期付款交单的支付程序如图8.7所示。

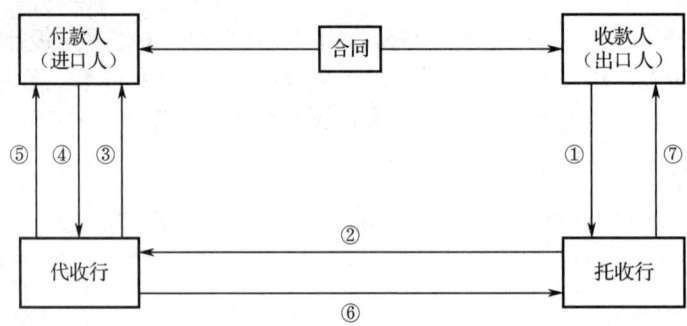

图8.7　即期付款交单的支付程序

① 出口人按合同规定装运货物后，填写托收申请书，开立即期汇票，连同货运单据交托收行，请求代收货款。

② 托收行根据托收申请书编制托收委托书，连同汇票、货运单据寄给进口地代收行，委托其代收货款。

③ 代收行按照委托书的指示向进口人提示汇票和单据。

④ 进口人付款。

⑤ 代收行交单。

⑥ 代收行办理转账，并通知托收行货款已收妥。

⑦ 托收行将货款交给出口人。

（二）远期付款交单的支付程序

远期付款交单的支付程序如图8.8所示。

① 出口人按合同规定装运货物后，填写托收申请书，开立远期汇票，连同货运单据交托收行，请求代收货款。

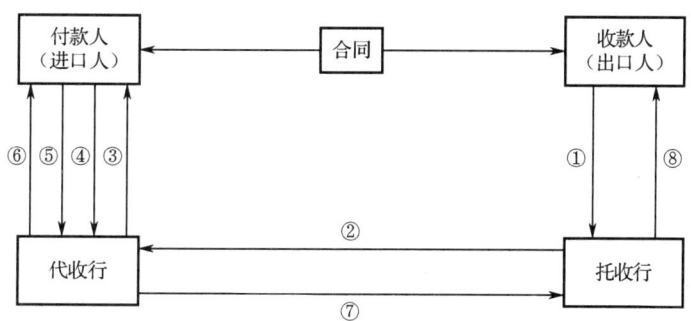

图 8.8 远期付款交单的支付程序

② 托收行根据托收申请书编制托收委托书,连同汇票、货运单据寄给进口地代收行,委托其代收货款。

③ 代收行按照委托书的指示向进口人提示汇票和单据。

④ 进口人在汇票上承兑后交回代收行。

⑤ 到期代收行提示汇票,进口人付款。

⑥ 代收行交单。

⑦ 代收行办理转账,并通知托收行货款已收妥。

⑧ 托收行将货款交给出口人。

(三) 承兑交单的支付程序

承兑交单的支付程序如图 8.9 所示。

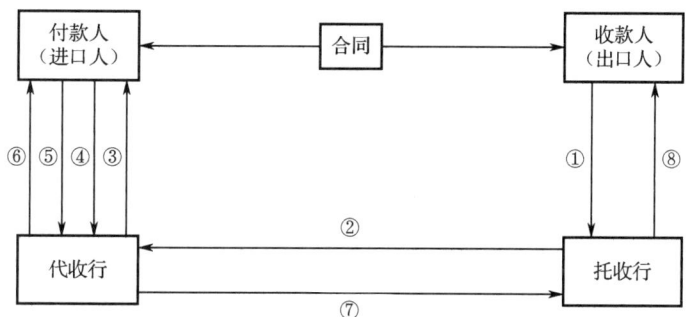

图 8.9 承兑交单的支付程序

① 出口人按合同规定装运货物后,填写托收申请书,开立远期汇票,连同货运单据交托收行,请求代收货款。

② 托收行根据托收申请书编制托收委托书,连同汇票、货运单据寄给进口地代收行,委托其代收货款。

③ 代收行按照委托书的指示向进口人提示汇票和单据。

④ 进口人在汇票上承兑后,取得全套单据。

⑤ 代收行收回汇票。

⑥ 到期代收行提示汇票,进口人付款。

⑦ 代收行办理转账,并通知托收行货款已收妥。

⑧ 托收行将货款交给出口人。

五、使用托收方式应注意的问题

托收属于商业信用，银行没有检查单据内容及保证付款的责任。对出口人来说风险较大，对进口人则较为有利。它实质上是出口人给予进口人的资金融通，常被出口人用作扩大出口的手段。在实际出口业务中，为了确保收汇的安全，应注意以下几个问题。

① 深入调查进口人的资信。在签订国际贸易合同时，要对进口人的支付能力、经营作风和商业信誉做全面的调查，然后确定是否可以使用托收方式并控制使用托收的额度。

② 托收行和代收行的选择。托收行一般为我方的大型商业银行，代收行大多由托收行选定，如果进口人指定代收行，则一般应满足对方要求，但需要事先征得托收行的同意，不要盲目接受。

③ 价格条件的选择。托收业务在货款未收妥之前的一切风险均属出口人。因此，原则上应选用 CIF 价格条件，由出口人办理保险。但如果进口国规定必须由进口人办理保险，而不得不采用 CFR 或 FOB 条件，则为了保障出口人的利益，可以投保卖方利益险（contingency insurance clause for seller's interest）。

④ 在托收过程中，出口人应随时与托收行保持密切联系。要健全托收记录和账户检查制度，了解进口人承兑付款的情况，如果到期进口人未付款，则通过托收行抓紧催款。

⑤ 注意了解进口国的贸易法令、外汇管理条例和银行习惯，以免影响安全收汇。

⑥ 提单抬头人的做法。托收业务在货物装运后收款尚无绝对把握。为了掌握货物的所有权，提单的收货人应做成发货人指示或空白指示抬头人，由发货人即出口人背书，而不要做成进口人指示或记名式，以防万一遭到拒付，货物所有权已发生转移，出口人处于被动地位。

⑦ 办理托收要参照国际商会的《托收统一规则》，认真填写委托申请书。

同步案例 8-10

托收方式的常见合同条款形式如下。

1. Upon first presentation, the buyer shall pay against documentary draft drawn by the seller at sight. The shipping documents are to be delivered against payment only.

买方对卖方开立的即期跟单汇票须见票即付，付款后才能交单。（即期 D/P）

2. The buyer shall duly accept the documentary draft drawn by the seller at 30 days after sight upon first presentation and make due payment on its maturity. The shipping documents are to be delivered against payment only.

在提示卖方开立的见票后 30 天付款的跟单汇票时，买方做出承兑。在汇票到期日进行付款，付款后才能交单。（远期 D/P）

第四节 信用证

信用证

信用证是国际贸易中重要的结算方式之一。这种支付方式保证了国际贸易中买卖双方的各自利益，出口方安全收汇，进口方安全收货。《跟单信用证统一惯例》促进了结算业务的标准化与统一化，使国际贸易和金融活动更加便利。

第八章 国际贸易销售合同支付条款

一、信用证的概念

《跟单信用证统一惯例》第2条规定:"信用证是指一项不可撤销的安排,无论其名称或描述如何,该项安排构成开证行对相符交单予以承付的确定承诺。"

信用证(Letter of Credit,L/C)又称信用状,是开证行根据开证申请人的请求,以自身的名义向受益人开立的在一定期限内,在单证相符的条件下承诺付款的不可撤销的书面文件。也即,开证行保证在收到受益人交付符合信用证规定的全部单据的条件下,向受益人或其指定人履行付款的责任。

二、信用证的当事人

(一)开证申请人

开证申请人(applicant)是指向银行申请开立信用证的人,即买方(进口人),在信用证中往往又称开证人(opener)。如果开证行接受申请,愿意为其开出信用证,开证申请人就要承担开证行为执行其指示而产生的一切费用与付款的义务。开证申请人为信用证业务的发起人。

(二)开证行

开证行(issuing bank,opening bank)是指应开证申请人的请求,代表申请人开出信用证的银行。它承担保证付款的责任,一般是进口人所在地的银行。开证行是信用证的签发者,是整个信用证业务的中心与关键。

(三)通知行

通知行(advising bank,notifying bank)是指应开证行的委托将信用证通知指定受益人的银行。它只证明信用证的真实性,并不承担其他义务。通知行一般为卖方所在地银行。

(四)受益人

受益人(beneficiary)是指信用证上所指定的有权开具汇票向开证行或其指定的银行索取货款的出口人,也就是国际贸易销售合同的卖方,同时是信用证业务的最终利益的享受者。

(五)议付行

议付行(negotiating bank)是指愿意买单、办理押汇、垫付货款或贴现受益人跟单汇票,并负责向开证行或开证行所指定的付款银行转交装运单据的银行。议付行可以由开证行指定,也可以是非指定银行。在实际业务中,通知行往往完成议付行的任务,充当议付行的角色。

(六)付款行

付款行(paying bank,drawee bank)是指信用证上规定的最终付款银行。付款行一般是开证行,也可以是开证银行指定的另一家银行。

除了上述6个当事人外,根据需要还可能涉及的当事人有保兑行、偿付行、承兑行与转让行等。

三、信用证的主要内容

信用证的内容,根据各开证行所习惯使用的格式有所不同。目前国际贸易中信用证版本众多,处理费事,而且容易引起误解,影响业务的顺利进行。信用证虽然至今尚无统一格式,但其基本内容大致相同,通常主要包括以下内容。

① 开证行的名称。

② 开证地点与时间。

③ 信用证的种类和号码。信用证的种类有可撤销或不可撤销、可转让或不可转让等。信用证开立时,必须注明属于何种类型。信用证的号码是开证行开立该信用证时的编号。

④ 受委托开证文句。说明信用证是受何人委托开立的。

⑤ 受益人名称。受益人一般是出口人,其名称要在信用证上标明——全称、地址等。

⑥ 开证申请人。开证申请人一般是进口人,其名称要在信用证上标明——全称、地址等。

⑦ 有效期及到期地点。有效期是指信用证发生效力的期限,只有在该期限内发货、交单,受益人才可获得款项的交付。到期地点是指信用证的到期以什么地方为准。

⑧ 信用证金额。信用证金额是开证行保证向受益人支付的款项数额。

⑨ 汇票条款。凡需要汇票的信用证,通常会规定汇票的出票人、受票人、汇票金额限度、付款期限、出票条款及出票日期等。凡不需要汇票的信用证无此项内容。

⑩ 单据条款。开证申请人要求受益人提交的单据种类及每种单据的份数。

单据主要有 3 类:货物单据,以发票为中心,包括装箱单、重量单、产地证、商检证明书等;运输单据,如提单;保险单据,如保险单。此外,还有其他单据,如寄样证明、装船通知电报副本、领事发票等。

⑪ 货物条款。买卖的货物情况,一般包括品名、规格、数量、包装、唛头等。

⑫ 价格条款。单价、总值、佣金、折扣及使用的贸易术语等。

⑬ 装运与保险条款。对货物运输方面的规定,一般包括装运港或起运地、卸货港和目的地、装运期、可否分运与可否转运准许等。在 CIF、CIP 贸易术语下,进出口合同中对保险的要求包括投保险别、险种、投保金额、投保加成等。

⑭ 开证行对议付行的指示条款。开证行对议付行提出的要求,主要包括议付金额、寄单的方法等。

⑮ 开证行的付款保证。开证行对自己承担的付款责任做出的声明,保证只要受益人按照信用证的条款履行了自己的职责,开证行一定及时向其付款。

⑯ 其他特别条款。这是指除一般的规定外,根据特殊需要而设立的条款。

⑰ 关于按照国际商会《跟单信用证统一惯例》办理的文句。

⑱ 开证行负责人签字。信用证开出后,开证行负责人需要在信用证上签名,以对信用证的真实性予以证明。

四、信用证业务的一般程序

使用信用证结算货款,从开证申请人向银行申请开立信用证到开证行付清货款,需要经过很多业务环节,并需要办理各种手续。由于信用证种类不同,信用证条款有着不同的规定,所以业务环节和手续也不尽相同。信用证支付的一般程序如图 8.10 所示。

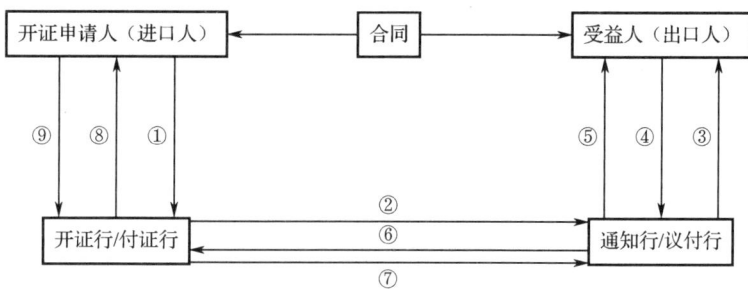

图 8.10 信用证支付的一般程序

① 开证申请人按合同规定向当地银行提出申请，填写开证申请书，依据合同填写各项规定和要求，并交纳押金或提供其他保证，要求开证行向受益人开出信用证。

② 开证行根据申请书内容，向受益人开出信用证，并寄交受益人所在地的通知行。

③ 通知行核对信用证上印鉴或密押无误后，将信用证通知受益人。

④ 受益人经审查信用证无误后，即可按规定的条件装运货物，并备齐各项货运单据，开出汇票，在信用证有效期内，送请当地银行（议付行）议付。除非信用证明确指定限制议付，可由任何银行自由议付，但一般以通知行议付为妥。

⑤ 议付行经过审核信用证与单据相符，按汇票金额，扣除若干利息或手续费，将货款垫付给受益人。

⑥ 议付行将汇票和单据寄交给开证行或其指定的银行索偿。

⑦ 开证行在审单无误后，向议付行付款。

⑧ 开证行办理转账或付款给议付行的同时通知开证申请人付款赎单。

⑨ 开证申请人付款并取得装运单据，凭此向承运人提货。

五、信用证的特点

根据《跟单信用证统一惯例》的规定，信用证有以下 3 个主要特点。

（一）开证行负首要付款责任（primary liabilities for payment）

由于是开证行用自己的信用做出的付款保证，因此信用证是一种银行信用。在其他支付方式中，银行不提供信用担保，款项的偿付完全由债务人负责，如果债务人拒付，则银行不负责偿还。在其他的银行担保业务中，银行不担任第一付款人。在信用证的形式下，开证行承担第一性的付款责任。

（二）信用证是一种独立于合同之外的自足文件（self-sufficient instrument）

信用证虽然以国际贸易销售合同为基础，但一经开出，就成为独立于国际贸易销售合同以外的法律文件。信用证的一切关系人只受信用证条款约束，由于银行不是国际贸易销售合同的当事人，因此银行不受国际贸易销售合同的约束。

（三）信用证方式是纯单据业务（pure documentary transaction）

《跟单信用证统一惯例》第 4 条规定："在信用证业务中，各有关方面处理的是单据，而不是与单据有关的货物、服务及（或）其他行为。"银行处理信用证业务时，只是审查受益人所提交的单据是否与信用证条款相符，以决定其是否履行付款责任，具体装运货物的好坏、是否符合合同要求，银行一概不管。

同步案例 8-11

我方某出口企业与美国A客户签订出口合同，我方出口节能灯5W5 000支、8W5 000支、10W5 000支。A客户开立信用证，我方业务员收到信用证后，发现信用证规定节能灯5W4 000支、8W8 000支、10W3 000支。试问：业务员应该如何处理这单业务？为什么？

六、信用证的作用

（一）银行的保证作用

对进口人来说，信用证可以保证进口人在支付货款时即可取得代表货物的单据，并可通过信用证条款来控制出口人按质、按量、按时交货。对出口人来说，信用证可以保证出口人在履约交货义务后，按信用证条款规定向银行交单取款，即使在进口国实施外汇管制的情况下，也可保证凭单收到货款。

（二）资金融通作用

对进口人来说，开证时只需要交纳部分押金，单据到达后才向银行赎单付清差额。如果是远期信用证，则进口人还可用信托收据向开证行借单先行提货，到期向开证行付款。对出口人来说，在信用证项下，货物装运后即可凭信用证及所需单据向出口地银行做押汇（通常所说的议付），取得全部货款。在西方国家，出口人收到信用证后还可凭证向当地银行要求贷款，预支部分资金以供备货之需。

七、信用证的种类

（一）跟单信用证和光票信用证

根据是否附有货运单据，信用证可分为跟单信用证和光票信用证。

1. 跟单信用证

跟单信用证（documentary L/C）是凭跟单汇票或仅凭单据付款的信用证。这里的单据是指代表货物产权或证明货物已交运的单据。前者是指提单、保险单等；后者是指铁路运单、邮包收据等。国际贸易所使用的信用证绝大多数是跟单信用证。

2. 光票信用证

光票信用证（clean L/C）是凭不附单据的汇票付款的信用证。有的信用证要求汇票附有非货运单据，如发票、垫款清单等，也属于光票信用证。在采用信用证方式预付货款时，通常是用光票信用证。

（二）不可撤销信用证和可撤销信用证

根据开证行所承担的责任不同，信用证可分为不可撤销信用证和可撤销信用证。这两种信用证就开证行的保证责任和受益人所得到的保障而言，有着本质差别。

1. 不可撤销信用证

不可撤销信用证（irrevocable L/C）是指信用证一经开出，在有效期内未经受益人及有关当事人的同意，开证行不得片面修改或撤销信用证。这种信用证对受益人收款提供了可靠的保障，在国际贸易中被广泛使用。在信用证中注明"不可撤销"（irrevocable）字样，则该信用证必定是不可撤销信用证；凡信用证上未注明"可撤销"字样的也应视为不可撤销信用证。

第八章　国际贸易销售合同支付条款

2．可撤销信用证

可撤销信用证（revocable L/C）是指开证行将信用证开出后，在信用证有效期内，有权不经受益人或有关当事人的同意，随意对信用证的内容进行修改或撤销。由于开证行可片面地随时取消或修改，对受益人缺乏保障，因此可撤销信用证在国际贸易中极少使用。

（三）保兑信用证和不保兑信用证

根据有无银行加以保证兑付，信用证可分为保兑信用证和不保兑信用证。

1．保兑信用证

保兑信用证（confirmed L/C）是指开证行开出，经另一家银行保兑，保证对符合信用证条款规定的单据履行付款义务的信用证。对于保兑信用证，保兑行与开证行同样承担第一性付款责任。这种有双重保证的信用证对出口人最为有利。保兑行通常是通知行，有时也可以是出口地的其他银行或第三国银行。保兑的手续一般是由保兑行在信用证上加列保兑文句。例如，"此证已经我行保兑"（this credit is confirmed by us）。保兑费由要求加保的一方负担，应在条款中明确规定。

2．不保兑信用证

不保兑信用证（unconfirmed L/C）是指未经开证行以外的其他银行加具保兑的信用证。在实际业务中，如果开证行实力雄厚，则一般都不需要使用保兑信用证，以减少交易成本。

（四）可转让信用证和不可转让信用证

根据受益人对信用证的权利可否转让，信用证可分为可转让信用证和不可转让信用证。

1．可转让信用证

可转让信用证（transferable L/C）是指受益人（第一受益人）可以要求银行将信用证全部或部分转让给一个或数个受益人（第二受益人）使用的信用证。信用证转让后由第二受益人办理交货。

根据《跟单信用证统一惯例》的解释，只有开证行明确规定"可转让"的信用证方可实施转让。对于有的信用证使用的诸如"可分割"（divisible）、"可让渡"（assignable）、"可分开"（fractionable）、"可转移"（transmissible）等字样，《跟单信用证统一惯例》认为并没有使信用证可转让。如果使用这类词语，则银行可不予理会。按《跟单信用证统一惯例》第 48 条的解释："可转让信用证只能转让一次。第二受益人再将信用证转让给第一受益人，不属于被禁止转让的范畴。如果信用证不禁止分批装运分批付款，则可转让信用证可以分为若干部分予以分别转让（其总和不得超过信用证金额），该转让的总和将被认为只构成信用证的一次转让。"据此可知，可转让的信用证如果同时规定允许分批装运，就可分批办理转让。

2．不可转让信用证

不可转让信用证（non-transferable L/C）是指受益人不能将信用证的权利转让给他人的信用证。凡信用证中未注明"可转让"字样，一律不可转让。

（五）即期信用证和远期信用证

按照付款时间的不同，信用证可分为即期信用证和远期信用证。

1．即期信用证

即期信用证（sight L/C）是指信用证内规定银行凭受益人开立的即期汇票和全套单据立即付款的信用证。这种信用证对出口人来说，收汇迅速安全，有利于资金周转，在国际贸易货款结算中使用得最为普遍。

在即期信用证中，有时还加列电报偿付条款（T/T reimbursement clause）。这是指开证行同意议付行用电报或电传通知开证行或指定付款行，说明各种单据与信用证要求相符，开证行或指定付款行接到电报或电传通知后，有义务立即将货款拨交议付行。

2．远期信用证

远期信用证（usance L/C）是指开证行在收到远期汇票（有时不需要）和其他单据后，等待一定期限后再付清款项的信用证。远期信用证还可以分为以下几种。

① 银行承兑远期信用证（banker's acceptance L/C）。这是以开证行作为远期汇票付款人的信用证。这种信用证项下的汇票，在承兑前，银行对出口商的权利义务以信用证为准；在承兑后，银行作为汇票的承兑人，应按《票据法》的规定对出票人、背书人、持票人承担付款责任。

② 迟期付款信用证（deferred payment L/C），又称延期付款信用证或无承兑远期信用证。这是开证行在信用证上规定货物装船后若干天付款，或者开证行收单后若干天付款的信用证。这种信用证不要求出口人开立汇票，所以出口人不能利用它贴现市场资金，只能自行垫款或向银行借款。在出口业务中，如果使用这种信用证，则货价应比银行承兑远期信用证高一些，以拉平利息率和贴现率之间的差额。

③ 假远期信用证（usance L/C payable at sight）。这种信用证规定受益人开立远期汇票，同时规定付款行同意即期付款，或者同意贴现，一切贴现费和其他费用由开证申请人负担。使用假远期信用证对受益人来说与即期信用证没有什么大的区别，能够即期十足收款，因而习惯上称为买方远期信用证（buyer's usance L/C）。进口人常利用这种信用证取得融通资金的便利。

（六）循环信用证

循环信用证（revolving L/C）是指信用证被全部或部分使用后，能够重新恢复信用证原金额并再度使用，周而复始，直到该证规定次数或累计总金额用完为止的信用证。循环信用证一般适用于货物比较大宗、单一，可定期分批均衡供应、分批付款的长期合同。对进口人来说，可减少逐笔开证的手续和费用，减少押金，有利于资金周转；对出口人来说，既可减少逐笔催证和审证的手续，又可获得收回全部货款的保障。

循环信用证按金额循环的方式不同，通常有以下3种。

1．自动循环信用证

自动循环信用证（automatic revolving L/C）即受益人在规定时期内装运货物议付后，无须等待开证行通知即可自动恢复到原金额再次使用的信用证。例如，在信用证中规定以下条款："本信用证项下总金额于每次议付后自动循环。"（The total amount of this credit shall be restored automatically after date of negotiation.）

2．半自动循环信用证

半自动循环信用证（semi-automatically revolving L/C）是指受益人每次装运货物议付后在若干天内，开证行未提出不能恢复原金额的通知，即自动恢复到原金额的信用证。例如，在信用证中规定如下条款："每次议付后7天之内，议付行未接到停止循环的通知时，本信用证项下尚未用完的余额，可增至原金额。"（…should the negotiating bank not be advised of stopping renewal within seven days after each negotiation, the unused balance of this credit shall be increased to the original amount.）

3. 非自动循环信用证

非自动循环信用证（non-automatic revolving L/C）是指受益人每次装运货物议付后，需要经开证行通知，才能恢复原金额使用的信用证。例如，在信用证中规定："每次议付后，需待收到开证行通知，方可恢复到原金额。"（The amount shall be reinstated after negotiation only upon receipt of issuing bank's notice stating that the credit might be renewed.）

此外，循环信用证还可按时间循环的方式不同，分为积累循环信用证（cumulative revolving L/C）和非积累循环信用证（non-cumulative revolving L/C）。前者允许受益人在其一批货物因故未交时，可以在下一批补交，并连同下一批交付的货物一起议付。如果信用证未明确允许可以积累使用，则不能积累使用。因故未能及时交付的部分货物及原来规定的以后各批货物，未经开证行修改信用证，都不能再出运议付。

（七）对背信用证

对背信用证（back-to-back L/C）也称为背对背信用证，是指原证受益人要求原证的通知行或其他银行以原证为基础和担保，另行开立的一张内容相似的新信用证。

对背信用证通常是由中间商为转售他人货物从中图利或两国不能直接进行交易，需要通过第三国商人以此种办法开展贸易而开立的。对背信用证的受益人既可以是国外的，也可以是国内的，其装运期、到期日、金额和单价等可较原证规定提前或减少，但货物的品质、数量必须与原证保持一致。

（八）对开信用证

对开信用证（reciprocal L/C）是易货交易或来料来件加工装配业务中广泛采用的一种结算方式。由于双方顾虑对方只享受权利而不履行义务，所以采用对开信用证的办法，把进口和出口连接起来。其特点是：双方都向对方申请开立信用证，第 1 张信用证的受益人和开证申请人分别是第 2 张信用证的开证人和受益人；第 1 张信用证开证行也就是第 2 张信用证的通知行；两证金额既可以相等，也可以不等；两证既可以同时生效，也可以先后生效。

在来料来件加工装配业务中，我方进口原料、配件时可开立远期信用证，在向对方出口成品时可要求对方开立即期信用证，这样我方就不需要垫付资金进口原材料、配件。

（九）预支信用证

预支信用证（anticipatory L/C）是指开证行授权议付行（通常是通知行）向受益人预付信用证金额的全部或一部分，由开证行保证偿还并负担利息的信用证。预支信用证与远期信用证恰好相反，进口人付款在先，出口人交货、交单在后。预支信用证可分为全部预支信用证和部分预支信用证两种。

1. 全部预支信用证

全部预支信用证（clean payment L/C）是仅凭出口人的发票付款，实质上等于一般的预付汇款。有时候开证行也要求出口人在开立汇票时，附交一份负责补交信用证规定单据的声明书。

2. 部分预支信用证

部分预支信用证（partial payment L/C）是凭受益人以后补交单据的声明书就可以预支部分货款，当正式单据交齐后，银行再付清余款，并扣除预支货款的利息。由于这种预支信用证的预支货款的条款常用红字或绿字打出，所以又称红条款信用证（red clause L/C）或绿条款信用证（green clause L/C）。

(十) 议付信用证和付款信用证

按受益人索款路线的不同,信用证可分为议付信用证和付款信用证。

1. 议付信用证

议付信用证(negotiation L/C)是开证行允许受益人向某一指定银行或任何银行交单议付的信用证。它通常在单据符合信用证条款的条件下,议付行扣去利息后将票款付给受益人。议付信用证按是否限定议付行,又可分为公开议付信用证和限制议付信用证两种。前者是指任何银行均可办理议付;后者则是指仅由被指定的一家银行办理议付。

2. 付款信用证

付款信用证(payment L/C)是受益人只能直接向开证行或其指定的付款行交单索偿的信用证。付款信用证一般不要求受益人开具汇票,仅凭受益人提交的单据付款。

议付和付款信用证的主要区别是:议付行在议付后如果因单据与信用证条款不符等而不能向开证行收汇款项,则可向受益人追索;指定的付款行(及开证行、保兑行)一经付款,即再无权向受益人追索。

(十一) 备用信用证

备用信用证(stand-by L/C)又称为担保信用证,是指开证行根据开证申请人的请求,对受益人开立承诺负责某项义务的凭证。它通常用于保证方面,如借款保证、投标保证、履约保证、赊销保证等。开证行保证在开证申请人未能履行其义务时,受益人只要凭备用信用证的规定向开证行开具汇票(或不开具汇票),连同一份声明书说明或证明开证申请人未能履约的情况,提交开证行要求付款,就可以取得开证行的补偿。如果开证人守信履约,则该信用证就不需使用,故称备用。

同步案例 8-12

信用证方式的常见合同条款形式如下。

1. The buyer shall establish through a bank acceptable to the seller irrevocable letter of credit at sight to reach the seller before Jan.1,2024.

买方必须在 2024 年 1 月 1 日之前通过卖方可以接受的银行开立不可撤销的即期信用证并送达卖方。

2. The buyer shall establish irrevocable letter of credit at 60 days after B/L date, reaching the seller not later than Dec.31, 2024 and remaining valid for negotiation in China for further 15 days after the effected shipment.

买方必须在 2024 年 12 月 31 日之前开立不可撤销的、海运提单日后 60 天付款的远期信用证并送达卖方,在装运日之后的 15 天内在中国交单议付有效。

八、SWIFT 信用证

SWIFT 是环球银行金融电信协会(Society for Worldwide Interbank Financial Telecommunication)的英文缩写。这是 1973 年在布鲁塞尔成立的银行间合作组织,目前拥有大约 100 个国家的 4 000 家左右的银行成员。我国的中国银行已于 1983 年 2 月加入该组织,其他中资银行陆续成为会员。该组织的最大优点是每周 7 天、每天 24 小时连续不断地运行,其成员银行可以在几分钟内互相传递信息。

第八章 国际贸易销售合同支付条款

随着通信技术的发展，SWIFT 开证正逐步取代 TELEX 开证。利用 SWIFT 设计的特殊格式，银行之间能够迅速传递信用证的信息。通过 SWIFT 开立或通知的信用证称为 SWIFT 信用证。不论是银行还是进出口人，在开立和使用 SWIFT 信用证时，必须遵守 SWIFT 使用手册的规定，正确使用 SWIFT 手册规定的代号。开立 SWIFT 信用证的格式代号为 MT700 和 MT701，修改信用证的格式代号为 MT700。其中，MT700 开立格式如表 8.3 所示。

表 8.3 MT700 开立格式

M/O[①]	Tag 代号	Field Name 栏目名称	Content/Options 内容
M	27	Sequence of Total 合计次序	1n/1n[②] 1 个数字/1 个数字
M	40A	Form of Documentary Credit 跟单信用证类别	24X 24 个字
M	20	Documentary Credit Number 信用证号码	16X 16 个字
O	23	Reference to Pre-Advice 预通知的编号	16X 16 个字
O	31C	Date of Issue 开证日期	6n 6 个数字
M	31D	Date and Place of Expiry 到期日及地点	6n/29X 6 个数字/29 个字
O	51A	Applicant Bank 申请人银行	A or D A 或 D
M	50	Applicant 申请人	4×35X 4 行×35 个字
M	59	Beneficiary 受益人	4×35X 4 行×35 个字
M	32B	Currency Code, Amount 货币代号、金额	3a/15n 3 个字母/15 个数字
O	39A	Percentage Credit Amount Tolerance 信用证金额加减百分率	2n/2n 2 个数字/2 个数字
O	39B	Maximum Credit Amount 最高信用证金额	13X 13 个字
O	39C	Additional Amount Covered 可附加金额	4×35X 4 行×35 个字
M	41A	Available With…By… 向……银行押汇，押汇方式为……	A or D A 或 D
O	42C	Draft at 汇票期限	3×35X 3 行×35 个字
O	42A	Drawee 付款人	A or D A 或 D
O	42M	Mixed Payment Details 混合付款指示	4×35X 4 行×35 个字
O	42P	Deferred Payment Details 延迟付款指示	4×35X 4 行×35 个字
O	43P	Partial Shipments 分批装运	1×35X 1 行×35 个字

(续表)

M/O	Tag 代号	Field Name 栏目名称	Content/Options 内容
O	43T	Transhipment 转运	1×35X 1 行×35 个字
O	44A	Loading on Board/Dispatch/Taking in Charge at/from 由……装船/发运/接管	1×65X 1 行×65 个字
O	44B	For Transportation to 装运至……	1×65X 1 行×65 个字
O	44C	Latest Date of Shipment 最后装运日	6n 6 个数字
O	44D	Shipment Period 装运期间	6×65X 6 行×65 个字
O	45A	Description of Goods and/or Services 货物及/或服务描述	50×65X 50 行×65 个字
O	46A	Documents Required 应具备单据	50×65X 50 行×65 个字
O	47A	Additional Conditions 附加条件	50×65X 50 行×65 个字
O	71B	Charges 费用	6×35X 6 行×35 个字
O	48	Period for Presentation 提示期间	4×35X 4 行×35 个字
M	49	Confirmation Instructions 保兑指示	7X 7 个字
O	53A	Reimbursement Bank 偿还行	A or D A 或 D
O	78	Instructions to the Paying/Accepting/Negotiation Bank 对付款行/承兑行/议付行的指示	12×65X 12 行×65 个字
O	57A	"Advise Through"Bank 通过……银行通知	A, B or D A、B 或 D
O	72	Sender to Receiver Information 银行间的通知	6×35X 6 行×35 个字

说明：① M/O 为 Mandatory 与 Optional 的缩写，前者是指必要项目，后者为任意项目。
② 合计次序是指本证的页次，共两个数字，前后各一个。例如，1/2，其中 2 指本证共 2 页，1 指本页为第 1 页。

SWIFT 信用证实例

Sequence of Total   *27: 1/1
Form of DOC. Credit   *40A: Irrevocable transferable
DOC. Credit Number   *20: 478528
Date of Issue   31C: 190710
Date and Place of Expiry   *31D: Date190916 Place belgium
Applicant   *50: Guangdong Foreign Trade Import and Export Corporation.
                                 351 tianhe road Guangzhou, China
Beneficiary   *59: Brussels Laces and Gifts SERV. SA.
                                 SRUE de LUSAMBO. 21/23
                                 1190 Bruxelles. Belgium

Amount	*32B: Currency USD Amount 21,200.00
POS./NEG. TOL.（%）	39A: 05/05
Available With/By	*41D: Any bank in Belgium
	By negotiation
Drawee	42A: Bank of China Guangdong Branch
	Guangzhou Intl Financial Building
	No.197 Dong Feng Xi Lu Guangzhou,
	P.R. China
Partial Shipments	43P: Allowed
Transhipment	43T: Allowed
Loading in Charge	44A: Antwerp
For Transportation to...	44B: Guangzhou, China
Latest Date of Shipment	44C: 190901
Descript. of Goods	45A: Huck fastening products
	BOM-T20-12GA 4, 000 PCS @USD 2.80/PC
	BOM-F20-12GA 4, 000 PCS @USD 2.50/PC
	As per S/C No.: GD-98-23757 CFR Guangzhou
	Five percent more or less in quantity allowed
Documents Required	46A:
	*Manually signed commercial invoice in triplicate.
	*The B/L No. and the container No.
	*Packing list in triplicate, indicating the name of S.S.
	*Full set clean multimodal (combined) transport bills of lading
	Plus 2 Non-Negotiable copies consigned to order of Bank of
	China Marked notify applicant and freight prepaid, indicating
	the L/C No.
Additional Conditions	47A:
	An additional fee of USD 30.00 or equivalent will be deducted
	from the proceeds paid under any drawing where documents
	presented are found not to be in strict conformity with the terms
	of this credit.
	Documents must be presented not later than 15 days after the date
	of shipment, But within the validity of the credit.
	This teletransmission is the operative instrument and subject to
	UCP600 And engages US in accordance with the terms thereof
Details of Charges	71B: All foreign bank charges are for
	the account of the beneficiary

Confirmation Instructions	*49: Without
	78: Please forward all documents to Bank of China Guangdong Branch Guangzhou Intl Financial Building, No.197 Dong Feng Xi Lu Guangzhou, P. R. China. Upon receipt of documents in order we will remit in accordance with negotiating banks instructions.

同步案例 8-13

在阅读完上述 SWIFT 信用证后，试问：①该份信用证的号码是什么？②信用证的申请人是谁？③买卖的货物是什么？④最后装运日是哪天？⑤需要哪些单据？

九、信用证实例

以下是上海茂林贸易有限公司的销售合同，请根据合同规定审核信用证等相关单据的实务操作是否正确。

（一）销售合同

上海茂林贸易有限公司
SHANGHAI MAOLIN TRADE CO., LTD.
No. 97 Maolin Nan Road, Shanghai, P.R. China

销售合同
SALES CONTRACT

致 To: EASTERN TRADING COMPANY 东方贸易公司 地址：81 WORDFORD STREET, LONDON UNITED KINGDOM	Contract No.: 合同号：SH2024X826 Date: 26 AUG., 2024 日期

This sales contract is made between the sellers and buyers whereby the sellers agree to sell and the buyers agree to buy the undermentioned goods according to the terms and conditions. stipulated below:

兹经买卖双方同意由卖方售出买方购进下列货物，并按下列条款签订本合同。

Description of Goods 商品描述	Quantity 数量	Unit Price 单价	Amount 金额
WOOLLEN BLANKETS 羊毛毯			CIF LONDON 价格条款 CIF 伦敦
ART. NO. H666 商品编号 H666	600 PCS. 600 件	@USD 15.50/PC 单价 15.50 美元/件	USD 9,300.00 9 300 美元
ART. NO. HX88 商品编号 HX88	600 PCS. 600 件	@USD 16.30/PC 单价 16.30 美元/件	USD 9,780.00 9 780 美元

第八章　国际贸易销售合同支付条款

（续表）

ART. NO. HE21 商品编号 HE21	720 PCS. 720 件	@USD 18.50/PC 单价 18.50 美元/件	USD 13,320.00 13 320.00 美元
TOTAL 合计	1,920 PCS.		USD 32,400.00

5% MORE OR LESS AMOUNT AND QUANTITY ARE ALLOWED
卖方可多装或少装 5%

Total amount in words 合计总金额（大写）	SAY U. S. Dollars thirty two thousand four hundred only 叁万贰仟肆百美元整
Packing 包装	24 PCS. in one CTN, total packed in 80 CTNS 每 24 件装 1 箱，共计 80 箱
Delivery 运输	Transportation from Shanghai to London allowing partial shipments and transhipment 由上海到伦敦允许分批装运和转运
Shipping Mark 装船唛头	EASTERN /2024X826/LONDON/NO.1-80
Time of Shipment 装船时间	On or before 15 Oct., 2024 2024 年 10 月 15 日或之前
Terms of Payment 付款条件	By 100% irrevocable letter of credit in favour of the Seller to be available by drafts at sight to open and to reach the seller before 05 Sep., 2024 and to remain valid for negotiation in China until the 15th days after the foresaid time of the shipment. The L/C must mention this contract number. All banking charges outside U.K are for A/C of the beneficiary. 按货款金额 100%开立以卖方为受益人的不可撤销信用证，凭卖方开出的即期汇票在 2024 年 9 月 5 日之前开出并送达卖方，至装运月份后第 15 天在中国议付有效。该信用证必须提及本合同号。所有在英国之外的银行收费均由受益人支付
Insurance 保险	To be effected by the sellers for 110% of the invoice value covering all risks as per Ocean Marine Cargo Clause of the People's Insurance Company of China dated Jan.1, 1981 由卖方按照中国人民保险公司 1981 年 1 月 1 日订立的《海洋运输货物保险条款》，按发票总值 110%投保一切险
Documents required 需要文件	1. Signed invoice in triplicate 签字的发票，一式三份 2. Full set clean on board Bill of Lading made out to order and blank endorsed notify the buyer 全套洁净已装运提单，制成空白抬头，背面空白背书通知卖方 3. Insurance policy in duplicate 保险单一式两份 4. Packing list in triplicate 装箱单一式三份 5. Certificate of Origin in duplicate issued by a relevant authority 由相关的权威机构出具的原产地证明一式两份

The Sellers 卖方 Shanghai Maolin Trade Co., Ltd. 上海茂林贸易有限公司 *张三* Signature 签署	The Buyers 买方 Eastern Trading Company 东方贸易公司 *Whuit Brown* Signature

（二）根据上述合同开立的信用证

Issuing Bank：United Great Kingdom Bank LTD., London
开证行：大英帝国银行，伦敦
Credit Number：LOD88095
信用证号：LOD88095
Date of Issue：2024.09.01
开证银行：2024.09.01
Expiry Date and Place: Date 2024.10.30 Place China.
有效期限和地点：2024年10月30日，中国
Applicant：
申请人：
Eastern Trading Company
东方贸易公司
81 Wordford Street，
伍德福街道81号，
London
伦敦
United Kingdom
英国
Beneficiary：
受益人：
Shanghai Maolin Trade CO.
上海茂林贸易有限公司
NO. 97 Maolin Nan road
茂林南路97号
Shanghai P. R. China
中国，上海
Amount: USD 32,400.00（SAY U.S. Dollars thirty two thousand four hundred only）
总金额：32 400.00美元（叁万贰千肆佰美元整）
The credit is available with any bank by negotiation drafts at sight for full invoice value drawn on us
本信用证对于由任何银行按发票金额全额开出的以我方为付款人的即期汇票都是有效的
Partial Shipment：allowed
分批装运：允许
Transhipment：allowed
转运：允许
Port of Loading：Shanghai
装运港：上海
Port of Discharge：London
卸货港：伦敦

Latest Shipment Date: 2024.10.15
最迟装运日期：2024 年 10 月 15 日
Description of Goods：Woollen blankets, CIF London
商品描述：羊毛毯，CIF 伦敦

ART. NO. H666	600 PCS.	@USD 15.50/PC	USD 9,300.00
ART. NO. HX88	600 PCS.	@USD 16.30/PC	USD 9,780.00
ART. NO. HE21	720 PCS.	@USD 18.50/PC	USD 13,320.00
	TOTAL: 1,920 PCS.		USD 32,400.00
	合计：1 920 件		32,400.00 美元

As per contract No.SH2024X826
根据合同号 SH2024X826

Documents required：
需要提交的文件：

*Signed commercial invoice in triplicate
签字的发票，一式三份

*Packing list in triplicate
装箱单一式三份

*Full set of clean on board marine Bills of Lading made out to order marked freight prepaid notify applicant
全套洁净已装运提单，制成空白抬头，背面空白背书通知卖方

*GSP form a certifying that the goods are of Chinese origin issued by competent authorities
由具有权威的中国机构出具的证明产品原产于中国的普惠制原产地证明

*Insurance policy/certificate covering all risks including warehouse to warehouse clause up to final destination at London for at least 110% of CIF value as per Ocean Marine Cargo Clause of the People's Insurance Company of China dated Jan.1,1981
保险单据由卖方按照中国人民保险公司 1981 年 1 月 1 日订立的《海洋运输货物保险条款》，按发票总值 110%投保一切险，包含仓至仓条款，最终目的地为伦敦

*Shipping advices must be sent to applicant within immediately after shipment advising the invoice value, number of packages, gross and net weight, vessel name, Bill of Lading No.and date, contract No. showing Shipping Mark as:
装船通知在装船之后必须立即送达到申请人，通知发票金额、包装数量、毛重和净重、船名、提单号和日期、合同号，显示装运唛头如下：

Eastern
2024X826
London
NO.1-80

Presentation period: 15 days after issuance date of shipping documents but within the validity of the credit.
提示期限：运输单据出具日期后 15 天，但是必须在该信用证的有效期内。

Confirmation: Without

保兑：无

Instructions: This credit is subject to uniform customs a practice for documentary credit ICC No. 600. The negotiation bank must forward the drafts and all documents by registered airmail direct to us in two consecutive lots. Upon receipt of the drafts and documents in order, we will remit the proceeded as instructed by the negotiating bank.

说明：本信用证按照UCP600编制。议付行必须提交汇票和所有文件以挂号航空信分两批寄给我们。一旦收到相关汇票和所有文件后，我们就会按议付行指示进行支付。

第五节　支付方式的选择与综合使用

汇付、托收、信用证这3种支付方式各有利弊，在实际业务中应该根据不同的国家、客户、合同金额大小等因素，正确选择和使用最合适的支付方式，这样既能安全收汇，又能扩大贸易。

一、3种支付方式的比较

3种支付方式的比较如表8.4所示。

表8.4　汇付、托收、信用证比较

支付方式		手续	银行收费	买、卖双方资金占用	买方风险	卖方风险
汇付	预付货款	简单	最少	卖方可以占用买方资金	最大	没有
	货到付款			买方可以占用卖方资金	没有	最大
托收	付款交单（即期）	稍多	稍多	比较平衡	较小	较大
	付款交单（远期）			买方可以占用卖方资金	很小	很大
	承兑交单	比较多			极小	极大
信用证		烦琐	最多	比较平衡	稍大	较小

二、选择支付方式应考虑的因素

在考虑支付方式时，安全是第一重要问题，其次是占用资金时间的长短。此外，办理手续的繁简、银行费用的多少等方面也应该考虑。以下是在选择支付方式时经常需要考虑的一些问题。

（一）客户信用

在国际货物买卖中，合同能否顺利、圆满地得到履行，客户的信用是决定性的因素。因此，要在出口业务中做到安全收汇，就必须事先做好对国外客户的信用调查，以便根据客户的具体情况选用适当的支付方式。这是选用支付方式成败的关键和基础。对于信用不是很好或尚未充分了解的客户，进行交易时应选择风险较小的方式。例如，在出口业务中，一般可采用跟单信用证方式或预付货款方式支付。如果与信用较好的客户交易，则由于风险较小，所以可选择手续比较简单、费用较少的方式。例如，在出口业务中可以采用付款交单方式等。

（二）经营意图

选用支付方式，应结合企业的经营意图。在交易磋商过程中，支付条件仅次于价格条件，往往是买卖双方需要反复磋商，而且是影响交易能否达成的关键问题。在货物畅销时，卖方不仅可以提高售价，而且可以选择对自己最有利的支付方式，可以考虑占用对方资金；在货物滞销时或对于竞争激烈的商品，不仅售价可能要降低，并且在支付方式上也需要做必要让步，否则就难以达成交易。

（三）贸易术语

国际贸易销售合同中采用不同的贸易术语，所标明的交货方式与使用的运输方式是不同的。在实际业务中，也不是每一种交货方式和运输方式都能适用于任何一种支付方式。例如，在使用 CIF、CFR、CIP、CPT 等属于象征性交货或称推定交货术语的交易中，采用的是凭单交货、凭单付款的方式，卖方交货与买方收货不在同时发生，转移货物所有权是以单据为媒介的，就可选择跟单信用证方式。在买方信用较好时，也可采用跟单托收，如付款交单方式收取货款。但是在使用 EXW、DAT、DAP、DDP 等属于实际交货方式的术语中，由于是卖方（或通过承运人）向买方直接交货，卖方无法通过单据控制货物，因此不能使用托收和信用证方式。

（四）运输单据

如果货物通过海上运输或多式联合运输，则出口人装运货物后得到的运输单据一般为可转让的海运提单或可转让的多式联运单据。因为这些单据都是货物所有权凭证，是凭此在目的港向承运人提取货物的凭证，在交付给进口人前，出口人尚能控制物权，所以可适用于信用证和托收方式结算货款。在采用信用证方式的情况下，全套运输单据均应直接向开证行或其指定银行递交，除非信用证有特别规定，否则出口人不能将其中的一份正本提单直接寄交进口人，以防止客户直接提货。

三、不同支付方式的结合使用

在国际贸易中，一笔交易通常只选择一种支付方式。但由于不同的支付方式各有利弊，买卖双方所承担的风险和资金占用的时间各不相同，因此考虑到买卖双方的各自利益，以利达成交易、扩大贸易，经常会出现在同一笔交易中使用两种或两种以上支付方式的做法。目前，常见的有以下几种。

（一）信用证与汇付相结合

这是指部分货款采用汇付，余额货款采用信用证支付。通常买家以汇付方式向出口人支付10%～30%的合同金额作为定金，余下的合同金额以信用证方式支付。

（二）信用证与托收相结合

这是指一笔交易部分货款以信用证付款，其余部分以托收方式结算。在实际运用时，托收必须是付款交单方式，出口人要签发两张汇票，一张用于信用证项下的货款，凭光票支付；另一张需要随附全套单据，按跟单托收处理，但在信用证中必须增加开证行要申请人全部付清发票金额后方可交单的条款。这种做法对进口人来说，部分金额采用托收，可以少垫资金；对出口人来说，部分金额采用信用证，减小了交易风险。货运单据跟随托收汇票，开证行需要等进口人付清全部货款后才能放单，因此出口人的收汇安全较有保障。

（三）跟单托收与汇付相结合

这是指部分货款采用汇付，余额货款采用跟单托收支付。通常，买家以汇付方式向出口商支付 10%～30%的合同金额作为定金，余下的合同金额以托收方式支付。

（四）备用信用证与跟单托收相结合

采用备用信用证与跟单托收相结合的方式，主要是为了在跟单托收项下的货款遭到进口人拒付时，可凭备用信用证利用开证行的保证追回货款，即在备用信用证项下，由卖方开立汇票与签发进口人拒付的声明书要求开证行进行偿付。

（五）分期付款与延期付款

在国际贸易中，对于大型机械、成套设备、飞机与轮船等大型交通工具的交易，由于这种交易具有货物金额大、生产制造周期长、检验手段复杂、交货条件严格，以及产品质量保证期限长等特点，往往采用两种甚至两种以上不同的支付方式。例如，银行保证书或备用信用证与汇付，再结合分期付款或延期付款来支付货款。

1. 分期付款

分期付款（progression payment）是指买方预交部分定金，其余货款根据所订购商品的制造进度或交货进度分若干期支付，在货物交付完毕时付清或基本付清。分期付款实际上是一种即期现金交易。按照法律，在分期付款交易中买方付清货款时，货物的所有权即由卖方转移给买方。

按分期付款条件成交，买方在付出订金之前，卖方通常应提供出口许可证副本和银行开具的保证书或备用信用证。如果卖方不履约，则由银行保证负责退还订金，已付款项加上自付款日起至退款日止的利息。

2. 延期付款

延期付款（deferred payment）是指买方先支付一部分定金后，大部分货款在卖方交货后一段相当长的时间内分期摊付。因此，延期付款实际上是卖方向买方提供了商业信贷，带有赊销赊购的性质。由此可知，延期付款涉及利息问题，需要在合同中规定延迟支付部分的利率条款。延期付款是买方利用外资的一种形式，凡金额较大、付款期限较长的货物交易往往需要与政府提供的出口信贷结合起来进行。

实训练习

实训目的

1. 通过实训，掌握各支付方式的含义、程序和区别。
2. 通过实训，重点掌握电汇、托收、信用证支付方式的含义、程序和区别。
3. 通过实训，在实际业务中准确使用各支付方式和支付工具。

实训内容

一、名词解释

汇票　　电汇　　商业承兑汇票　　托收　　付款交单　　承兑交单　　信用证
远期信用证　　即期信用证　　受益人

二、填空题

1. 在国际贸易中,使用的票据主要有_____、_____和_____,其中以_____为主。
2. 我国在对外贸易中,使用的支付方式主要有_____、_____和_____。其中属于顺汇的是_____,属于逆汇的是_____和_____。
3. 信用证的4个主要当事人是_____、_____、_____和_____。
4. 按照付款时间的不同,信用证可以分为_____和_____。
5. SWIFT信用证MT700的格式中代码31表示_____、代码59表示_____、代码43T表示_____、46A表示_____、45A表示_____。

三、单项选择题

在线测试

1. ( ) 在国际贸易货款结算中使用最多。
   A. 本票　　　B. 支票　　　C. 汇票　　　D. 信用证
2. 属于顺汇法的是( )。
   A. 汇付　　　B. 托收　　　C. 信用证　　　D. 银行保函
3. 在托收方式下,卖方委托银行收取货款。因此,托收方式属于( ),使用的汇票是( )。
   A. 商业信用/商业汇票　　　B. 银行信用/银行汇票
   C. 银行信用/商业汇票　　　D. 商业信用/银行汇票
4. 一张商业汇票见票日为1月31日,见票后1个月付款,则到期日为( )。
   A. 3月3日　　　B. 3月2日　　　C. 3月1日　　　D. 2月28日
5. 本票是出票人签发的,承诺( )在见票时无条件支付确定的金额给收款人或持票人的票据。
   A. 承兑人　　　B. 付款人　　　C. 提示人　　　D. 出票人
6. 在以下支付方式中,对出口人来说风险最大的是( )。
   A. L/C at 60 days' sight　　　B. D/A
   C. D/P at sight　　　D. T/T
7. 进出口合同规定D/P 30天,如果托收日为7月1日,寄单邮程为7天,代收行收到全套单据后,当天向进口人提示,则此汇票的提示日、承兑日、付款日分别是( )。
   A. 7月1日、7月8日、8月1日　　　B. 7月8日、7月8日、8月1日
   C. 7月8日、7月8日、8月6日　　　D. 7月8日、7月8日、8月7日
8. 假远期信用证汇票在信用证汇票条款中规定远期汇票,又在特殊条款中规定受益人可向议付行即期收款,其贴息由( )负担。
   A. 开证行　　　B. 通知行　　　C. 受益人　　　D. 开证申请人
9. 信用证是进口人根据合同规定向银行申请开立的,信用证的第一付款人是( )。
   A. 进口人　　　B. 议付行　　　C. 通知行　　　D. 开证行
10. 信用证与托收相结合的支付方式,其单据应( )。
    A. 全部随信用证项下的汇票
    B. 全部随托收项下的汇票
    C. 一半随信用证项下的汇票,另外一半随托收项下的汇票
    D. 由出口人决定

11. 银行审单议付的依据是（　　）。
    A. 合同与信用证　　　　　　B. 合同与单据
    C. 单据与信用证　　　　　　D. 信用证与委托书
12. 《跟单信用证统一惯例》中规定，一个可转让信用证的被转让次数（　　）。
    A. 没有明确规定　　　　　　B. 只能是一次
    C. 为两次　　　　　　　　　D. 无限制
13. 按照《跟单信用证统一惯例》的规定，受益人最后向银行交单议付的期限不得迟于提单签发日后（　　）。
    A. 14天　　　B. 15天　　　C. 20天　　　D. 21天
14. 在定期、定量出口的业务中，一般采用（　　），以减少重复开证带来的不便。
    A. 对开信用证　B. 背对背信用证　C. 备用信用证　D. 循环信用证
15. 一张有效的信用证必须规定一个（　　）。
    A. 装运期　　B. 有效期　　C. 交单期　　D. 议付期
16. 有关议付信用证的各种说法中，错误的是（　　）。
    A. 议付信用证是指允许受益人向某一指定银行或任何银行交单议付的信用证
    B. 议付信用证可分为公开议付信用证、限制议付信用证和指定议付信用证
    C. 采用议付信用证时，只要单证相符，银行扣除垫付利息、手续费后，即付款给受益人
    D. 不论采用何种议付信用证，任何银行均可办理此项议付
17. 在下列付款方式中，（　　）方式是不存在，或者是不合理的。
    A. 即期付款交单　　　　　　B. 远期付款交单
    C. 即期承兑交单　　　　　　D. 远期承兑交单
18. 保兑行对保兑信用证承担的付款责任是（　　）。
    A. 第一性的　B. 第二性的　C. 第三性的　D. 第四性的
19. 按照《跟单信用证统一惯例》的规定，跟单信用证只能是（　　）。
    A. 可撤销信用证　　　　　　B. 不可撤销信用证
    C. 可转让信用证　　　　　　D. 不可转让信用证
20. 信用证体现了（　　）之间的契约关系。
    A. 开证申请人和开证行　　　B. 开证行和受益人
    C. 开证申请人和受益人　　　D. 开证申请人、开证行和受益人

四、多项选择题

1. 正确表述本票与汇票的区别的是（　　）。
    A. 本票是书面支付的承诺，汇票是书面支付命令
    B. 银行本票都是即期的，汇票则有即期与远期之分
    C. 本票无须承兑，远期汇票需要承兑
    D. 本票业务中有两个基本当事人，而汇票业务中有3个基本当事人
2. 采用付款交单托收货款时，卖方发货后出具的汇票不可能是（　　）。
    A. 光票　　　B. 跟单汇票　　C. 即期汇票　　D. 银行汇票
3. 以下的国际支付方式中，属于商业信用的是（　　）。
    A. 信用证　　B. 付款交单　　C. 承兑交单　　D. 电汇

4. 对于信用证与合同关系的表述正确的是（　　　）。
   A. 信用证的开立以合同为依据
   B. 信用证的履行不受合同的约束
   C. 有关银行只根据《跟单信用证统一惯例》的规定办理信用证业务
   D. 合同是审核信用证的依据
5. 信用证支付方式的特点是（　　　）。
   A. 信用证是一种银行信用　　　B. 信用证是一种商业信用
   C. 信用证是一种自足文件　　　D. 信用证是一种单据的买卖
6. 汇付是付款人主动通过银行或其他途径将款项汇交收款人，其方式有（　　　）。
   A. 电汇　　　B. 托收　　　C. 票汇　　　D. 信汇
   E. 汇票
7. 银行处理信用证业务是以单证表面相符原则来决定是否付款，而不管实际货物如何。因此，出口人必须做到（　　　），开证行才承担付款责任。
   A. 单证相符　　B. 单单相符　　C. 单约相符　　D. 单货相符　E. 货约相符
8. 根据《跟单信用证统一惯例》的规定，如果信用证未规定（　　　）。
   A. 是否保兑，则应为保兑信用证　　B. 是否保兑，则应为不保兑信用证
   C. 是否转让，则应为可转让信用证　　D. 是否转让，则应为不可转让信用证
   E. 是否撤销，应为可撤销信用证
9. 付款交单分为（　　　）形式。
   A. 远期付款交单　B. 即期付款交单　C. 远期承兑交单　D. 即期承兑交单
   E. 跟单托收
10. 国际贸易中采用的延期付款方式，其主要特点有（　　　）。
    A. 属于付现的即期交易　　　B. 货物所有权在交货时发生转移
    C. 买方利用外资的一种形式　　D. 卖方以赊销方式提供商业信贷
    E. 货物所有权在付清全部货款时转移
11. 关于可转让信用证的表述中，正确的是（　　　）。
    A. 只有信用证上注明"可转让"字样，受益人才有权要求银行将信用证的全部或部分一次转让给一个或数个本国或外国的第三者
    B. 信用证转让时，只能按原条款转让，但其中的金额、单价可以降低，有效期和装运期可以缩短
    C. 信用证转让后，第一受益人仍然应对交货承担义务
    D. 信用证的修改必得到第一受益人和第二受益人的同意
    E. 信用证转让后，第二受益人可以转让给第三受益人
12. SWIFT信用证MT700格式中的代码59、44C、50、51A分别代表（　　　）。
    A. 付款人、装运期间　　　B. 申请人、受益人
    C. 通知银行、最后装船日　　D. 申请人银行、最后装船日
13. 有关支付方式陈述正确的是（　　　）。
    A. 汇付属于顺汇法，有3个当事人
    B. 托收属于逆汇法，分为付款交单和承兑交单
    C. 信用证属于银行信用，开证行负第一付款责任
    D. 汇付属于商业信用，托收属于银行信用

14. 以下关于进出口合同中支付条款陈述不正确的是（　　　　）。
    A. 进出口合同可以使用一种、两种或两种以上的支付方式
    B. 使用电汇预付时，对进口人来说，可以占用出口人的资金
    C. 使用信用证方式时，进口人需要100%货款抵押，开证行才会开出信用证
    D. 使用信用证和托收时，全套单据跟随托收项下的汇票
    E. 使用信用证和预付电汇时，全套单据跟随信用证项下的汇票

15. 某公司分别以 D/P at 30 days after sight 和 D/A at 30 days after sight 两种支付方式对外出口货物，以下（　　　　）的表述是正确的。
    A. 前者的风险比后者大　　　　B. 前者是付款交单，后者是承兑交单
    C. 后者的风险比前者大　　　　D. 两者都存在被进口拒付的风险

五、判断题

1. 汇付是付款人主动通过银行或其他途径将款项交收款人的一种支付方式，属于商业信用，而托收通常称为银行托收，属于银行信用。（　　）
2. 在承兑交单情况下，由代收行对汇票进行承兑后，再向进口人交单。（　　）
3. 一张商业汇票的收款人是 pay to John Stone only，则表明这张汇票可以经 John Stone 背书后再转让。（　　）
4. 出口人采用 D/A 30 天的风险比 D/P 45 天的风险要小。（　　）
5. 如果汇票上加注"货物到达后付"，则构成支付的附加条件，该汇票无效。（　　）
6. 汇票经背书后，汇票的收款权利转让给被背书人，被背书人若干日后遭到拒付可向前手行使追索权。（　　）
7. 支票既可以做结算和押汇工具，也可以做信贷工具。（　　）
8. 在票汇方式下，买方购买银行汇票直接寄给卖方，因为采用的是银行汇票，故这种付款方式属于银行信用。（　　）
9. 根据《跟单信用证统一惯例》的规定，跟单信用证是不可撤销的，即使信用证中对此未做出指示也是如此。（　　）
10. 在付款交单凭信托收据借单（D/P·T/R）的方式下，代收行在买方到期拒绝付款时承担向委托人按期付款的责任。（　　）
11. 合同规定支付条款为 D/P 见票后 30 天付款，代收行于 4 月 25 日向进口人做汇票提示，进口人于同日见票并承兑，按惯例进口人应于 6 月 9 日付款。（　　）
12. 关于信用证的银行费用，我国的习惯做法是出口地的银行费用由出口人负担，进口地的银行费用由开证申请人负担。（　　）
13. 汇付方式是一种对买卖双方均有较大风险的支付方式。（　　）
14. 信用证列有装运期而未列明有效期，按《跟单信用证统一惯例》的规定，应在最后装运期前向银行交单。（　　）
15. 不可撤销信用证在实际业务中是指信用证一经开出，在有效期内未经受益人及有关当事人的同意，开证行不能单方面修改或撤销的信用证。（　　）
16. 信用证所要表述的跟单是指能代表货物所有权的单据，如海运提单，此外还有发票、装箱单、商检证书、保险单等。（　　）
17. 根据《票据法》，承兑附有条件的，视为拒付。（　　）
18. 本票的出票人必须是单独一个人，而不允许由两个或更多的出票人一起签发。（　　）

第八章 国际贸易销售合同支付条款

19. 汇票、本票、支票都可分为即期和远期。（　）
20. 在进出口业务中，如果采用延期付款方式，则货价应比银行承兑远期信用证方式高一些，以拉平利息率和贴现率之间的差额。（　）

六、技能操作题

根据以下资料，试草拟合同中的价格条款。

1. 买方应于2024年11月30日前将全部合同金额采用电汇方式预付给卖方。
2. 买方应凭卖方开立的即期跟单汇票于见票时立即付款，付款后银行交单。
3. 买方应通过为卖方所接受的银行，在装运期前30天开立并送达卖方不可撤销见票后30天付款的远期信用证，议付有效期至装运后15天，在广州议付。

七、案例分析

1. 我方出口企业收到国外开来的不可撤销信用证，由设在我国境内的某外资银行通知并加保兑。我方出口企业在货物装运后，正拟将有关单据交银行议付时，忽接到该外资银行的通知，由于开证行已宣布破产，所以该行不承担对该信用证的议付或付款责任，但可接受我方出口企业委托向买方直接收取货款的业务。对此，你认为我方应如何处理为好？请简述理由。

2. 我方某公司从外国某商进口一批钢材，货物分两批装运，支付方式为不可撤销即期信用证，每批分别由中国银行开立一份信用证。第1批货物装运后，卖方在有效期内向银行交单议付，议付行审单后，即向该商议付货款，随后中国银行向议付行做了偿付。我方在收到第1批货物后，发现货物品质不符合合同要求，因而要求开证行对第2份信用证项下的单据拒绝付款，但遭到开证行拒绝。你认为开证行这样做是否有理？

3. 我方某外贸企业与某国A商达成一项出口合同，支付条件为付款交单，见票后90天付款。当汇票及所附单据通过托收行寄抵出口地代收行后，A商及时在汇票上履行了承兑手续。货抵目的港时，由于用货心切，所以A商出具信托收据向代收行借出单据，先行提货转售。汇票到期时，A商因经营不善失去偿付能力。代收行以汇票付款人拒付为由通知托收行，并建议由我方外贸企业直接向A商索取货款。对此，你认为我方外贸企业应如何处理？

第九章

国际贸易销售合同检验检疫、索赔、不可抗力和仲裁条款

学习目标

- 掌握检验检疫、索赔理赔的基本概念。
- 掌握不可抗力、仲裁的基本概念。
- 把握《公约》对检验检疫条款、索赔条款、不可抗力条款和仲裁条款的规定。
- 学会在进出口合同中正确订立检验检疫条款、索赔条款、不可抗力条款和仲裁条款。
- 增强学生对我国外贸事业的信心、责任感与使命感。
- 养成诚信经营、精益求精的优良品质。

导入案例

中国某外贸公司按信用证支付方式向荷兰鹿特丹出口一批食品,买方开来的信用证中要求提供"货物无病毒,适于人类食用"的卫生证明。货物装船后,卖方议付时,议付行发现卖方提交的卫生证明中漏写"货物无病毒"字样,认为单证不符合要求,便两次去电开证行征求意见,但开证行始终不予答复。后为了避免开证行拒付,只好由卖方重新按来证要求更换卫生证明,结果遭受延迟收汇 20 多天的利息损失。

第一节 检验检疫条款

进出口商品的检验检疫

进出口商品检验检疫是进出口业务中的一个重要环节,应及时办理出口货物的报检手续,保证出口货物按时、按质、按量出运,以维护和提高我国对外贸易的信誉;对进口货物进行及时检验检疫,发现问题后能及时对外提出索赔,以维护我国企业和国家的正当权益。

第九章　国际贸易销售合同检验检疫、索赔、不可抗力和仲裁条款

一、进出口商品检验检疫的基本概念

（一）进出口商品检验检疫的含义

进出口商品检验检疫（commodity inspection）是指凡列入必须实施检验检疫的进出口商品目录和其他法律、法规或进出口合同规定需要经检验的进出口商品，必须经过出入境检验检疫部门或其指定的检验检疫机构，在规定的地点和期限内对商品的品质、数量、重量、包装、卫生、安全及装运条件进行检验并出具相应检验证书的一系列活动。

《公约》不仅明确规定了卖方对货物负有责任的具体界限，即凡是货物不符合合同的情形于风险转移到买方的时候就已存在，应由卖方负责，而且还明确规定了买方对货物有检验的权利。

在检验货物时，如果货物不符合合同规定且责任属于卖方，则买方有权要求退货、换货、拒收货物和损害赔偿。买方既可以检验货物，也可以不检验货物，如果买方没有利用合理的机会对货物进行检验，则丧失拒收货物的权利。

同步案例 9-1

我方 A 公司向智利 B 公司出口蚝油 100 箱，货到目的港智利瓦尔帕莱索港后，B 公司传真反映该国海关发现蚝油发生分层现象，向 A 公司提出退货并索赔 USD 500.00。试问：我方 A 公司是否需要承担责任？

（二）检验检疫机构的种类

我国检验检疫机构一般分为官方、半官方和民间三大类型。

1. 官方检验检疫机构

这是指我国政府为保护本国利益，按照国家有关法律、行政法规对进出口商品实施法定检验检疫和监督管理设立的行政机构。

国贸常识

2018年之前，我国主管进出口商品检验的机构是国家质量监督检验检疫总局。2018年4月16日，国务院实施机构改革，将原国家质量监督检验检疫总局的出入境检验检疫管理职责和人员划入海关总署，实现关检合一，即报关与报检工作实现"一次申报、一次查验、一次放行"的"三个一"标准。对于广大进出口企业来说，企业通关费用将会减少，通关效率将会提升，从而使贸易便利化程度进一步提高。

2. 半官方检验机构

这是指由国家批准设立的公证检验机构。一般政府授权该机构代表政府行使商品检验鉴定权利和部分管理权利，该机构出具的商检证书或其他鉴定证明具有有效性和权威性。例如，中国进出口商品检验总公司就属于半官方检验机构。

3. 民间检验机构

这是指非政府的民间商品检验机构，包括由商会、协会、同业公会等组建的具有专业检验鉴定技术能力的公证行或检验公司等，如我国的上海化工研究院检测中心。

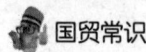 国贸常识

国际上比较知名的检验检疫机构有：官方检验检疫机构——美国粮谷检验署（FGES）、美国食品药物管理局（FDA）、法国国家实验室检测中心、日本通商产业检查所等；民间或社团检验检疫机构——瑞士日内瓦通用鉴定公司（SGS）、美国保险人实验室（UL）、英国劳氏公证行（Lloyd's Surveyor）、日本海事鉴定协会（NKKK）等。

（三）我国检验检疫机构的基本任务

根据《中华人民共和国进出口商品检验法》（以下简称《商检法》）及有关规定，我国检验检疫机构的基本任务是实施进出口商品的法定检验、公证鉴定、监督管理进出口商品检验等工作。

1. 法定检验

法定检验是检验检疫机构依法对规定的进出口商品和有关检验事项实施的强制性检验。法定检验的范围包括如下内容。

① 对列入《出入境检验检疫机构实施检验检疫的进出境商品目录》（简称《法检目录》）的进出口商品进行检验。《法检目录》由海关总署制定、调整和公布。

② 对出口危险品货物的包装容器，实施性能鉴定和使用鉴定。

③ 对出口易腐烂变质食品、冷冻品的船舱和集装箱等运载工具，实施适载检验和鉴定。

④ 对其他法律法规规定的须经商检机构检验的进出口商品进行检验。

⑤ 对出口食品实施卫生检验。

⑥ 对国际条约规定的进出口商品实施检验检疫。

2. 公证鉴定

公证鉴定是指检验检疫机构接受对外贸易关系人及国内外有关单位的申请或境外检验检疫机构的委托，办理规定范围内的进出口商品鉴定业务。

公证鉴定与法定检验的最大区别是：前者是自愿性质，而后者则是强制性质。

公证鉴定的业务范围包括：进出口商品的品名、品质、数量、重量、包装、海损鉴定；集装箱及集装箱货物鉴定；进出口商品的残损鉴定；出口商品的出运技术条件鉴定；货载衡量、产地证明、价值证明及其他业务。

3. 监督管理

监督管理是指检验检疫部门对进出口收货人、发货人及生产、经营、储运单位，以及国家商品检验检疫机构指定认可的检验检疫机构和检验检疫人员的检验检疫工作实施监督管理，以保证进出口商品的检验检疫质量，维护企业合法权益和国家的良好形象。

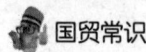 国贸常识

由于大闸蟹属于动物类商品，所以出口大闸蟹时，必须根据《中华人民共和国进出境动植物检疫法》《中华人民共和国动植物检疫法条例》及有关规定，在出境前7天检验检疫。

同步案例 9-2

我方某出口公司向非洲某国出口茶叶一批，该国海关规定所有货物必须经过SGS检验方可入关。进口商要求只有在目的港做SGS检验，才同意订立合同开立信用证。试问：我方业务员如何应对这笔业务？

二、检验检疫证书

检验检疫证书（inspection certificate）是指检验检疫机构对进出口商品进行检验、鉴定后，根据不同的检验结果或鉴定项目出具的书面证明文件。

（一）检验检疫证书的种类

① 品质检验证书（inspection certificate of quality），是证明进出口商品品质、规格的证书。

② 重量或数量检验证书（inspection certificate of weight/quantity），是证明进出口商品重量或数量的证书。

③ 包装检验证书（inspection certificate of packing），是证明进出口商品包装及标志情况的证书。

④ 兽医检验证书（veterinary inspection certificate），用于证明冻畜肉、冻禽、禽畜肉罐头、冻兔、皮张、毛类、绒类、猪鬃、肠衣等出口动物产品经过检疫合格。

⑤ 卫生检验证书（sanitary inspection certificate），用于证明肠衣、罐头、冻鱼、冻虾、食品、蛋品、乳制品、蜂蜜等可供人类食用或使用的出口动物产品、食品经过卫生检验检疫合格。

⑥ 消毒检验证书（inspection certificate of disinfection），是证明出口产品经过消毒处理，保证卫生安全的证书，适用于猪鬃、马尾、皮张、羽毛、人发等出口动物产品，其证明内容也可以在品质检验证书中附带证明。

⑦ 熏蒸证书（inspection certificate of fumigation），用于证明出口粮谷、油籽、豆类、皮张等商品及包装用木材和植物性填充物等已经经过熏蒸灭虫，以及证明使用的药物、熏蒸的时间等情况。如果国外不需要单独出证，则可在品质检验证书中附带证明。

⑧ 温度检验证书（certificate of temperature），是证明出口冷冻商品温度的证书。如果国外不需要单独出证，则可将温度检测结果在品质检验证书中附带证明。

⑨ 残损检验证书（inspection certificate on damaged cargo），是证明进口商品残损情况的证书，主要内容为确定商品的受损情况和对使用、销售的影响，判断致损原因，估定损失程度。它是用于向发货人、承运人、保险人等有关责任方索赔的有效文件。

⑩ 船舱检验证书（inspection certificate on tank/hold），是证明承运出口商品的船舱清洁、牢固、冷藏效能及其他装运条件是否符合保护承载商品的品质和数量完整与安全要求的证书。

⑪ 货载衡量检验证书（inspection certificate on cargo weight & measurement），是证明进出口商品的重量、体积吨位的证书。它是计算运费和制订配载计划的依据。

⑫ 价值证明书（certificate of value），是证明发票所列出口商品价格真实、正确的证书，主要用于进口国（地区）海关估价征税。

⑬ 原产地证书（certificate of origin），是证明出口商品原生产地的证书，通常包括一般原产地证书、普惠制原产地证书和野生动植物产地证。

国贸常识

一般原产地证书是证明出口商品的生产或制造符合《中华人民共和国出口货物原产地规则》的一种法律文件。它由商务部统一规定格式并印制，由海关总署或中国国际贸易促进委员会签发，通常用于不使用海关发票或领事发票的国家或地区，以确定对货物征税的税率。如果信用证或合同未对原产地证书做具体规定，则一般由海关总署出具。

普惠制原产地证书是发达国家给予发展中国家出口制成品和半制成品（包括某些初级产品）

普遍的、非歧视性的、非互惠的一种关税优惠制度。普惠制原产地证书是一种受惠国有关机构的本国出口商品向给惠国出口受惠而签发的用以证明原产地的证明文件。

(二) 检验检疫证书的作用

① 它是买卖双方交接货物、货款结算的依据。
② 它是索赔与理赔的凭证与依据。
③ 它是进口国（地区）海关实行差别关税的依据。

三、商品检验检疫的一般程序

商品检验检疫分为报检、抽样、检验、出证4个环节。

① 报检。在国际贸易中，有关当事人要求对进出口商品进行检验，必须向检验检疫机构提出申请。该申请根据业务的不同分出口检验申请、进口检验申请和委托检验申请。

② 抽样。检验检疫部门在接受报检后，派员按一定的方式对货物抽取一定比例的样品。委托报检的，由报检人自行送样。

③ 检验。检验检疫部门在实验室采用不同的检验检疫方法对样品进行各项检测。

④ 出证。检验检疫部门根据检测结果出具检验检疫证书。

四、检验检疫的时间和地点

在进出口合同洽谈中，关于检验检疫的时间与地点的规定决定了买卖双方的权利与义务。在实际进出口业务中，关于检验检疫时间与地点的规定有以下3种基本做法。

(一) 在出口国检验检疫

这种做法又可以分为在产地或工厂检验检疫和在装运港或装运地检验检疫两种。

1. 在产地或工厂检验检疫

这是指货物在离开产地或工厂之前，由出口国的检验检疫机构人员或买方委派的检验检疫机构人员对货物进行检验检疫。在这种检验检疫方式下，卖方承担的产品检验检疫风险是最小的，而买方承担的这方面的风险则是最大的。

2. 在装运港或装运地检验检疫

这是指货物在装运港或装运地装运前或装运时，经由双方约定的检验检疫机构对货物进行检验检疫。检验检疫机构出具的检验证书，作为买卖双方交接货物的依据。这种做法被称为"以离岸品质和重量（或数量）为准"（shipping quanlity, weight or quantity as final）。在这种检验检疫方式下，货物运抵目的港（地）后，买方无复验权。

(二) 在进口国检验检疫

这种做法是指在货物运抵目的港或目的地卸货后检验检疫和在买方营业处所或最终用户的所在地检验检疫。

1. 在目的港或目的地卸货后检验检疫

这种做法是指在货物运抵目的港或目的地卸货后的一定时间内，由双方约定的目的港或目的地的检验检疫机构对货物进行检验检疫。检验检疫机构出具的检验证书，作为买卖双方交接货物的依据。这种做法被称为"以到岸品质和重量（数量）为准"（landing quality, weight or quantity as final）。

第九章　国际贸易销售合同检验检疫、索赔、不可抗力和仲裁条款

2．在买方营业处所或最终用户的所在地检验检疫

这种做法是将检验检疫的地点和时间延伸和推迟到货物运抵买方营业处所或最终用户的所在地才进行检验检疫。检验检疫机构出具的检验证书，作为买卖双方交接货物的依据。

在进口国检验检疫，如果检验检疫证书证明货物与合同不符，则卖方要负相应的责任。

（三）在出口国检验检疫，在进口国复验

这种做法是以出口国装运港（地）的检验检疫证书作为卖方收取货物的依据，货到进口国目的港（地）后，买方行使复验权。如果在进口国验货后发现货物不符合合同规定，并证明这种不符不属于承运人或保险公司的责任范围，则买方可在规定的时间内凭复验证书向卖方提出异议和索赔。这种做法对买卖双方都有好处，比较公平合理，在国际贸易中被广泛使用。

同步案例 9-3

我方某公司与意大利 A 公司达成出口牛皮合同，合同内规定在中国检验检疫，货到意大利港口后 30 天复验。货物到达意大利港口后，意商未提出异议，但是当意商将牛皮制成皮鞋后，发现皮鞋前后有色差，影响了皮鞋的销售，意商认为我方交货质量有严重问题，要求退货并赔偿损失。试问：意商的要求是否合理？为什么？

五、合同中的检验检疫条款

（一）出口合同中的检验检疫条款（以装运港检验证书为议付货款的依据，货到目的港后买方有权复验）

It is mutually agreed that the Certificate of Quality and Weight is issued by the General Administration of Customs of the People's Republic of China at the port/place of shipment shall be part of the documents to be presented for negotiation under the relevant L/C. The buyers shall have the right to reinspect the quality and weight of the cargo. The reinspection fee shall be borne by the buyers. Should the quality and/or weight be found not in conformity with that of the contract, the buyers are entitled to lodge with the sellers a claim which should be supported by survey reports issued by a recognized surveyor approved by the sellers. The claim, if any, shall be lodged within ×× days after arrival of the cargo at the port/place of destination.

买卖双方同意以装运港（地）中华人民共和国海关总署签发的品质和重量检验证书为信用证项下议付所提交的单据之一，买方有权对货物的品质和重量进行复验，复验费由买方负担。如果发现品质和重量与合同规定不符，则买方有权向卖方索赔，并提供经卖方同意的公证机构出具的检验报告。索赔期限为货物到达目的港（地）后××天内。

（二）进口合同中的检验检疫条款

It is mutually agreed that the Certificate of Quality and Quantity or Weight is issued by the Manufacturer (or ××Surveyor) shall be part of the documents for payment under the relevant L/C. However, the inspection of quality and quantity or weight shall be made in accordance with the following:

In case the quality, quantity or weight of the goods be found not in conformity with those stipulated in this contract after reinspection by the General Administration of Customs of the People's Republic of China within days after arrival of the goods at the port of destination, the Buyers shall return the goods to or lodge claims against the Sellers for compensation of losses upon the strength of Inspection Certificate issued by the said General Administration, with the exception of those claims for which the insurers or the carries are liable. All expenses (including inspection fees) and losses arising from the return of the goods or claims should be borne by the sellers. In such cases, the Buyers may, if so requested, send a sample of the goods in question to the Sellers, provided that the sampling is feasible.

双方同意以制造厂（或公证行）出具的品质及数量或重量检验证书作为有关信用证项下付款的单据之一。但货物的品质、数量或重量的检验应按下列规定办理：

货到目的港××天内由中华人民共和国海关总署复验，如果发现品质、数量或重量与本合同规定不符，则除属保险公司或承运人负责外，买方凭中华人民共和国海关总署出具的检验证书，向卖方提出退货或索赔，所有因退货或索赔引起的一切费用（包括检验费）及损失均由卖方负担。在此情况下，如果抽样可行，则买方可应卖方要求，将有关货物的样品寄交卖方。

第二节 索赔条款

进出口贸易合同签订之后到合同顺利执行完毕，需要经过采购、生产、品控、商检、仓储、运输、保险、资金移动等环节，其中任何一个环节出现问题都有可能影响整个合同的履行。另外，国际市场情况千变万化，一方当事人往往有可能在市场行情发生不利变化时拒绝履行或不完全履行合同义务，导致另一方当事人受到损害，从而引起争议，导致索赔与理赔。

一、违约的含义与分类

（一）违约的含义

违约（breach of contract）是指国际贸易销售合同当事人中的一方或双方没有按照合同承担相关义务，导致对方遭受损失。

（二）违约的分类

1. 按照违约的责任方来分

① 卖方违约。这是指由于卖方不履行或不完全履行合同规定的义务造成的违约。例如，卖方不交付货物或所交货物的品质、数量、包装、交货期等不符合合同的规定。

② 买方违约。这是指由于买方不履行或不完全履行合同规定的义务造成的违约。例如，在FOB贸易术语下，买方没有租船订舱、指定承运人，没有开立信用证或以其他方式支付货款，无理拒收货物等。

③ 买卖双方均负有违约责任。这是指由于当事人双方在订立合同时，对某些条款的理解有出入引起误解而造成的违约。例如，在订立合同中的装运条款时，使用了"立即装运"词语，买卖双方可以从自己的实际利益出发，对"立即装运"做出不同的解释。

2. 按照违约方的主观意愿来分

① 一方当事人的故意行为导致的违约。这是指由于一方当事人有意不承担合同义务而产生的违约。例如，出口方取消合同，进口方拒绝开立信用证等。

② 一方当事人的疏忽、过失或业务不熟悉而导致的违约。这是指一方当事人主观上计划积

第九章　国际贸易销售合同检验检疫、索赔、不可抗力和仲裁条款

极履行合同，但是由于非主观因素导致不能履行合同或不能完全履行合同造成的违约。例如，出口人出口重货时在包装方面有所疏忽，导致包装破裂，货物受损，不能履行交货义务；进口人在开立信用证时，信用证条款错误，导致出口人无法执行合同。

二、国际惯例和各国法律对违约救济的规定

国际惯例和各国法律对违约救济的规定，一般包括延迟履行、替代履行、减价、修理、换货、退货和解除合同等方法。

① 《公约》将违约分为根本性违约和非根本性违约：一方行为属于根本性违约的，另一方有权要求宣布合同无效，并要求损害赔偿；一方行为属于非根本性违约的，另一方只能要求损害赔偿，不能宣告合同无效。

② 英国法律将违约分为违反要件和违反担保：违反要件是指违反合同的主要条款，受害方有权要求解除合同并要求损害赔偿；违反担保是指违反合同的次要条款，受害方只能要求损害赔偿，不能要求解除合同。但是英国法律对要件和担保没有做出明确界定，一般认为品名、数量、品质、交货期、付款方式等为合同要件，合同的其他条款则为担保。

③ 美国法律将违约分为重大违约和轻微违约：重大违约是指由于一方的违约行为导致另一方无法获得该项交易的主要利益，受害方有权要求解除合同并进行损害赔偿；轻微违约是指违约行为轻微，没有影响另一方在交易中取得主要利益，受害方只能要求损害赔偿，不能要求解除合同。

④ 我国《民法典》规定，合同当事人一方违约后，另一方当事人既可以要求违约方承担继续履行、采取补救措施或赔偿损失等违约责任，也可以要求解除合同。

同步案例 9-4

我方某出口企业与美国 A 客户签订了服装出口合同。在货物到达美国之后，客户发现服装尺码与合同不符，随后与我方交涉。试问：双方应该援引哪种惯例或法律解决争议？

三、索赔与理赔

（一）索赔与理赔的概念

索赔（claim）是指受到损害的一方向违约方提出损害赔偿的要求；理赔（settlement of claim）则是指违约方对受害方提出的赔偿要求进行处理的行为。索赔与理赔是一个问题的两个方面：一方提出索赔；另一方则处理索赔。

在国际贸易中经常可能发生的索赔环节有以下 3 个。

1. 买卖双方的贸易索赔

这是指买卖双方就商品品名、品质、数量等方面发生争议。在实际贸易中，往往是进口人提出索赔，出口人理赔。

2. 托运人和承运人之间的运输索赔

这是指托运人和承运人就运输时间、运输的安全性发生争议，大部分情况下是托运人提出索赔，而承运人理赔。

3. 投保人和承保人之间的保险索赔

这是指投保人和承保人就货物损害发生争议，往往是投保人提出索赔，承保人理赔。

（二）索赔依据

索赔依据包括法律依据和事实依据两个方面。

① 法律依据是指合同和适用的法律规定。

② 事实依据是指违约的事实、情节及书面证明。

在实际业务中，提出索赔的一方必须准备好充分的索赔依据，否则可能会遭到理赔方的拒绝。

（三）索赔期限

索赔期限是指受害方有权向违约方提出索赔的期限。按照法律和国际惯例，受害方只能在一定的索赔期限内提出索赔，否则将丧失索赔权。

索赔期限有约定和法定两种。约定索赔期限是指买卖双方在订立合同时一致同意的索赔期限，约定索赔期限的长短应视货物的性质、运输时间、检验时间等因素而定。如果买卖双方在合同中没有约定索赔期限，则适用法定索赔期限。与约定索赔期限相比，法定索赔期限时间较长，《公约》规定索赔期限为买方实际收到货物之后的 2 年内；有关货物运输的《海牙规则》规定为托运人在货物到达目的港交货后 1 年内；中国人民保险公司规定投保人在货物到达目的港全部卸离海轮后 2 年内。

国贸常识

合同中约定索赔期限的方法一般有以下几种。

① 货到目的港后××天内提出索赔。

② 货到目的港卸离海轮后××天内提出索赔。

③ 货到买方营业处所或用户所在地后××天内提出索赔。

④ 货到目的港经检验后××天内提出索赔。

四、合同中的索赔条款

在进出口合同中，索赔条款一般包括异议与索赔条款和罚金条款两种。

（一）异议与索赔条款

异议与索赔条款（discrepancy and claim clause）一般是针对卖方交货品质、数量及包装不符合同规定而订立的。现举例如下。

Any claim by the Buyers regarding the goods shipped shall be filed within ×× days after the arrival of the goods at the port (place) of destination specified in the relative Bill of Lading and (or) transport document and supported by a survey report issued by a surveyor approved by the Sellers. Claims in respect of matters within responsibility of insurance company, shipping company or other transporting organization will not be considered or entertained by the Sellers.

买方对于装运货物的任何索赔，必须于货物到达提单及（或）运输单据所规定的目的港（地）之日××天内提出，并必须提供卖方同意的公证机构出具的检验报告。属于保险公司、运输公司或其他运输机构责任范围内的索赔，卖方不予受理。

（二）罚金条款

罚金条款（penalty clause）也称违约金条款，是指在合同中规定合同当事人一方未履行或未完全履行合同义务而向对方支付一定数额的违约金。该条款多用于卖方延期交货或买方延期

第九章　国际贸易销售合同检验检疫、索赔、不可抗力和仲裁条款

接货、拖延开立信用证或拖延付款的场合。它的特点是事先在合同中规定罚金的数额或罚金的百分率。现举例如下。

1. 卖方延期交货的罚金条款

Should the Sellers fail to deliver on time, the Buyers shall agree to postpone the delivery on the condition that the sellers agree to pay a penalty which shall be deducted by the paying bank from the payment under negotiation. But the Sellers shall pay to the Buyers an amount of penalty not exceeding 5% of the value of the goods involved in the late delivery. The penalty is charged at 0.5% of the value of the goods whose delivery has been delayed for every seven days, odd days less than seven days should be counted as seven days. In case the Sellers fail to make delivery ten weeks later than the time of shipment stipulated in the contract, the buyers shall have the right to cancel the contract and the Sellers still pay the aforesaid penalty to the Buyer.

如果卖方不能如期交货，则在卖方同意由付款行从议付货款中扣除罚金的条件下，买方可同意延期交货，但卖方必须向买方支付不超过延期交货部分金额5%的罚金。罚金按照每7天收取延期交货部分金额的0.5%，不足7天的按7天计算。如果卖方未按合同规定的装运期交货，则延期10周后，买方有权撤销合同，并要求卖方支付上述延期交货罚金。

2. 买方延期开立信用证的罚金条款

Should the Buyers for its own sake fail to open the Letter of Credit of time stipulated in the contract, the Buyers shall pay a penalty to the Sellers. The penalty shall be charged at the rate of ×% of the amount of the Letter of Credit, however, the penalty shall not exceed ×% of the total value of the Letter of Credit which the Buyers should have opened. Any fractional days less than × days shall be deemed to be × days for the calculation of penalty. The penalty shall be the sole compensation for the damage caused by such delay.

买方因自身原因不能按合同规定的时间开立信用证，应向卖方支付罚金。罚金按迟开证每×天收取信用证金额的×%，不足×天的按×天计算，但罚金不超过买方应开信用证金额的×%。该罚金仅作为因迟开信用证引起的损失赔偿。

第三节　不可抗力条款

进出口合同签订之后，买卖双方在履行合同期间，难免会遇到一些非当事人所能控制的重大事件，使继续履行合同成为不可能。对此，《公约》和各国法律规定可以免除未履行或未完全履行合同一方的责任，也就是所谓的免责。为了防止产生不必要的纠纷，维护当事人的权益，通常应在合同中订立不可抗力条款。

一、不可抗力的概念

不可抗力（force majeure）是指合同签订之后，不是由于当事人的过失或疏忽，发生了当事人不能预见、预防，又无法避免、控制的事件，导致合同不能履行或不能如期履行。由于不可抗力条款是一种免责条款，所以遭遇意外事件的一方可以免除履行合同的责任或推迟履行合同，另一方无权要求损害赔偿。

二、不可抗力的范围与认定

（一）不可抗力的范围

不可抗力的事件归其原因，不外乎有两大类：第1类是自然原因引起的，如地震、暴风雨、雪灾、旱灾、飓风等；第2类是社会原因引起的，如战争、罢工、政府禁运、贸易政策调整等。

（二）不可抗力的认定

在实际业务中，导致合同不能履行或不能按期履行的意外事件必须同时符合以下3个条件，才能被认定为不可抗力。

① 意外事件是在合同签订之后发生的。
② 不是由任何一方当事人的过失或疏忽造成的。
③ 意外事件是当事人无法预料、无法预防、无法避免和无法控制的。

同步案例 9-5

请分析以下事件哪些可以援引不可抗力条款，哪些不能，并阐述理由。

① 我方某家具厂与美国进口商签订合同出口家具一批，合同规定我方于2024年9月底交货装运，不料2024年9月18日一场大火将该家具厂焚毁。我方家具厂以不可抗力为由提出撤销合同。

② 我方某出口企业与巴拿马进口商签订出口塑料马甲袋 20×20 FCL，签订合同10天后，世界原油价格大幅度上升，导致生产材料上涨30%，该企业继续执行合同将会亏本。我方以不可抗力为由提出撤销合同。

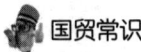
国贸常识

在实际业务中，不能错误地将所有自然原因和社会原因引起的影响贸易的事件都归因于不可抗力。尽管国际上对不可抗力的理解没有形成统一认识，但在开展进出口业务时，根据国际惯例，不可抗力一般由贸易双方在合同中通过协商达成一致。在制定不可抗力条款时，应事先确定不可抗力的范围，保证贸易的顺利进行。但是，合同签订之后，商品价格的涨跌、汇率的升跌等这些正常的贸易风险，都不属于不可抗力范畴。

三、不可抗力的处理

（一）不可抗力的通知与证明

不可抗力事件发生之后，无法履行合同的一方当事人应该按合同约定的通知期限和方式，将事件与证明文件及时通知对方，以取得免责权利；合同的另一方则在接到不可抗力通知与证明文件之后，无论同意与否，必须立即做出答复，否则被视为默认。一般来说，不可抗力证明文件在国外由当地的商会或法定公证机构出具，在我国由中国国际贸易促进委员会（China Council for the Promotion of International Trade，CCPIT）出具。

（二）不可抗力的处理

不可抗力事件发生后，对合同的处理主要有两种方式：一种是解除合同，当事人双方不再执行合同；另一种是变更原合同的条件和内容，包括替代履行、减少履行或延迟履行。在实际业务中如何处理，应该考虑不可抗力事件对履行合同的影响，也可以由双方在合同中加以规定。

第九章　国际贸易销售合同检验检疫、索赔、不可抗力和仲裁条款

一般的惯例是：如果不可抗力使合同的履行成为不可能，则解除合同；如果不可抗力只是暂时或部分阻碍了合同的履行，则可变更合同，尽量减少对方的损失。

四、合同中的不可抗力条款

（一）不可抗力条款的内容

进出口合同中的不可抗力条款主要包括以下内容：不可抗力的范围、对不可抗力的处理原则和方法、不可抗力发生后通知对方的期限和方法，以及出具证明文件的机构等。

买卖双方在洽谈交易时，应该对可能发生的具体不可抗力事件及对履行合同所产生的实际影响程度，是解除合同还是变更合同事先达成一致，并在合同中规定处理方法和原则。

（二）不可抗力条款的规定方法

进出口合同中不可抗力的条款主要有 3 种规定方法。

1．概括式

采用概括式订立进出口合同中不可抗力条款时，不具体列明不可抗力事件的种类，只是笼统地规定："由于公认的不可抗力原因，导致一方不能履行或不能完全履行合同时，该方可以提出免除责任要求，但必须在规定时间通知对方并提供相关证明文件。"这种方法由于使用了"公认"这个词语，很容易引起争议，所以在实际业务中较少使用。

2．列举式

采用列举式订立进出口合同中不可抗力条款时，将买卖双方所能预见到的具体不可抗力事件一一罗列。这种方法虽然具体，但是文字烦琐，而且容易出现遗漏，所以在订立合同时同样也较少使用。

3．综合式

针对上述两种方法的缺陷，在实际业务中往往采取综合式来订立进出口合同中的不可抗力条款。在列明经常可能发生的不可抗力事件（如地震、洪水、战争、暴风雨等）的同时，再加上"其他不可抗力事件"的文字。这种规定方法既明确具体，又有一定的灵活性，在我国进出口合同中被广泛使用。现举例如下。

If the shipment of contracted goods is prevented or delayed in whole or in partly by reason of war, fire, flood, storm, heavy snow, earthquake or other cause of Force Majeure, the Sellers shall not be liable for non-shipment or late shipment of the goods of this contract. However, the Sellers shall notify the Buyers by cable and furnish the letter within × days by registered airmail with a certificate issued by the China Council for the Promotion of International Trade attesting such event or events.

如果由于战争、火灾、水灾、暴风雨、雪灾或其他不可抗力的原因，导致卖方不能全部或部分装运，或者延迟装运合同货物，则卖方对于不能装运或延迟装运本合同货物不负责任。但卖方必须用电报或电传方式通知买方，同时必须在×天内以航空挂号信件向买方提交由中国国际贸易促进委员会出具的证明书。

第四节　仲裁条款

在实际进出口业务中，大多数交易可以顺利完成，但是也有部分交易在合同履行过程中，

当事人中的一方或双方会提出争议。在国际贸易实际业务中，经常使用协商、调解、仲裁、诉讼4种渠道，公正、公平、合理地解决争议，妥善处理贸易纠纷。

一、国际贸易解决争议的方法

（一）协商

协商（negotiation）是指争议发生之后，当事人双方直接以口头或书面形式磋商，各自阐述理由，寻找解决纠纷的方案。在协商过程中，公司的实力、背景等因素影响着当事人在协商中的话语权。只要双方当事人本着心平气和的态度来协商，大部分的争议在此阶段能够得到解决。一旦任何一方当事人不愿意或拒绝合作，则解决争议的方法升级，可以分别采用调解、仲裁、诉讼方式。

（二）调解

调解（conciliation）是指双方当事人自愿将争议提交第三方，让其协助澄清事实，促使双方达成和解。如果调解成功，则双方一般会签订和解书或和解协议，其对双方当事人均具有约束力。第三方调解员既可以由当事人双方自行指定，也可以由调解机构指定，但是第三方调解员没有做出裁决的权力。

同样，一旦任何一方当事人不愿意或拒绝合作，则解决争议的方法再次升级，可以选择仲裁、诉讼方式。

（三）仲裁

仲裁（arbitration）是指双方当事人自愿将争议提交双方预先同意的仲裁机构审理和裁决。由于仲裁具有解决争议迅速、费用较少、保密性较好、裁决具有强制执行力等优点，所以在国际贸易中被广泛使用。

（四）诉讼

诉讼（litigation）是指由司法部门按法律程序来解决双方的贸易争议。但是由于司法审判时间漫长（一般采用二审制，有一些国家或地区甚至采用三审制）、程序复杂、诉讼费用较高，不利于双方当事人开展未来业务，所以在国际贸易中较少使用。

二、仲裁

（一）仲裁的含义

仲裁是指买卖双方在签订合同时达成协议，自愿将有关争议提交双方所同意的仲裁机构进行裁决。仲裁机构所做出的裁决是终局的，对双方都有约束力，双方必须遵照执行。

（二）仲裁的特点

① 仲裁的选择以双方自愿为基础。在签订进出口合同时，交易双方选择以仲裁方式解决争议，必然排除了通过司法诉讼解决争议。

② 仲裁方式解决争议灵活简单。仲裁机构是民间组织，双方当事人可以自愿选择仲裁员。仲裁员一般都是熟悉国际贸易业务的专家学者或知名人士，较为专业，而且仲裁庭审理案件较为迅速，费用较低廉。

③ 仲裁不公开审理案件。这对于贸易双方的业务保密性较好，而且有可能使贸易双方继续

第九章　国际贸易销售合同检验检疫、索赔、不可抗力和仲裁条款

发展业务关系。而法院审理案件必须公开开庭，任何符合条件的人士均可以旁听。

④ 仲裁的裁决是终局的。仲裁裁决对诉讼双方均有约束力，败诉方不得上诉，必须按裁决执行，否则胜诉方可以要求法院强制执行。

（三）仲裁协议的形式和作用

根据《中华人民共和国仲裁法》的规定，当事人采用仲裁方式解决争议的，应当双方自愿达成仲裁协议。如果没有仲裁协议，则任何一方申请仲裁的，仲裁机构将不予受理。

1. 仲裁协议的形式

① 合同中的仲裁条款。买卖双方在签订合同时，应一致同意对可能发生的争议所采取仲裁的意愿在合同中清楚表示。

② 仲裁协议

这是指双方当事人在合同之外订立的同意将争议提交仲裁解决的协议。仲裁协议既可以采用协议书形式，也可以采用来往函电、电报和电传等书面形式。仲裁协议的签订时间既可以是发生争议之前，也可以是发生争议之后。

2. 仲裁协议的作用

① 表明当事人双方在发生争议时自愿将争议提交仲裁机构裁决。

② 确立仲裁机构对案件的管辖权。

③ 排除了法院对案件的管辖权。

（四）仲裁机构

我国常设的涉外商事仲裁机构是隶属于中国国际贸易促进委员会的中国国际经济贸易仲裁委员会，总会设在北京，在深圳和上海设有分会。

世界上很多国家、地区和一些国际组织都设有专门进行国际商事的常设机构，如美国仲裁协会、日本国际商事仲裁协会、英国伦敦国际仲裁院、瑞典斯德哥尔摩仲裁院、香港国际仲裁中心、瑞士苏黎世商会仲裁院及设在巴黎的国际商会仲裁院等。这些国际仲裁机构与中国国际经济贸易仲裁委员会有业务联系，在仲裁业务中可以进行合作。

同步案例 9-6

我方某出口企业与美国进口商 A 公司签订了一份 50 万美元的合同，由于金额较大，双方在选择仲裁地与仲裁机构时争执不下。我方提出仲裁地选择中国，指定中国国际经济贸易仲裁委员会为仲裁机构，而进口商 A 公司则提出在美国，由美国仲裁协会为仲裁机构。最后双方妥协确定仲裁地为中国香港，由香港国际仲裁中心承担争议的仲裁。试问：双方为什么各自选择本国与本国的仲裁机构？最后为什么确定为中国香港及其仲裁机构？

（五）国际贸易合同中的仲裁条款

国际贸易合同中的仲裁条款应该包括以下几个方面。

1. 仲裁地点的规定

正确选择仲裁地点对得到有利的仲裁结果是非常重要的，因为选择不同的仲裁地点与机构，所适用的仲裁规则是不同的，对当事人的权利、义务的解释也会有所不同。另外，语言的差异也会影响当事人意思的正确表述与仲裁员的理解。在签订合同时必须力争在本国进行仲裁，以取得对自己最有利的结果。

2. 仲裁机构的选择

仲裁机构一般有两种：一种是常设仲裁机构；另一种是由双方当事人共同指定仲裁员组成临时仲裁庭。由于仲裁机构众多，所以贸易双方应在合同条款中明确订立具体选择哪一家仲裁机构处理争议案例。

3. 仲裁规则

按照国际通行惯例，原则上采用所选择仲裁地点的仲裁规则，但也允许双方当事人选择仲裁地点以外的其他国家（或地区）仲裁机构的规则进行仲裁。

4. 仲裁裁决的效力

国际上大多数国家都认定仲裁裁决的效力是终局的，具有约束力的裁决一经做出，对双方当事人都具有法律效力，必须按裁决执行；任何一方不得再向法院起诉要求变更，即使有一方上诉，法院也只是审查裁决在法律手续上是否存在问题，而不涉及裁决本身。

5. 仲裁费用的负担

在仲裁条款中必须明确仲裁费用由哪方负担——通常由败诉方承担，但也有的规定由仲裁庭酌情决定。仲裁费用一般按争议价值的 0.1%～1%收取，与司法诉讼费用比较，仲裁费用比较低廉。

6. 合同中的仲裁条款示例

（1）规定在我国仲裁的仲裁条款

Any dispute arising from or in connection with this Contract shall be submitted to China International Economic and Trade Arbitration Commission for arbitration which shall be conducted in accordance with the commission's arbitration rules in effect at the time of applying for arbitration. The arbitral award is final and binding upon both parties.

凡因本合同引起的或与本合同有关的任何争议，均应提交中国国际经济贸易仲裁委员会，按照申请仲裁时该会现行有效的仲裁规则进行仲裁。仲裁裁决是终局的，对双方均有约束力。

（2）规定在被申请一方所在国仲裁的仲裁条款

All disputes arising out of the performance of, or relating to this contract, shall be settled amicably through negotiation. In case no settlement can be reached through negotiation, the case shall then be submitted for arbitration.The location of arbitration shall be in the country of the domicile of the defendant. If in China, the arbitration shall be conducted by the China International Economic and Trade Arbitration Commission, Beijing in accordance with its rules of arbitration. If in ××, the arbitration shall be conducted by ×× in accordance with its rules of arbitration. The arbitral award is final and binding upon both parties.

凡因执行本合同所发生的或与本合同有关的一切争议，双方应通过友好协商解决。如果协商不能解决，则应提交仲裁。仲裁在被申请一方所在国进行。如果在中国，则由中国国际经济贸易仲裁委员会根据该会仲裁规则进行仲裁；如果在××国（被申请所在国家），则由××国××地××仲裁机构根据该机构仲裁规则进行仲裁。仲裁裁决是终局的，对双方都有约束力。

（3）在第三国仲裁的仲裁条款

All disputes arising out of the performance of, or relating to this contract, shall be settled amicably through negotiation. In case no settlement can be reached through negotiation, the case shall then be submitted to...arbitration, in accordance with its rules of arbitration. The arbitral award is final and binding upon both parties.

第九章　国际贸易销售合同检验检疫、索赔、不可抗力和仲裁条款

凡因执行本合同所发生的或与本合同有关的一切争议，双方应通过友好协商解决。如果协商不能解决，则应在××国××地××仲裁机构根据该仲裁机构的仲裁规则进行仲裁。仲裁裁决是终局的，对双方都有约束力。

实训练习

实训目的

1. 掌握检验检疫、索赔理赔的基本概念。
2. 掌握不可抗力、仲裁的基本概念。
3. 熟悉进出口合同中的检验检疫条款、索赔条款、不可抗力条款和仲裁条款。

实训内容

一、名词解释

进出口商品检验检疫　　索赔　　不可抗力　　仲裁

二、填空题

1. 我国检验检疫机构一般分为_____、_____和_____三大类型，其中_____是官方检验检疫机构。
2. 我国检验检疫机构的基本任务是_____、_____和_____。
3. 原产地证书（certificate of origin）是证明出口商品原生产地的证书，通常包括_____、_____和_____。
4. 国际贸易中有关检验检疫的时间和地点的规定有_____、_____、_____。
5. 《公约》将违约分为_____和_____。
6. 进出口合同中不可抗力的条款主要有3种规定方法：_____、_____、_____。
7. 在国际贸易实际业务中经常使用_____、_____、_____、_____4种渠道，公正、公平、合理地解决争议，妥善处理贸易纠纷。

三、单项选择题

1. 我国进出口商品的官方检验检疫机构是（　　）。
    A. 中国进出口商品检验总公司及分公司
    B. 海关总署下辖有关机构
    C. 瑞士日内瓦通用鉴定公司
    D. 中华人民共和国商务部

在线测试

2. （　　）属于法定商检范围。
    A. 拖鞋　　　B. 包装机械　　　C. 塑料马甲袋　　　D. 酱油
3. （　　）属于民间或社团检验检疫机构。
    A. 美国粮谷检验署　　　　　　B. 英国劳氏公证行
    C. 法国国家实验室检测中心　　D. 日本通商产业检查所

4. (　　) 证明冻畜肉、冻禽、禽畜肉罐头、冻兔、皮张、毛类、绒类、猪鬃、肠衣等出口动物产品经过检疫合格。
    A. 品质检验证书　　　　　　　　B. 卫生检验证书
    C. 兽医检验证书　　　　　　　　D. 消毒检验证书
5. (　　) 是证明出口商品原生产地的证书。
    A. 品质检验证书　　　　　　　　B. 残损检验证书
    C. 价值证明书　　　　　　　　　D. 原产地证书
6. 在进出口业务中，关于检验检疫的时间和地点对买卖双方最公平的是 (　　)。
    A. 在出口国检验检疫　　　　　　B. 在进口国检验检疫
    C. 在出口国检验检疫，在进口国复验　D. 不进行检验
7. 根据 (　　)，将违约分为根本性违约和非根本性违约。
    A. 英国法律　　　　　　　　　　B. 美国法律
    C.《公约》　　　　　　　　　　D.《民法典》
8.《公约》规定索赔期限为买方实际收到货物之后的 (　　) 内。
    A. 一年　　　B. 两年　　　C. 三年　　　D. 半年
9. (　　) 不属于不可抗力中的自然原因。
    A. 地震　　　B. 罢工　　　C. 暴风雨　　　D. 雪灾
10. (　　) 不属于不可抗力。
    A. 战争　　　B. 政府禁运　　　C. 贸易政策调整　　　D. 汇率变动
11. 在我国，不可抗力证明文件由 (　　) 出具。
    A. 人民法院　　　　　　　　　　B. 气象局
    C. 中国国际贸易促进委员会　　　D. 仲裁庭
12. 在进出口业务中，较常采用的不可抗力事故范围的规定方法是 (　　)。
    A. 概括式　　　B. 列举式　　　C. 综合式　　　D. 分列式
13. 在进出口业务中，大部分的争议在 (　　) 阶段能够得到解决。
    A. 协商　　　B. 调解　　　C. 仲裁　　　D. 诉讼
14. 在进出口业务中，如果发生争议，双方意见无法达成一致，则往往会选择 (　　)。
    A. 协商　　　B. 调解　　　C. 仲裁　　　D. 诉讼
15. 由于 (　　) 具有解决争议迅速、费用较少、保密性较好、裁决具有强制执行力等优点，所以在国际贸易中被广泛使用。
    A. 协商　　　B. 调解　　　C. 仲裁　　　D. 诉讼
16. 我国常设的涉外商事仲裁机构是 (　　)，总会设在北京，并在深圳和上海设立有分会。
    A. 国际商会　　　　　　　　　　B. 人民法院涉外庭
    C. 中国国际经济贸易仲裁委员会　D. 海关总署
17. 在订立进出口合同时，我们应该尽量力争在 (　　) 仲裁。
    A. 第三国　　　B. 我国　　　C. 贸易对方国　　　D. 联合国
18. "离岸重量、到岸品质" 是指 (　　)。
    A. 装运港检测重量与品质
    B. 目的港检测重量与品质
    C. 装运港、目的港同时检测重量与品质
    D. 装运港检测重量，目的港检测品质

第九章　国际贸易销售合同检验检疫、索赔、不可抗力和仲裁条款

19. 关于仲裁，叙述不正确的是（　　）。
    A. 仲裁机构所做出的裁决是终局的，对双方都有约束力，双方必须遵照执行
    B. 仲裁的选择以双方自愿为基础。在签订进出口合同时，交易双方选择以仲裁方式解决争议，必然排除了司法诉讼解决争议
    C. 仲裁不公开审理案件。这对于贸易双方的业务保密性较好，而且有可能使双方继续发展业务关系
    D. 在裁决中败诉的一方不执行裁决的，仲裁机构可以强制执行

20. 我方某企业与美国 A 公司签订服装出口合同，在合同规定装运期前 10 天，工厂发生火灾，仓库、生产车间均被焚毁。出口企业应如何应对？（　　）
    A. 不可以撤销合同。
    B. 援引不可抗力条款，出具证明，申请撤销合同。
    C. 援引不可抗力条款，撤销合同，但要给 A 公司补偿。
    D. 邀请 A 公司派人实地考察。

四、多项选择题

1. 根据《中华人民共和国进出口商品检验法》的规定，商检机构在进出口商品检验方面的基本任务是（　　）。
    A. 法定检验　　B. 鉴定业务　　C. 监督管理　　D. 商品核对

2. （　　）属于官方检验检疫机构。
    A. 瑞士日内瓦通用鉴定公司　　B. 美国保险人实验室
    C. 美国食品药物管理局　　D. 法国国家实验室检测中心

3. 在国际贸易实际业务中经常使用（　　）渠道，公正、公平、合理地解决争议，妥善处理贸易纠纷。
    A. 协商　　B. 调解　　C. 仲裁　　D. 诉讼

4. 在国际贸易中经常可能发生的索赔环节是（　　）。
    A. 买卖双方的贸易索赔　　B. 托运人和承运人之间的运输索赔
    C. 投保人和承保人之间的保险索赔　　D. 消费者索赔

5. 仲裁的特点是（　　）。
    A. 仲裁的选择以双方自愿为基础　　B. 仲裁方式解决争议灵活简单
    C. 仲裁不公开审理案件　　D. 仲裁的裁决是终局的

6. （　　）是进口国海关核定货物来源征收进口关税的凭证。
    A. 价值证明书　　B. 原产地证书　　C. 熏蒸证书　　D. 残损检验证书

7. 我方 A 公司与法国 B 公司签订进出口合同，仲裁条款规定在被诉人海关管辖区仲裁。在履约过程中产生争议，法国公司提出仲裁，则该案件可在（　　）进行仲裁。
    A. 巴黎　　B. 香港　　C. 北京　　D. 深圳
    E. 上海

8. 检验检疫证书的作用是（　　）。
    A. 买卖双方交接货物、货款结算的依据
    B. 索赔与理赔的凭证与依据
    C. 进口国（地区）海关实行差别关税的依据
    D. 合同成立的依据

9. （　　　　　）属于不可抗力事件。
   A. 地震、暴风雨　　　　　　　　B. 雪灾、原材料价格上升
   C. 旱灾、飓风　　　　　　　　　D. 战争、罢工
   E. 政府禁运、贸易政策调整　　　F. 汇率变动
10. 仲裁与诉讼的区别是（　　　　　）。
    A. 仲裁的手续较为简单，而诉讼的手续较为复杂
    B. 仲裁以争议双方当事人自愿为基础
    C. 仲裁对双方的关系影响较小，而诉讼对双方的关系影响较大
    D. 仲裁的费用较低，而诉讼的费用较高
11. 在对外索赔和理赔工作中，（　　　　　）环节是很重要的。
    A. 保护好受损货物　　　　　　　B. 检验机构出具的检验证明
    C. 收集好索赔的依据　　　　　　D. 掌握好索赔的期限
12. 在实际业务中，符合（　　　　　）条件，意外事件才能被认定为不可抗力。
    A. 意外事件是在合同签订之后发生的
    B. 不是由任何一方当事人的过失或疏忽造成的
    C. 意外事件是当事人无法预料、无法预防、无法避免和无法控制的
    D. 意外事件是当事人有意造成的
13. （　　　　　）反映商品的品质。
    A. 品质检验证书　　　　　　　　B. 重量或数量检验证书
    C. 包装检验证书　　　　　　　　D. 卫生检验证书
14. 进出口合同中不可抗力的条款主要有（　　　　　）几种规定方法。
    A. 概括式　　B. 列举式　　C. 综合式　　D. 分列式
15. 原产地证书是证明出口商品原生产地的证书，通常包括（　　　　　）。
    A. 一般原产地证书　　　　　　　C. 特别产地证
    B. 普惠制原产地证书　　　　　　D. 野生动植物产地证

五、判断题

1. 《公约》明确规定凡是货物不符合合同的情形于风险转移到买方的时候就已存在的，应由卖方负责，而且还明确规定了买方对货物有检验的权利。（　　）
2. 在检验货物时，如果货物不符合合同规定，并且在属于卖方责任的情况下，则买方有权要求换货并进行损害赔偿，但不得拒收货物。（　　）
3. 海关总署属于我国的官方检验机构。（　　）
4. 瑞士日内瓦通用鉴定公司是瑞士的官方检验机构。（　　）
5. 我国所有出口货物都必须经过法定商检。（　　）
6. 检验检疫类别中的 M 表示进口商品检验，N 表示出口商品检验，P 表示进境动植物、动植物产品检疫，Q 表示出境动植物、动植物产品检疫。（　　）
7. 卫生检验证书证明冻畜肉、冻禽、禽畜肉罐头、冻兔、皮张、毛类、绒类、猪鬃、肠衣等出口动物产品经过检疫合格。（　　）
8. 在出口国检验检疫、在进口国复验，这种做法对买卖双方都有好处，比较公平合理，在进出口贸易中被广泛使用。（　　）
9. 《公约》将违约分为根本性违约和非根本性违约：一方行为属于根本性违约的，另一方

第九章 国际贸易销售合同检验检疫、索赔、不可抗力和仲裁条款

有权要求宣布合同无效,并要求损害赔偿;一方行为属于非根本性违约的,另一方只能要求损害赔偿,不能宣告合同无效。（　）

10. 罚金条款一般是针对卖方交货品质、数量及包装不符合合同规定而订立的。（　）

11. 索赔期限有约定和法定两种:约定索赔期限的长短应视货物的性质、运输时间、检验时间等因素而定;在合同中没约定索赔期限时,则参照相应的法定索赔期限。（　）

12. 不可抗力的事件归其原因,不外乎有两大类:第1类是自然原因引起的,如地震、暴风雨、雪灾、旱灾、飓风等;第2类是社会原因引起的,如战争、罢工、政府禁运、贸易政策调整等。（　）

13. 在实际业务中,可以将所有自然原因和社会原因引起的影响贸易的事件,都归因为不可抗力。（　）

14. 仲裁的败诉方可以上诉,要求法院撤销仲裁裁决,由法院重新审理。（　）

15. 仲裁费用全部由败诉方承担,仲裁费用一般按争议价值的0.1%～1%收取。与司法诉讼费用比较,仲裁费用比较低廉。（　）

16. 在国际贸易实际业务中发生争议时,经常无须协商、调解,可直接进入仲裁、司法阶段,公正、公平、合理地解决争议,妥善处理贸易纠纷。（　）

17. 选择不同的仲裁地点与机构,所适用的仲裁规则是不同的,对当事人的权利、义务的解释也是会有所不同的。另外,语言的差异也会影响当事人意思的正确表述与仲裁员的理解。（　）

18. 英国法律将违约分为违反要件和违反担保两种。（　）

19. 仲裁协议既可以采用协议书形式,也可以采用来往函电、电报和电传等书面形式。仲裁协议的签订时间既可以是发生争议之前,也可以是发生争议之后。（　）

20. 采用列举式订立进出口合同中不可抗力条款时,应将买卖双方所能预见到的具体不可抗力事件一一罗列,买卖双方一目了然、分清职责,便于执行合同,在进出口合同中广泛使用。（　）

六、操作题

1. 根据以下资料,订立出口合同中的检验检疫条款(以装运港检验证书为议付货款的依据,货到目的港后买方有权复验)。

买卖双方同意以装运港(地)海关总署签发的品质和重量检验证书为信用证项下议付所提交的单据之一,买方有权对货物的品质和重量进行复验,复验费由买方负担。如果发现货物品质和重量与合同规定不符,则买方有权向卖方索赔,并提供经卖方同意的公证机构出具的检验报告。索赔期限为货物到达目的港(地)后××天内。

2. 根据以下资料,订立出口合同中的不可抗力条款。

如果由于战争、火灾、水灾、暴风雨、雪灾或其他不可抗力的原因,导致卖方不能全部或部分装运,或者延迟装运合同货物,则卖方对于不能装运或延迟装运本合同货物不负责任。但卖方必须用电报或电传方式通知买方,同时必须在××天内以航空挂号信件向买方提交由中国国际贸易促进委员会出具的证明书。

七、案例分析

1. 我方某企业与日本A公司签订出口稀土的外销合同,后来我国调整了外贸政策,对稀土实施配额和许可证制度实施管制出口。我方不能取得出口许可证与配额,无法向日本A公司出口稀土。请问:作为业务员应如何处理此事?

2. A公司与B公司签订了进出口合同，合同中的仲裁条款规定："双方同意以仲裁方式解决在执行本合同时所发生的一切争议，仲裁在被诉人所在国进行。仲裁裁决是终局的，对双方均具有约束力。"在履行合同过程中，B公司认为A公司所交付货物的品质与合同严重不符，随后向A公司所在国仲裁机构提请仲裁。经仲裁庭调查审理，判定A公司败诉。A公司不服判决，向当地法院提出撤销仲裁裁决，请求法院审理本案件。请问：该法院是否会受理该案件？为什么？

第十章
国际贸易销售合同履行

学习目标

- 掌握出口合同履行的基本程序。
- 掌握进口合同履行的基本程序。
- 增强学生对我国外贸事业的信心、责任感与使命感。
- 养成诚信经营、精益求精的优良品质。

导入案例

出口合同规定,某商品数量1 200万米,7月至12月每月各装运200万米,不可撤销即期议付信用证付款,装运月份开始前15天买方负责将信用证开至卖方。买方按约如期于6月15日将信用证开给卖方,经审查,信用证总量与总额及其他条款均与合同规定一致,但装运条款仅规定"允许分批"和最后装运日期为12月31日。由于出口企业备有库存现货,所以为争取早出口、早收汇,遂先后于7月20日和10月5日将货物分两批各600万米装运出口。由于提交的单据符合信用证条款规定,付款行及时履行了付款义务。但事后不久,收到国外进口人电传,声称我出口企业违反了合同,提出索赔。对此,你认为应如何处理?

第一节 出口合同的履行

出口合同的履行

出口合同的履行是指在国际贸易中,卖方按照合同的规定履行备货、报检、报关、装运、投保等一系列义务,以及收取货款的整个过程。

我国的出口合同目前大多采用 EXW、FOB、CFR 或 CIF 贸易术语。随着跨境电商的普及,且跨境电商产品发布时全部使用 FOB 贸易术语,FOB 贸易术语在我国出口业务中的使用频率越来越高。

以信用证与银行电汇收取货款是目前我国出口收汇的主要方式。履行出口合同的程序,一般包括催证、审证、改证、备货、租船订舱、报验、报关、投保、装船和制单结汇等工作环节。在这些工作环节中，证（催证、审证、改证）、货（备货）、船（租船订舱）、款（制单结汇）4个环节最为重要。

一、催证、审证、改证

在采用信用证支付方式时，出口合同如期履行的关键是买方能否及时、正确地开出信用证，这也是卖方及时收回货款的基本保证。出口人为了维护自己的权益，必须做好对信用证的管理和使用，包括催证、审证和改证。

（一）催证

在按信用证付款条件成交时，买方按约定时间开证是卖方履行合同的前提条件，尤其是大宗交易或按买方要求而特制的商品交易，买方及时开证更为必要；否则，卖方无法安排生产和组织货源。在实际业务中，由于种种原因买方不能按时开证的情况时有发生，因此，我们应结合备货情况做好催证工作，及时提请对方按约定时间办理开证手续，以利于合同的履行。

（二）审证

信用证是依据合同开立的，信用证的内容应该与合同条款一致。但在实践中，由于种种因素，如工作的疏忽、电文传递的错误、贸易习惯的不同、市场行情的变化、买家的擅自改变等，往往会出现开立的信用证条款与合同规定不符的情况。为确保收汇安全和合同顺利执行，应该依据合同对信用证进行认真的审核。

在实际业务中，通常是由银行和贸易企业共同承担审证任务。其中，银行着重审核信用证的真实性和开证行的政治背景、资信能力、付款责任和索汇路线等方面的内容；贸易企业则着重审核信用证内容与合同是否一致。具体来说，审证的项目主要集中在对信用证真伪的审查，对开证行的审查，对信用证性质、种类及开证行责任的审查，对开证人、受益人的审查，对信用证内容表述的审查，对信用证货币和金额的审查，对信用证要求的单据的审查，对装运期、有效期、到达地点的审查等。

📖 同步案例 10-1

我方A公司在2024年11月与阿联酋迪拜B公司签订了一份出口合同，货物为1×20集装箱一次性打火机。不久，B公司开来一份不可撤销即期信用证，来证规定装船期限为2024年1月31日，要求提供全套正本清洁已装船海运提单。由于装船期太紧，所以A公司便要求B公司展期，装船期限改为2024年3月31日。B公司接受了A公司的要求，修改了信用证。收到信用证并经全面审查后未发现问题。A公司在3月30日办理了货物装船，4月13日向议付行交单议付。

4月27日，A公司收到议付行转来的开证行的拒付通知："你第××××号信用证项下的单据经我行审查，发现如下不符点：提单上缺少'已装船'批注。以上不符点已经与申请人联系，申请人亦不同意接受。单据暂代保管，听候你方的处理意见。"

A公司的有关人员立即复查了提单，同时与议付行一起翻阅与研究了《跟单信用证统一惯例》的有关规定，证实了开证行的拒付是合理的。A公司立即电洽申请人，说明提单缺少"已装船"批注是我方业务人员的疏忽所致，货物确实是被如期装船的，而且货物将在5月3日左右如期到达目的港，我方同意B公司在收到目的港船代的提货通知书后再向开证行付款赎单。B公司回复由于当地市场上一次性打火机的售价大幅下降，所以只有在我方降价30%后方可向开证行赎单。我方考虑到自己理亏在先，同时通过国内同行与其他客户又了解到，进口国当地市场价格确实已大幅下降，我方处于十分被动地位，只好同意降价 30%，了结此案。试问：从中我们应该吸取什么教训？

（三）改证

在审证过程中，如果发现信用证内容与合同规定不符，则应按问题的性质分别与有关部门研究，做出妥善的处理。一般情况下，如果发现卖方不能接受的条款，则应及时要求开证申请人尽快修改。在同一份信用证上如果有多处需要修改的，则应当一次提出。对信用证中可改可不改的，或者经过适当努力可以办到且并不造成损失的，可酌情处理。对通知行转来的修改通知书内容，如经审核不能接受时，应及时表示拒绝。根据《跟单信用证统一惯例》第 10 条第 e 款的规定："不允许部分接受修改，部分接受修改将被视为拒绝接受修改的通知。"也就是说，如一份信用证修改通知书中包括多项内容，受益人只能全部接受或全部拒绝，不能只接受其中的一部分，而拒绝另一部分。

国贸常识

信用证金额一般同时用大写和小写两种方式来表达，某些信用证中小写金额的写法可能与国内习惯写法不同，信用证中小写金额的小数点与数字间的分隔符号正好与我们的习惯相反。例如，我们的小写为 58,193.46，但有些信用证的小写写法为 58.193,46。在实际工作中，尽管这种情况时有发生，但很少出现金额方面的争执。因此，只要大写金额正确、清楚，即使小写金额写法不同，在征得议付行同意后，也是可以接受的，不必要求进口方修改信用证。

此外，信用证上难免会出现一些字母、单词的拼写错误。有些有拼写错误的信用证是不用修改的。例如，具有以下特点的拼写错误：出现在无关紧要的位置；不会影响信用证各有关当事人对重要信息的正确理解；信用证各当事人不会因为拼写错误而对信用证内容做出各自不同的解释。在制作单据时，可以对信用证的拼写错误做一点技术处理，或者不理会拼写错误，按信用证原文照搬制作单据。

国贸常识

在绝大部分国贸实务教材中，强调备货在先，催证、审证、改证环节在后。随着国际贸易形势的变化及出口企业的实际情况，在实际出口业务流程中，往往一线业务人员是等待进口人开立信用证之后，才着手生产备货。其中的理由是：某些买家的信誉并不是我们所认为的那么好，或者某些国家属于外汇管制国家，即使客户有心购买，但是进口国有关部门不批准外汇，也是无法开出信用证的，或者某些国家对于某些货物实行许可证管理制度，进口方无法申请到进口许可证件；有些出口商品属于客户专门订购，规格、性能与国内的规定相差甚远，甚至在国内无法使用，如我国的电器规格是 220 V，而日本等国家的电器规格是 110 V，显然是不能转内销的或销往其他国家的；如果可以转卖其他客户或在国内销售，则会积压资金，造成损失。基于以上理由，在实际业务中等进口人开出信用证之后再抓紧备货才是明智之举。

二、备货与报验

（一）备货

为了保证按时、按质、按量交付约定的货物，在订立合同之后，卖方必须及时落实货源，备妥应交的货物,并做好出口货物的报验工作。在备货过程中,要特别注意以下问题。

1. 备货时间

为了保证按时交货,应根据合同和信用证对装运期的规定并结合船期安排做好供货工作,使船货衔接好,以防止出现船等货的情况。

2. 货物的数量与品质

所备货物的数量、品质和规格要与合同中的规定相符,贯彻诚信原则,做到既不偏低,也偏高,绝对不能以次充好。此外,货物还应符合进口国法律、法规所要求的品质标准。世界各国对许多商品都规定了严格的品质标准和技术标准,这些强制性要求即使合同未做规定,卖方也必须保证货物达到标准。

3. 货物包装

在备货时,除注意按合同选择包装材料和使用包装方式之外,还要注意对包装尺寸的要求,选择的包装要便于搬运、装卸、堆放、运输和理货,对于危险货物的包装还应防止危害性的扩散。另外,要认真刷制运输标志,贴放好必要的条形码。在刷制运输标志时,一定要注意清楚、醒目,涂料不易脱落,文字大小适当。

4. 货物所有权担保

《公约》第41条规定:"卖方所交付的货物,必须是第三方不能提出任何权利或要求的货物,除非买方同意在这种权利或要求的条件下收取货物。"也就是说,任何第三方不能根据物权、工业产权或其他知识产权主张任何权利或要求。

(二)报验

① 凡属国家规定法定检验的货物,出口货物备齐后,应根据《中华人民共和国进出品商品检验法》及信用证的有关规定,向所在地检验检疫局申请报验。出口企业申请报验时,应填写出境货物报检单,向商检机构办理申请报验手续,并提供外贸合同、箱单、发票、正本信用证的复印件,必要时提供原件。

② 所在地检验检疫局受理出口企业报验,经过检验检疫合格,向出口企业以书面方式提供报检单号、转单号及密码。出口企业凭报检单号、转单号及密码等到出境口岸检验检疫机构申请出境货物通关单,海关凭出境地检验检疫机构的出境货物通关单放行。

③ 根据合同或信用证的要求,商检机构根据检验检疫结果出具品质、数量、重量、原产地等相关证书。

三、货运、报关和投保

(一)办理货物托运

在 FOB 贸易术语下,出口人必须根据进口人的装运须知,联系进口人指定的货代,办理货物托运事宜;在 CFR 或 CIF 贸易术语下,办理货物托运是卖方合同规定的基本义务,也是顺利收回货款的前提环节。出口人在办理货物托运时要注意以下几个方面。

1. 选择合适的货代(适用 CFR 和 CIF 贸易术语)

随着技术的进步与社会分工的细化,货主越来越少地直接与运输工具承运人开展业务,而是由专业化较强的货代为其提供"门到门"(door to door)的运输一体化的中介服务。货代服务水平不仅关系到货物的安全运送,也影响买卖双方的长期贸易合作。

2．托运订舱（适用 FOB、CFR 和 CIF 贸易术语）

托运人编制出口托运单（booking note）后，即可向货代办理委托订舱手续。货代根据货主的具体运输要求选择最佳装载船舶，及时向船公司或其代理订舱。货主也可直接向船公司或其代理订舱。当船公司或其代理签出装货单后，即完成订舱工作。

3．装船（适用 FOB、CFR 和 CIF 贸易术语）

在装船前，理货员代表船方按照积载图和舱单分批接货装船。在装船过程中，托运人委托的货代应有人在现场监装，随时掌握装船进度并处理临时发生的问题。装货完毕，理货员要与船方大副共同签署收货单（mate's receipt），交与托运人。

4．取得海运提单（B/L）

装船完毕，托运人除向收货人发出装船通知外（FOB 与 CFR 尤其重要），即可凭收货单向船公司或其代理换取已装船提单，出口国国内运输工作即告一段落。

（二）报关

出口报关是指按照《中华人民共和国海关法》（以下简称《海关法》）的规定，凡我国出口的商品，都应该向海关申报，如需查验，须经查验后放行，才能出境。这是我国海关对出口商品依法进行的监管。海关查验货物，一般应在海关规定的时间和监管场所进行。

1．申报时限和申报地点

出口货物在出境时，发货人应在运输工具装货的 24 小时前向海关申报出口货物。根据规定，一般进出口货物项下的出口货物应由发货人在货物的出境地向海关申报。

2．报关所需单证

《海关法》规定："办理进出口货物的海关申报手续，应当采用纸质报关单和电子数据报关单的形式。"这一规定确定了电子报关的法律地位，使电子数据报关单与纸质报关单具有同等的法律效力。在一般情况下，进出口货物收发货人或其代理人应当采用纸质报关单形式和电子数据报关单形式向海关申报，即进出口货物收发货人或其代理人先向海关计算机系统发送电子数据报关单，接收到海关计算机系统返回的表示接受申报的信息后，凭以打印向海关提交纸质报关单，并准备必需的单证。所需的单证一般有：合同、发票、装箱单、提货单、出口许可证等。

（三）投保

CIF 出口合同要求卖方办理货物保险。我国出口货物的投保，一般采取预约投保和逐笔投保方式。预约投保是指一些出口规模比较大的企业可以与保险公司签订预约保险单，只要货物装上保险单载明的运输工具，或者被承运人接受、签发了运单，保险公司就自动承担了被保险人的货物风险责任。但这并不意味着可以不办投保手续，出口人仍需要向保险公司逐笔办理投保，只不过投保时限要求没有那么严格，可以节省时间与费用。逐笔投保时，出口人首先向保险公司索取空白投保单，按合同或信用证的规定，如实填写货运投保单内容，列明投保人（被保险人）的名称，被保险的货物名称、数量、包装及标志，保险金额，起讫地点，运输工具名称，起讫日期，投保险别等，送交保险公司投保。保险公司根据投保人（被保险人）的投保申请，考虑接受承保，签发保险单。

同步案例 10-2

我方某出口公司向南亚某国以 CFR 价出口商品一批。国外开来信用证，虽列明 CFR，但要求我方提供保险单且投保水渍险（WPA）。我方为避免改证，同意代办保险，但按照习惯投保了一切险加战争险。在国内某银行议付时，议付行发现险别不符，但我方认为一切险的承保责任范围大于水渍险，对买方有利，可不必改证。但国外开证行收到单据后，表示拒付。试问：国外开证行拒付正确吗？为什么？

四、制单结汇

制单结汇是指有关企业在出口货物装运后，按照合同或信用证的规定，正确缮制各种单据，持单向当地银行申请结汇，即出口人通过银行收取货款。

需要特别强调的是，提高单证质量对保证安全、迅速收汇有着十分重要的意义，特别是在信用证付款条件下，实行的是单据买卖，单证不相符、单单不一致，银行和进口人就可能拒收单据及拒付货款。因此缮制结汇单据时，要做到以下几点。

（一）正确

单据内容必须正确，既要符合信用证的要求，又要真实反映货物的实际情况，且各单据的内容不能自相矛盾。

（二）完整

单据份数的完整，应符合信用证的规定，不能短少；单据内容的完整，不能出现项目漏填、短缺等情况。

（三）及时

制单应及时，以免错过交单日期或信用证有效期。

（四）简明

单据内容应按照信用证要求和国际惯例填写，力求简明，切勿臃肿。

（五）整洁

单据的格式要美观大方，缮写或打印的字迹要清楚醒目，不宜轻易更改，尤其对品名、金额、件数和重量等，更不宜改动。如果有更改，则必须在更改处加盖校对章。

五、出口退税

根据我国现行的对外经济贸易政策，具有进出口经营权的出口企业，在办理货物装运出口及制单结汇后，应及时办理出口退税手续。

2012年8月起，我国废除了实行了几十年之久的一般出口商品的出口核销单管理制度。

出口产品退税制度是一个国家税收政策的重要组成部分，它主要是通过退还出口产品在国内已纳税款，使本国产品以不含税成本进入国际市场，与国外产品在同等条件下竞争，从而增强竞争能力，扩大出口创汇。

我国现行税制规定，出口货物退税的税种是流转税范围内的增值税、消费税。出口货物退税的税款是出口货物在国内生产、流通各个环节已缴纳的增值税和应缴纳的消费税。

根据我国国家税务总局2005年5月1日开始实施的《出口货物退（免）税管理办法（试行）》的有关规定，出口人自营或委托出口的货物，除另有规定者外，可在货物报关出口并在财务上做销售核算后，凭有关凭证报送所在地国家税务局批准退还或免征其增值税、消费税。

第十章　国际贸易销售合同履行

国贸常识

一般来说，出口货物应退税额等于计税依据乘以退税率，但对进料加工复出口货物及进口料件免税。因此，应计算递减部分退税额。有关计算公式如下。

① 一般贸易、加工补偿贸易和易货贸易出口货物：

$$应退税额 = 计税依据 \times 适用退税率$$

② 委托加工收回后出口的货物：

$$应退税额 = 原材料金额 \times 退税率 + 工缴费金额 \times 14\%$$

③ 进料加工复出口货物：

$$应退税额 = 计税依据 \times 退税率 - 销售进口料件应抵减退税额$$

国贸常识

2023年3月，根据国家税务总局编制的2023A版出口退税率文库，我国的出口退税率分为13%、9%、6%和0四档。

一般来说，加工程度越高的商品，退税税率越高。近几年我国不断调整出口退税率，一方面提高了中国拥有较多知识产权的IT等产品的出口退税率；另一方面降低或取消了"两高一资"（高能耗、高污染、资源性）出口产品的退税率。

第二节　进口合同的履行

进口合同的履行是指买方按照合同和法律的规定办理接货、付款、复验、报关纳税等一系列事宜的过程。我国的进口业务多以FOB贸易术语成交，信用证支付。按照这些条件成交的进口合同，履行程序一般包括开立信用证、租船订舱、通知船期和催装、装运、办理保险、审单付款、接货报关、检验、索赔等。

一、开立与修改信用证

买方开立信用证是履行合同的前提条件，因此签订进口合同后，应按合同规定办理开证手续。如果合同规定在收到卖方货物备妥通知或在卖方确定装运期后开证，则买方应在接到上述通知后及时开证。买方向银行办理开证手续时，必须按照合同内容填写开证申请书（documentary credit application）。开证申请书既是申请人和开证行之间的书面契约，也是申请人对开证行的委托、开证行开立信用证的依据。进口人填写好开证申请书后，连同进口合同一并交给银行，申请开立信用证，同时向开证银行交付一定比率的押金，而银行则按开证申请书内容开立信用证。

信用证内容是以合同为依据开立的，与合同内容应当一致。但由于各种原因可能导致信用证内容与合同内容不一致，因此当卖方收到后，如果提出修改信用证的请求，则经买方同意后即可向银行办理改证手续。最常见的修改内容包括展延装运期、信用证有效期、变更装运港口等。

 同步案例10-3

我方A公司向日本B商进口马口铁一批，计30多万美元，合同规定以信用证方式付款。A

公司按合同规定开出信用证，开证银行在信用证有效期内收到议付行寄来的单据，经审查认为单证一致、单单一致，即向外付款。货到后，A公司却发现B公司在集装箱内装的全是废铁，根本没有装运合同规定的马口铁，才知受骗上当。试问：①开证银行是否应该向外付款？②A公司在这一事件中应吸取什么教训？

二、安排运输与投保

（一）安排运输

按FOB贸易术语签订进口合同时，应由买方安排船舶，如果买方自己没有船舶，则应负责租船订舱或委托租船代理办理租船订舱手续。当办妥租船订舱手续后，应及时将船名及船期通知卖方，以便卖方备货装船，避免出现船货不能很好衔接的情况。

买方安排好运输后，还应做好催装工作，随时掌握卖方备货情况和船舶动态，催促卖方做好装船准备工作。对于数量大或重要的进口货物，必要时可请我驻外机构就地协助了解和督促对方履约。装船后，卖方应及时向买方发出装船通知，以便买方及时办理保险和接货等项工作。

（二）办理货运保险

在FOB或CFR贸易术语下的进口合同，保险由买方办理。买方可以与保险公司签订预约保险合同，对各种货物应保的险别先做出具体的规定。按照预约保险合同的规定，所有按FOB或CFR贸易术语进口货物的保险，都由保险公司承保。因此，买方在收到国外装运通知后，应及时将船名、提单名、开航日期、装运港、目的港及货物的名称和数量等内容通知保险公司，即办妥投保手续。保险公司即按预约保险合同的规定对货物负自动承保的责任。此外，进口人也可以采用逐笔投保方式，即在接到国外出口人发来的装船通知后，直接向保险公司提出投保申请，填写起运通知书，并送交保险公司。保险公司出具保险单，保险单随即生效。

三、审核单据与付汇

银行收到国外寄来的汇票及单据后，对照信用证的规定，核对单据的份数和内容。如果内容无误，则即由银行向国外付款。同时贸易企业按照银行规定的有关折算牌价用人民币向银行买汇赎单。如果审核国外单据时发现单证不符，则应做出适当处理。处理办法有很多。例如，停止对外付款；相符部分付款，不符部分拒付；货到检验合格后再付款；凭卖方或议付行出具担保付款；要求国外受益人改单；在付款的同时，提出保留索赔权，等等。

目前，在国际贸易结算领域，《跟单信用证统一惯例》已被大多数国家与地区接受和使用，并成为各国银行处理信用证结算业务必须遵循的基本准则。在实际业务中，审单付款中的情况比较复杂，银行、进口企业对审单应高度重视，尽量避免错付或被诈骗，以免给企业造成重大损失。因此，有关当事人要按照《跟单信用证统一惯例》的要求，合理、谨慎地审核信用证要求的所有单据，以确定其表面上是否与信用证条款相符。当信用证的规定与《跟单信用证统一惯例》有抵触时，应遵循信用证优于《跟单信用证统一惯例》的原则，按照信用证的要求审核单据。

同步案例10-4

某贸易公司有一笔对英国乔治公司出口花生仁的贸易，总货量为500公吨。信用证通过开证行在出口地的办事处通知贸易公司，信用证规定：分5个月装运，3月份80公吨，4月份120

公吨,5月份140公吨,6月份110公吨,7月份50公吨;每月不许分批装运;从中国港口装运至伦敦。

贸易公司接到信用证后,根据信用证的规定,于3月15日在青岛港装运80公吨;4月20日在青岛装运120公吨,均顺利收到货款。贸易公司后因货源不足于5月20日在青岛港只装了70.5公吨,贸易公司经联系另一公司有一部分同样品质规格的货物,因此要求HULIN轮再驶往烟台港继续装货。船方考虑目前船舱空载,因此同意在烟台港又装了64.1公吨。贸易公司向议付行办理仪付时,提交了两套提单:一套是在青岛港于5月20日签发的提单,其货量为70公吨;另一套是在烟台港于5月28日签发的提单,其货量为70公吨。单据寄到开证行被认为单证不符,拒收单据。试问:开证行的拒付有无道理?为什么?

四、进口付汇核销

我国目前对进出口货物的付汇或收汇的管理要求是境内机构的进口付汇,应按照国家关于进口付汇核销管理的规定办理核销手续。凡是进口企业以通过银行购汇或从现汇账户支付的方式,向境外支付有关进口商品的货款、预付款、尾款等皆为进口付汇,应当按照规定办理付汇核销手续。

进口企业办理付汇和汇付核销的手续是合并进行的。这对履行进口合同的企业来说是一项十分重要的工作。企业要建立必要的核查制度,以避免付汇和核销工作中的差错,同时还应完善单证的留存保管工作。

五、报关、验收和拨交

进口货物到货后,由贸易企业或委托运输公司根据进口单据填写进口货物报关单向海关申请,并随附发票、箱单、提单、提货单。如果属于法定检验的进口商品,则还必须随附商品检验证书。货证经海关查验无误才能放行。

进口货物运达港口卸货时,港务局要进行卸货核对。如果发现短缺,则应及时填制短卸报告交由船方签认,并根据短缺情况向船方提出保留索赔权的书面声明。卸货时如果发现残损,则货物应存放于海关指定仓库,待保险公司会同商检机构检验后做出处理。值得注意的是,根据规定,凡列入商检机构实施检验的进出口商品种类表的进出口商品和其他法律、法规规定需要经检验的进出口商品,必须经过国家商检机构或其指定的检验机构检验。进口商品应检验而未检验的,不准销售、使用。

在办完上述手续后,买方可自行或通过货代提取货物自用或拨交订货部门。货代通知订货部门在目的地办理收货手续,同时通知贸易企业代理手续已办理完毕。

国贸常识

我国关于进口货物申报的规定如下。

① 申报时间。进口货物的收货人应当自运输工具申报进境之日起14天内,向海关申报。超过规定期限到海关申报的,由海关从第15天起按日征收滞报金。滞报金按日征收,日征收额为进口货物完税价格的0.05%。滞报金的起征点为50元。滞报金以元计收,不足人民币1元的部分免收。其计算公式为:滞报金=进口货物完税价格×0.05%×滞报天数。如果自运输工具申报进境之日起超过3个月未向海关申报,则其进口货物将由海关提取变卖。变卖后所得价款扣除运输、装卸、储存等费用和税款后尚有余款的,自货物变卖之日起1年内经收货人申请,予

以发还;逾期无人申请的,上缴国库。

② 申报地点。根据规定,一般进口货物应当由收货人在货物的进境地海关办理海关手续。

③ 申报应备文件。进口货物申报时,应填写一式两份进口货物报关单,并随附以下单证:提单、发票、装箱单、合同、提货单。

六、进口索赔

进口商品常因品质、数量、包装等不符合合同的规定,而需要向有关方面提出索赔。根据造成损失原因的不同,进口索赔的对象主要有3个,即向卖方索赔、向船公司索赔、向保险公司索赔。

在进口业务中办理对外索赔时,一般应注意以下事项。

(一) 索赔证据

对外提出索赔需要提供证件,首先应准备索赔清单,随附商检机构签发的检验证书、合同、发票、装箱单、提单副本;其次,对不同的索赔对象还要另附相关证件。

(二) 索赔金额

除受损商品的价值外,有关费用也可提出索赔,如商品检验费、装卸费、银行手续费、仓租、利息等,都可包括在索赔金额内。至于包括哪几项,应根据具体情况而定。

(三) 索赔期限

值得注意的是,进口索赔必须在一定时效内提出;如果已超过索赔时效,则视为索赔方自动放弃要求索赔的权利。

1. 向卖方索赔的时效

根据《公约》的规定,买方必须在发现或理应发现不符情况后一段合理时间内通知卖方,否则就丧失索赔的权利。但无论如何,最长的索赔时效为买方收到货物之日起不超过2年。

2. 向船公司索赔的时效

根据《海牙规则》的规定,托运人或收货人在收取货物时,如果发现货物灭失或损坏,则应在提货日起3天内,向运输公司提出索赔的书面通知。如果在提货时,双方已对货物进行联合检验,则托运人或收货人就无须再发出上述索赔通知,有关索赔依据可事后补送。如果货主的索赔未被受理,则诉讼时效为货物交付之日起1年之内。

3. 向保险公司索赔的时效

按照中国人民财产保险公司关于海洋货物运输保险条款的有关规定,被保险人发现保险货物受损后,应立即通知当地的理赔、检验代理人进行检验。中国人民财产保险公司规定的索赔时效为2年,即从被保险货物在最后卸载港全部卸离海轮后起算,最多不超过2年。

(四) 关于卖方的理赔责任

进口货物发生了损失,除了属于轮船公司及保险公司的赔偿责任外,如果属于卖方必须直接承担的责任,则应直接向卖方要求赔偿,防止卖方制造借口推卸理赔责任。

同步案例 10-5

我国L市A公司委托沿海城市S市的B公司进口机器一台,合同规定买方对货物品质不符合同的索赔期限为货到目的港30天内。货到S市后,B公司即将货转交至L市A公司。由于A

第十章 国际贸易销售合同履行

公司的厂房尚未建好,所以机器无法安装,半年后待厂房完工、机器装好,经商检机构检验,发现该机器系旧货,不能很好地运转,遂请 B 公司向外提出索赔,外商置之不理。试问:外商拒绝赔偿的依据是什么?对此,我方应吸取什么教训?

实训练习

实训目的
1. 通过实训,掌握出口合同履行的基本程序。
2. 通过实训,掌握进口合同履行的基本程序。

实训内容

一、核心概念
报验　出口报关　《跟单信用证统一惯例》　documentary credit application
进口索赔　mate's receipt　booking note

二、填空题
1. 我国的出口合同目前大多采用 EXW、＿＿＿＿、＿＿＿＿或＿＿＿＿贸易术语,又多以＿＿＿＿方式收取货款。
2. 在出口合同履行过程中,＿＿＿＿、＿＿＿＿、＿＿＿＿、＿＿＿＿4 个环节最重要。
3. 在履行以信用证方式付款的出口合同时,必须做好信用证的管理和应用,其中最重要的是＿＿＿＿、＿＿＿＿、＿＿＿＿。
4. 信用证中的"三期"指的是＿＿＿＿、＿＿＿＿、＿＿＿＿。
5. 出口退税主要是退还在国内生产和流通已缴纳的＿＿＿＿、＿＿＿＿、＿＿＿＿和＿＿＿＿。
6. 按 FOB 条件签订进口合同时,应由＿＿＿＿负责租船订舱,保险由＿＿＿＿负责。
7. 根据《跟单信用证统一惯例》的规定,如果信用证的修改通知书中包括多项修改内容,则卖方可＿＿＿＿或＿＿＿＿。
8. 进口商品如不符合同规定,可以向有关方面索赔,进口索赔的对象主要有 3 个,分别为＿＿＿＿、＿＿＿＿、＿＿＿＿。
9. 出口报关应具备的单证有＿＿＿＿、＿＿＿＿、＿＿＿＿、出口许可证(针对海关规定需要的商品)等。

三、单项选择题
1. 随着跨境电商的普及,在我国出口业务中,(　　)贸易术语的使用越来越频繁。
   A. FAS　　　B. CFR　　　C. CIF　　　D. FOB
2. 出口合同中的"三平衡"是指(　　)的综合平衡。
   A. 货、证、船　B. 货、证、款　C. 船、证、款　D. 货、船、款

3. 出口合同的履行中,一般不包括( )环节。
   A. 备货　　　　B. 开证、改证　C. 报关、装船　　D. 制单、结汇
4. 在出口业务中,信用证的审核单位是( )。
   A. 银行　　　　B. 出口人　　　C. 出口人和银行　D. 保险公司
5. 卖方可以在哪种情况下催促买方开立信用证?( )
   A. 买方未按规定时间开证　　　B. 货价出现变化
   C. 合同刚刚签订　　　　　　　D. 卖方想延迟发货
6. 出口人对信用证的审核不包括( )。
   A. 受益人　　　B. 信用证金额　C. 索汇路线　　　D. 运输单据
7. 出口企业在收到信用证后,应对照合同和( )对信用证内容进行审核。
   A.《民法典》　　　　　　　　　B.《跟单信用证统一惯例》
   C.《2020通则》　　　　　　　　D.《公约》
8. 卖方审证后,有不能接受之处,应向( )提出修改。
   A. 开证行　　　B. 开证申请人　C. 通知行　　　　D. 付款行
9. 信用证的修改书应由( )传递给出口人。
   A. 开证行　　　B. 开证申请人　C. 任何银行　　　D. 原通知行
10. 托运人凭( )向船公司或其代理人换取正式提单。
    A. 托运单　　　B. 装货单　　　C. 大副收据　　　D. 下货纸
11. 根据《海牙规则》的解释,收货人在货物损坏时可以在提货日起( )天内向运输公司提出索赔。
    A. 7　　　　　B. 10　　　　　C. 5　　　　　　D. 3
12. 我方向国外出口商品50公吨,每公吨300美元,合同数量可增减10%。国外开来信用证金额为15 000美元,数量约50公吨。我方在交货时,市场价格呈下跌趋势,我方应交货( )。
    A. 40公吨　　　B. 45公吨　　　C. 50公吨　　　　D. 55公吨
13. 我国的进口业务多采用( )贸易术语。
    A. EXW　　　　B. FOB　　　　C. CFR　　　　　D. CIF
14. 如果信用证的规定与《跟单信用证统一惯例》有抵触,则应该遵循( )原则,审核单据。
    A.《跟单信用证统一惯例》　　　B. 我国《民法典》
    C.《公约》　　　　　　　　　　D. 信用证优于《跟单信用证统一惯例》
15. 如果船、货出现脱节现象,则可能会产生的费用是( )。
    A. 保险费　　　B. 手续费　　　C. 滞期费　　　　D. 人工费
16. 出口报关的时间应是( )。
    A. 备货前　　　B. 装船前　　　C. 装船后　　　　D. 货到目的港
17. 进口企业审核单据时,处于单据中心位置的单据是( )。
    A. 进口报关单　B. 进口许可证　C. 商品检验证书　D. 商业发票
18. 根据《跟单信用证统一惯例》的规定,海运提单中货物的描述( )。
    A. 必须与信用证规定完全一致
    B. 必须使用货物的全称

C. 只要与信用证对货物的描述不相抵触,可使用货物的统称
D. 必须与商业发票的填写完全一致
19. 在进口贸易中,进口关税的计算是以(　　　)贸易术语为基础的。
A. FOB　　　　B. CFR　　　　C. CIF　　　　D. EXW
20. 进口货物在办理海关通关手续前,必须取得海关总署签发的(　　　)。
A. 检验证书　　　　　　　　B. 原产地证
C. 入境货物通关单　　　　　D. 进口货物报关单

四、多项选择题
1. 在国际货物买卖中,CIF贸易术语下卖方的基本义务是(　　　)。
A. 提交合格货物　B. 提交合格单据　C. 办理运输　D. 办理保险
E. 转移货物的所有权
2. 如果信用证的修改通知书中包括多项修改内容,则卖方可(　　　)。
A. 全部接受　　B. 部分接受　　C. 全部拒绝　　D. 部分拒绝
E. 部分接受或部分拒绝
3. 出口结汇常用的单据是(　　　)。
A. 汇票、商业发票　　　　　B. 报关单、托运单
C. 提单、保险单　　　　　　D. 装箱单、产地证
4. 开证行可以拒绝的理由为(　　　)。
A. 单单不符　　　　　　　　B. 货与合同不符
C. 信用证和合同不符　　　　D. 单证不符
E. 开证人审核结果不符
5. 银行在审证时,侧重审核(　　　)。
A. 信用证内容是否与合同一致　　B. 信用证的真实性
C. 开证行的资信能力　　　　　　D. 付款责任及索汇路线
6. 买方申请开立信用证的具体手续包括(　　　)。
A. 递交有关合同副本及附件　　　B. 填写开证申请书
C. 交付保证金　　　　　　　　　D. 支付开证手续费
7. 买方按时(　　　)是卖方履行合同的前提条件。
A. 租船订舱　　　　　　　　B. 开立信用证
C. 审单付款　　　　　　　　D. 提交进口许可证并缴纳关税
E. 办理投保相关手续
8. 进口的货物如果发生残损或到货数量少于提单所载数量,而运输单据是清洁的,则进口方应向(　　　)提出索赔。
A. 卖方　　　B. 承运人　　　C. 保险公司　　　D. 银行
9. 托运人凭(　　　)向外轮代理公司交付运费并换取正式提单。
A. 大副收据　B. 发票　　　C. 保险单　　　D. 收货单
10. 在信用证项下结汇时,可用于议付的单据有(　　　)。
A. 提单　　B. 发票　　C. 保险单　　D. 汇票　　E. 检验证书
11. 买方可以通过(　　　)方式向出口方支付货款。
A. 信用证　　B. 汇付　　C. 托收　　D. 现金

12. 向保险公司索赔时,应注意的问题是（　　）。
    A. 索赔的时效　　　　　　　　B. 要求买方立即处理受损货物
    C. 提供必要的索赔证件　　　　D. 立即将受损货物转移给保险公司
13. 在信用证付款方式下,进口合同履行的程序是（　　）。
    A. 开立信用证　　　　　　　　B. 催证、审证、改证
    C. 租船订舱,并通知船期和催装　　D. 制单结汇　　　　E. 审单付款
14. 在信用证方式下,银行保证向信用证受益人履行付款责任的条件是（　　）。
    A. 单证一致　　　　　　　　　B. 受益人按期履行合同
    C. 开证申请人付款赎单　　　　D. 单单一致
15. 开证申请书是（　　）。
    A. 申请人和开证行之间的书面契约　B. 申请人对开证行的委托
    C. 开证行开立信用证的依据　　　　D. 买卖双方的约定

五、判断题

1. 在我国的出口业务中,绝大部分业务使用 FOB 贸易术语和以托收作为支付方式。
（　　）
2. 在出口业务中,卖方履行合同的基本义务是向买方提交符合合同规定的货物。（　　）
3. 在出口合同的履行过程中,货、证、款3个环节最为重要。（　　）
4. 出口备货环节包括准备好应交的货物和包装、刷唛等工作。（　　）
5. 信用证装运期就是信用证的有效期。（　　）
6. 对于信用证的银行费用,比较通常的做法是出口地的银行费用由出口方负担,进口地的银行费用由开证人负担。（　　）
7. 信用证受益人审证后如果发现有不能接受之处,则应直接要求通知行进行修改。
（　　）
8. 如果信用证修改通知中将有效期和单据条款进行了修改,那么出口方可以接受有效期部分的修改,而拒绝接受单据条款的修改。（　　）
9. 出口方或托运人可以凭大副收据向船公司或其代理人换取正式提单。（　　）
10. 报关是指出口货物装船后向海关申报出口放行的手续。（　　）
11. 在实际业务中,如进口方未按时开立信用证,卖方需要进行催证工作。（　　）
12. 修改信用证时,不必经过开证行,受益人可以直接要求申请人提供修改书。（　　）
13. 受益人对信用证的修改做出的接受或拒绝的表示,在交单时,如果提交的单据与原信用证的条款相符,则表示拒绝修改。（　　）
14. 进口国要求提供海关发票主要是作为海关减免关税的依据。（　　）
15. 信用证修改书上的内容在两项以上者,受益人要不全部拒绝,要不全部接受。（　　）
16. 开证申请书内容应与合同内容一致。（　　）
17. 商业发票的抬头一般是开证申请人。（　　）
18. 在制作和审核结汇单据时,一般应本着"正确、完整、及时、简明、整洁"的原则。
（　　）
19. 信用证结算方式只对卖方有利,对买方不利。（　　）
20. 卖方备货的实际品质,只能高于合同规定,而不能低于合同规定。（　　）

第十章 国际贸易销售合同履行

六、案例分析

1. A公司向日本B商进口马口铁一批,计30多万美元,合同规定以信用证方式付款。A公司按合同规定开出信用证,开证银行在信用证有效期内收到议付行寄来的单据,经审查认为单、证一致,单、单一致,即向外付款。货到后,A公司却发现B公司在集装箱内装的全是废铁,根本没有装运合同规定的马口铁,始知受骗上当。试问:①开证银行是否应该向外付款?②A公司在这一事件中应吸取什么教训?

2. 我国某出口公司与国外一家贸易公司就出售5 000公吨大米签订出口合同,合同与信用证均规定为CIF条件。合同规定,1月30日前开出信用证,2月5日前装船。1月28日买方开来信用证,有效期至2月10日。由于卖方按期装船发生困难,因此电请买方将装船期延至2月17日并将信用证有效期延长至2月27日。买方回电表示同意,并通知开证行出具了信用证修改书。货物装运后,出口企业在向轮船公司支付全部运费后取得了由船公司签发的已装船清洁提单,但制单人员在提单上漏打了Freight Prepaid(运费已付)的字样。当时正遇到市场价格下跌,开证行根据开证申请人的意见,以所交单据与信用证不符为由拒付货款。请问:银行拒付是否有道理?

参 考 文 献

[1] 毕甫清. 国际贸易实务与案例[M]. 2版. 北京：清华大学出版社，2012.
[2] 费景明，罗理广. 进出口实务[M]. 3版. 北京：高等教育出版社，2012.
[3] 韩常青. 新编进出口贸易实务[M]. 3版. 北京：电子工业出版社，2012.
[4] 贾建华，阚宏. 国际贸易理论与实务[M]. 5版. 北京：首都经济贸易大学出版社，2012.
[5] 姜宏. 国际贸易实务与综合模拟实训[M]. 2版. 北京：清华大学出版社，2012.
[6] 黎孝先. 国际贸易实务[M]. 6版. 北京：对外经济贸易大学出版社，2016.
[7] 国际商会中国国家委员会. 2000年国际贸易术语解释通则[M]. 北京：中信出版社，2000.
[8] 倪军. 国际贸易实务[M]. 3版. 南京：南京大学出版社，2019.
[9] 倪军. 国际贸易单证实务[M]. 南京：南京大学出版社，2013.
[10] 倪军. 国际市场营销[M]. 南京：南京大学出版社，2015.
[11] 倪军. 国际商务礼仪[M]. 南京：南京大学出版社，2014.
[12] 孙家庆. 国际货运代理[M]. 4版. 大连：东北财经大学出版社，2014.
[13] 吴百福，徐小薇，聂清. 进出口贸易实务教程[M]. 7版. 上海：格致出版社，2015.
[14] 王莉. 中小企业外贸一本通[M]. 广州：广东经济出版社，2011.
[15] 严国辉. 国际贸易理论与实务[M]. 2版. 北京：对外经济贸易大学出版社，2009.
[16] 余世明. 国际贸易实务练习题及分析解答[M]. 2版. 广州：暨南大学出版社，2009.
[17] 中国国际货运代理协会. 国际海上货运代理理论与实务[M]. 北京：中国商务出版社，2010.
[18] 国务院发展研究中心"一带一路"课题组. "一带一路"经济走廊：畅通与繁荣[M]. 北京：中国发展出版社，2018.
[19] 张彦欣. 进出口业务操作实务[M]. 北京：中国纺织出版社，2019.
[20] 丁珏. 进出口业务习题汇编[M]. 杭州：浙江大学出版社，2018.
[21] 陈战胜，卢伟，邹益民. 跨境电子商务多平台操作实务[M]. 北京：人民邮电出版社，2018.
[22] 黎孝先，王健. 国际贸易实务[M]. 7版. 北京：对外经济贸易大学出版社，2020.
[23] 中国国际商会. 国际贸易术语解释通则[M]. 北京：对外经济贸易大学出版社，2019.

尊敬的老师：

您好。

请您认真、完整地填写以下表格的内容（务必填写每一项），索取相关图书的教学资源。

教学资源索取表

书　名				作者名	
姓　名		所在学校			
职　称		职　　务		讲授课程	
联系方式	电　话			E-mail	
	QQ 号			微信号	
地址（含邮编）					
贵校已购本教材的数量（本）					
所需教学资源					
系/院主任姓名					

系／院主任：_____（签字）

（系／院办公室公章）

20____年____月____日

注意：

① 本配套教学资源仅向购买了相关教材的学校老师免费提供。

② 请任课老师认真填写以上信息，并请系／院加盖公章，然后传真到 (010) 80115555 转 718438 索取配套教学资源。也可将加盖公章的文件扫描后，发送到 fservice@126.com 索取教学资源。欢迎各位老师扫码添加我们的微信，随时与我们进行沟通和互动。

③ 个人购买的读者，请提供含有书名的购书凭证，如发票、网络交易信息，以及购书地点和本人工作单位来索取。

微信

反侵权盗版声明

电子工业出版社依法对本作品享有专有出版权。任何未经权利人书面许可，复制、销售或通过信息网络传播本作品的行为，歪曲、篡改、剽窃本作品的行为，均违反《中华人民共和国著作权法》，其行为人应承担相应的民事责任和行政责任，构成犯罪的，将被依法追究刑事责任。

为了维护市场秩序，保护权利人的合法权益，我社将依法查处和打击侵权盗版的单位和个人。欢迎社会各界人士积极举报侵权盗版行为，本社将奖励举报有功人员，并保证举报人的信息不被泄露。

举报电话：（010）88254396；（010）88258888
传　　真：（010）88254397
E-mail：dbqq@phei.com.cn
通信地址：北京市海淀区万寿路173信箱
　　　　　电子工业出版社总编办公室
邮　　编：100036